ABUSO DE DIREITO DE LITIGAR E TUTELA COLETIVA

ABUSO DE DIREITO DE LITIGAR E TUTELA COLETIVA

2023

Fábio Lima Quintas

ALMEDINA

ABUSO DE DIREITO DE LITIGAR E TUTELA COLETIVA

AUTOR: Fábio Lima Quintas

DIRETOR ALMEDINA BRASIL: Rodrigo Mentz
EDITORA JURÍDICA: Manuella Santos de Castro
EDITOR DE DESENVOLVIMENTO: Aurélio Cesar Nogueira
ASSISTENTES EDITORIAIS: Larissa Nogueira e Letícia Gabriella Batista
ESTAGIÁRIA DE PRODUÇÃO: Laura Roberti

DIAGRAMAÇÃO: Almedina
DESIGN DE CAPA: Roberta Bassanetto

ISBN: 9786556279466
Setembro, 2023

Dados Internacionais de Catalogação na Publicação (CIP)
(Câmara Brasileira do Livro, SP, Brasil)

Quintas, Fábio Lima
Abuso de direito de litigar e tutela coletiva /
Fábio Lima Quintas. -- São Paulo : Almedina, 2023.
Inclui bibliografia
ISBN 978-65-5627-946-6
1. Direito comparado 2. Direito processual civil - Brasil 3. Litigância 4. Tutela coletiva
I. Título.

23-163676 CDU-347.922(81)

Índices para catálogo sistemático:
1. Brasil : Tutela coletiva : Direito processual civil 347.922(81)
Aline Graziele Benitez - Bibliotecária - CRB-1/3129

Este livro segue as regras do novo Acordo Ortográfico da Língua Portuguesa (1990).

EDITORA: Almedina Brasil
Rua José Maria Lisboa, 860, Conj.131 e 132, Jardim Paulista | 01423-001 São Paulo | Brasil
www.almedina.com.br

Dedido este livro à memória do Professor Jorge Amaury Maia Nunes, mestre querido e admirado de várias gerações de alunos e profissionais do Direito que com ele tiveram o privilégio de conviver.

NOTA DO AUTOR

Esta obra é fruto de pesquisa de pós-doutoramento construída com vista a fazer um exame crítico do controle da representação adequada das associações civis nas ações coletivas, no Brasil e em Portugal, propondo-se a investigar se a teoria do abuso do direito pode oferecer subsídios para realizar este controle.

Para tanto, o estudo que aqui se propõe, expõe num primeiro momento, a situação do processo coletivo no Brasil e em Portugal, com ênfase no exame do instituto da representação adequada e da legitimidade para agir, em especial das associações. Considerando a inserção de Portugal na União Europeia, examinou-se a Diretiva 2020/1828 do Parlamento e do Conselho Europeu, que veio trazer novos parâmetros de regulação da ação coletiva de consumo.

Num segundo momento, estudam-se os pressupostos processuais, por se entender que o controle da representação adequada é feito neste âmbito. Analisa-se o princípio da primazia do julgamento de mérito, que tem encontrado expressão no processo civil brasileiro e português. Seguidamente, investiga-se o instituto do abuso do direito processual (ou da litigância abusiva), no contexto normativo brasileiro e português. Nesse sentido, é necessário compreender como se fez a transposição da categoria do abuso do direito para o âmbito do processo civil e analisar os poderes do juiz na direção do processo.

Por fim, discute-se como o instituto da litigância abusiva pode servir de parâmetro de controle para apreciar a representatividade adequada das associações civis, no âmbito dos pressupostos processuais, sustentando-se que se trata de importante instrumento de salvaguarda da garantia do devido processo legal, a fim de sancionar e inibir o ajuizamento de ações coletivas por associações que não objetivam verdadeiramente a defesa de interesses coletivos.

AGRADECIMENTOS

Agradeço ao Instituto Jurídico da Faculdade de Direito da Universidade de Coimbra por ter me acolhido. Em especial, sou grato à Profa. Dra. Maria José Capelo, que me recebeu na Faculdade de Direito, me brindou com sua amizade, com sua generosidade e seu brilho e me ajudou a desenvolver minha pesquisa com percucientes comentários e sugestões. Também sou grato à Profa. Dra. Maria José Capelo pela hospitalidade, em minha estadia em Coimbra, em novembro de 2020, quando tive a honra de acompanhar suas aulas no curso de doutoramento e de dialogar sobre processo civil. Manifesto ainda meu agradecimento à Dra. Cristiana de Almeida Rosa, pela recepção no Instituto Jurídico, e ao Dr. Isaías Hipólito, pela cuidadosa revisão de meus manuscritos. Expresso minha gratidão, igualmente, à Profa. Dra. Isabel Alexandre, da Faculdade de Direito da Universidade de Lisboa, e ao Prof. Dr. João Paulo Fernandes Remédio Marques, da Faculdade de Direito da Universidade de Coimbra, que participaram do júri das provas de pós-doutoramento.

Também registro meus agradecimentos ao Instituto Brasileiro de Ensino, Desenvolvimento e Pesquisa (IDP-Brasília), que me concedeu o necessário período de afastamento de minhas atividades docentes durante o curso de pós-doutoramento. Agradeço aos Professores Drs. João Bachur, coordenador do PPG, e Atalá Correia, coordenador do curso de graduação. Agradeço também ao Prof. Dr. Luiz Rodrigues Wambier, que me apresentou a Profa. Dra. Maria José Capelo e que me honra com sua amizade, seu entusiasmo e seu apoio.

Sou grato a Sturzenegger e Cavalcante Advogados, em particular ao Dr. Luiz Carlos Sturzenegger, que sempre me apoiou nos meus projetos acadêmicos e concordou com o meu afastamento do escritório em novembro de 2020 para me dedicar ao pós-doutoramento.

Minha gratidão especial para minha família: minha amada Josiane e nossos filhos, Victor e Mariana. Palavras não expressam tudo o que sinto por vocês nem o que vocês representaram nesta jornada e representam para mim.

PREFÁCIO

Foi com regozijo que recebi o convite, que me foi endereçado pelo Professor Doutor Fábio Lima Quintas, para prefaciar este livro, resultado de uma investigação realizada no âmbito do Programa de Pós-Doutoramento, junto da Faculdade de Direito da Universidade de Coimbra, sob a minha tutoria científica.

À sombra das vetustas e graníticas paredes, tivemos oportunidade de dialogar sobre os critérios e opções patentes na Diretiva (União Europeia) 2020/2018, de 25 de novembro, em matéria de regulamentação das ações coletivas, gizados com o propósito de fortalecer a defesa coletiva do consumidor e acautelar fenómenos de litigância abusiva.

No contexto brasileiro, a tramitação de projetos de lei no Congresso Nacional, sobre o processo coletivo, evidenciou tanto a atualidade do tema como a oportunidade de rever e refletir sobre a modulação de algumas figuras à luz das especificidades deste tipo de processo.

Com base neste "estado da arte" da tutela coletiva no Brasil e na União Europeia, o Prof. Doutor Fábio Quintas brindou-nos com um estudo desafiante e interessante, equacionando um filtro no acesso à justiça – através do recurso ao instituto do abuso do direito – cuja importância se desvela no momento em que se afere a idoneidade das entidades legitimadas para uma concreta ação coletiva.

No desenvolvimento desta tese, não faltou um enquadramento dogmático da figura da "representação adequada" no âmbito dos pressupostos processuais, relacionando-a com as categorias da legitimidade, do interesse em agir e da personalidade judiciária.

Ao debruçar-se sobre o dogma da apreciação prévia dos pressupostos processuais no processo coletivo, o autor demonstrou que esta máxima deve prevalecer. Após ter ponderado os interesses subjacentes aos pressupostos processuais da ação coletiva, o autor retirou a ilação que os interesses públicos em jogo não permitem a aplicação do princípio da primazia do mérito em detrimento da forma.

Uma vez sublinhada a importância dos requisitos de admissibilidade, estavam criadas as condições para o Ilustre Jurista se debruçar sobre a pertinência de um princípio geral de proibição de litigância abusiva, como mecanismo de autocorreção do direito de acesso à justiça coletiva.

Uma vez assente que a definição legal das entidades legitimadas não exaure a discussão sobre a representação adequada, o autor expôs em que medida o abuso de direito de demandar deve ser um parâmetro essencial no controle judicial (o qual perspetiva corretamente como um "poder-dever") deste pressuposto específico.

A leitura desta obra motivará, com toda a certeza, aqueles que têm o gosto pelo processo civil, a trilhar os caminhos delineados pelo Prof. Doutor Fábio Quintas em busca de uma adequada e eficaz Justiça Coletiva.

Coimbra, 26 abril de 2022.

Maria José Capelo
Professora Associada da Faculdade de Direito de Coimbra

SIGLAS

CPC-br	Lei n. 13.105, de 2015 – Código de Processo Civil do Brasil vigente
CPC-br de 1973	Lei n. 5.869, de 1973 – Código de Processo Civil do Brasil revogado
CPC-pt	Lei n. 41/2013 – Código de Processo Civil de Portugal vigente
CPC-pt de 1961	Decreto-Lei n. 44.129, de 1961 – Código de Processo Civil de Portugal revogado
STJ-br	Superior Tribunal de Justiça do Brasil
STF-br	Supremo Tribunal Federal do Brasil
STJ-pt	Supremo Tribunal de Justiça de Portugal
TC-pt	Tribunal Constitucional de Portugal
CRFB	Constituição da República Federativa do Brasil de 1988
CRP	Constituição da República Portuguesa de 1976
CDC-br	Lei n. 8.078, de 1990 – Código de Defesa do Consumidor (Brasil)
LACP-br	Lei n. 7.347, de 1985 – Lei de Ação Civil Pública (Brasil)
LAP-pt	Lei n. 83, de 1995 – Lei de Ação Popular (Portugal)

SUMÁRIO

INTRODUÇÃO

No conhecido relatório "Acesso à Justiça, elaborado na década de 1980, Mauro Cappelletti e Brian Garth se propuseram a examinar "*o modo de funcionamento dos sistemas jurídicos ocidentais*",[1] chegando à conclusão de que os direitos somente serão efetivados, independentemente de suas classificações, se houver reais possibilidades de acesso à justiça. Tratava--se, porém, não de uma mera possibilidade de estar em juízo, mas do acesso a uma justiça imparcial, independente e efetiva, preparada para resolver conflitos emergentes na sociedade.

Com essa predefinição do modo de garantir a efetividade dos direitos, os autores identificaram três amplos movimentos de reformas voltados à expansão do acesso dos cidadãos ao sistema de solução de controvérsias nas sociedades contemporâneas, cujo funcionamento adequado é dever do Estado.

A primeira onda desse esforço por promover verdadeiro acesso à justiça consistiu na superação de obstáculos econômicos que inviabilizavam o comparecimento dos cidadãos pobres perante o Poder Judiciário (as custas judiciais e os honorários de sucumbência, o pagamento de advogados) e se materializou em iniciativas no sentido de se garantir assistência judiciária. A segunda onda se propôs endereçar o problema da falta de instrumentos processuais para a tutela dos interesses coletivos/difusos, com vista a superar a concepção de processo civil tradicional, de

[1] Mauro CAPPELLETTI / Bryant GARTH, *Acesso à Justiça*, Porto Alegre: Sergio Antonio Fabris, 1988, reimpr. 2002, 8.

matriz individualista. A terceira onda adotou como enfoque a busca do desenvolvimento de técnicas e de espaços adequados que permitissem aprimorar o sistema de acesso à justiça, no que se refere às duas primeiras ondas, relativas à proteção judicial dos interesses individuais de grupos vulneráveis e à defesa dos interesses públicos/difusos, tanto no âmbito judicial quanto no extrajudicial[2].

Conforme esclarecem Cappelletti e Garth, o problema especial na defesa dos "*interesses coletivos ou interesses fragmentados*" "é que, ou ninguém tem direito a corrigir a lesão a um interesse coletivo, ou o prêmio para qualquer indivíduo buscar essa corre*ç*ão é pequeno demais para induzi-lo a tentar uma ação"[3].

O relatório de Cappelletti e Garth teve o inegável mérito de chamar a atenção para um problema emergente nos diversos sistemas jurídicos, sendo certo, entretanto, que houve uma notável expansão dos instrumentos de tutela coletiva ao redor do mundo.

Se na década de 80 do século passado havia dificuldade, até mesmo de vocabulário, para expressar, no plano jurídico, o fenômeno social relativo a essa espécie de litigiosidade, hoje temos um aparato conceitual robusto para descrever e tratar essa realidade. Diferem, no entanto, os modos de a encarar: no Brasil, a definição de ação coletiva leva em conta a natureza do interesse envolvido; na Europa, a definição costuma focalizar o tipo de provimento judicial requerido.

Com efeito, no Brasil, nos termos do art. 81, Parágrafo único, da Lei n. 8.078, a tutela coletiva alcança a defesa dos interesses individuais homogêneos, coletivos (em sentido estrito) e difusos[4], havendo quem distinga a ação civil pública (para defesa dos interesses transindividuais difusos e coletivos) da ação civil coletiva (para defesa dos interesses individuais homogêneos).

[2] Mauro Cappelletti / Bryant Garth, *Acesso à Justiça*, 31-75.

[3] Mauro Cappelletti / Bryant Garth, *Acesso à Justiça*, 26.

[4] Nos termos do Parágrafo único do art. 81 da Lei n. 8.078, de 1990, "a defesa coletiva será exercida quando se tratar de: I – interesses ou direitos difusos, assim entendidos, para efeitos deste código, os transindividuais, de natureza indivisível, de que sejam titulares pessoas indeterminadas e ligadas por circunstâncias de fato; II – interesses ou direitos coletivos, assim entendidos, para efeitos deste código, os transindividuais, de natureza indivisível de que seja titular grupo, categoria ou classe de pessoas ligadas entre si ou com a parte contrária por uma relação jurídica base; III – interesses ou direitos individuais homogêneos, assim entendidos os decorrentes de origem comum."

Na Europa, a Recomendação de 11 de junho de 2013 define a tutela coletiva a partir do tipo de provimento deduzido por uma pessoa ou entidade, no interesse da coletividade, no sentido da cessação da conduta pelo demandado (tutela coletiva inibitória) ou de pagar indenização (tutela coletiva indenizatória)[5]. Na Diretiva 2020/1828 do Parlamento Europeu e do Conselho, relativa às ações coletivas de consumo, define-se ação coletiva como "a ação destinada a proteger os interesses coletivos dos consumidores intentada em nome dos consumidores por uma entidade qualificada como demandante com vista a obter uma medida inibitória, uma medida de reparação, ou ambas" (artigo 3º, n. 5).

Nesta obra, com o fim de uniformizar a nomenclatura, "ação coletiva" designa, de modo indistinto, as ações ajuizadas por uma entidade qualificada pela lei para a defesa de interesses acidental e essencialmente coletivos, utilizando-se aqui da expressão de Barbosa Moreira[6/7].

[5] A Recomendação de 11 de junho de 2013, da Comissão Europeia, define como ação coletiva "i) um mecanismo jurídico que garanta a possibilidade de duas ou mais pessoas singulares ou coletivas, ou uma entidade com legitimidade para intentar uma ação representativa, pedirem coletivamente a cessação de um comportamento ilegal (tutela coletiva inibitória), ii) um mecanismo jurídico que assegure a possibilidade de duas ou mais pessoas singulares ou coletivas que aleguem terem sofrido danos numa situação de dano em massa, ou uma entidade com legitimidade para intentar uma ação representativa, pedirem coletivamente uma indemnização (tutela coletiva indemnizatória)".

[6] Na expressão de José Carlos Barbosa Moreira, "Tutela jurisdicional dos interesses coletivos ou difusos", in *Temas de direito processual: terceira série*, São Paulo: Saraiva, 1984, 195-196, estão em causa os interesses essencialmente coletivos e os interesses acidentalmente coletivos, distinção feita pelo processualista no relatório que apresentou da situação do direito processual brasileiro no VII Congresso Internacional de Direito Processual (Würzburg, 1983): "*Ao nosso ver, dentro do âmbito acima delimitado, cabe estabelecer uma distinção importante:*
a) Em muitos casos, o interesse em jogo, comum a uma pluralidade indeterminada (e praticamente indeterminável) de pessoas, não comporta decomposição num feixe de interesses individuais que se justapusessem como entidades singulares, embora análogas. Há, por assim dizer, uma comunhão indivisível de que participam todos os possíveis interessados, sem que se possa discernir, sequer idealmente, onde acaba a 'quota' de um e onde começa a de outro. Por isso mesmo, instaura-se entre os distintos dos interessados tão firme união, que a satisfação de um só implica de modo necessário a satisfação de todos; e, reciprocamente, a lesão de um só constitui, ipso facto, lesão da inteira coletividade.
[...]
b) Noutras hipóteses, é possível, em linha de princípio, distinguir interesses referíveis individualmente aos vários membros da coletividade atingida, e não fica excluída a priori a eventualidade de funcionarem os meios de tutela em proveito de uma parte deles, ou até de um único interessado nem a de desembocar o processo na vitória de um ou de alguns e, simultaneamente, na derrota de outro ou de outros. O fenômeno adquire, entretanto, dimensão social em razão do grande número de interessados e das graves

Em ambas as situações, coloca-se a questão de se organizar a atuação da coletividade perante o Judiciário. Em nível processual, esse problema se apresenta na definição da legitimidade ativa para ajuizamento da ação: a atribuição de legitimidade processual a uma pessoa, entidade ou órgão para defender, em nome próprio, um determinado interesse alheio. Além disso, há o problema da definição de quem pode ser o representante adequado para a defesa em juízo desses interesses públicos. Por fim, há desafios relacionados com a regulação do procedimento, com a garantia da observância do contraditório, do devido processo legal, com a definição dos poderes dos juízes e dos efeitos das decisões definitivas[8].

Merece especial atenção, na estruturação do regime jurídico das ações coletivas, a definição de quem poderá, na qualidade de autor da ação, realizar a representação adequada dos interesses da coletividade, e em que extensão. Nas palavras de Barbosa Moreira, *"na medida em que se admita a possibilidade de postular por via judicial a preservação de semelhantes interesses [coletivos], ocorre logo indagar a quem se deve reconhecer qualidade para instaurar o processo ordenado a tal fim"*[9].

Nesse sentido, Teori Zavascki observa que um dos pontos mais sensíveis para a estruturação de um processo coletivo é o da definição da legitimidade ativa, *"que deveria despojar-se de seus vínculos individualistas"*[10].

A legislação processual brasileira e a portuguesa cuidaram de definir as entidades que, em tese, podem ajuizar ações coletivas. Ocorre que a interpretação literal e formal das balizas legais existentes no Brasil e, talvez, em Portugal não é suficiente para realizar e compreender o controle da representação adequada das associações nas ações coletivas. Entende-se que é importante ir além do controle formal da legitimidade dos atores coletivos, em especial das associações, até para lidar

repercussões na comunidade; numa palavra: do 'impacto de massa'. Motivos de ordem prática, ademais, tornam inviável, inconveniente ou, quando menos, escassamente compensadora, pouco significativa nos resultados, a utilização em separado dos instrumentos comuns de proteção jurídica, no tocante a cada uma das 'parcelas', consideradas como tais".

7 Teori Zavascki fala em tutela de direitos coletivos e tutela coletiva de direitos individuais (Teori Albino Zavascki, *Processo Coletivo: tutela de direitos coletivos e tutela coletiva de direitos*, São Paulo: RT, 2006, 41-42).

8 Mauro Cappelletti / Bryant Garth, *Acesso à Justiça*, 49-50.

9 José Carlos Barbosa Moreira, "Tutela jurisdicional dos interesses coletivos", 184.

10 Teori Albino Zavascki, *Processo Coletivo*, 49-51.

com perplexidades como aquelas identificadas por Antonio Gidi, caso se entenda que a definição legal dos entes legitimados para ajuizamento de ações coletivas exaure a discussão sobre representação adequada. Nas palavras de Gidi:

> "Assim [adotada a visão que não admite controle judicial da representação adequada], por mais clara que seja a incompetência ou a negligência do representante do grupo durante o desenrolar do processo coletivo, o juiz está obrigado a aceitar a situação passivamente e a proferir sentença contrária aos legítimos interesses do grupo. Imaginemos que uma pequena e desaparelhada associação proponha uma ação contra poderosa multinacional em um litígio complexo e de profundo impacto social. Durante o processo, o juiz percebe que o advogado da associação é incompetente ou não está demonstrando interesse pelo processo ou pelo grupo, ou que a associação não tem dinheiro suficiente nem para financiar as perícias necessárias, nem para contratar um bom advogado. Imaginemos, também, uma associação que conduza o processo em seu interesse próprio, seja esse interesse de natureza econômica, política ou ideológica.
> [...]
> Se a incompetência do representante – ou do seu advogado – limita-se à não-produção de material probatório suficiente, o problema é de menor gravidade, porque a mesma ação coletiva poderá ser reproposta, se houver a apresentação de nova prova em ação subsequente. O problema começa a ficar mais delicado, porém, se a incompetência do representante repercute na forma como o processo é conduzido ou na fundamentação jurídica da pretensão coletiva do grupo. É possível repropor a mesma ação coletiva com base em nova prova, mas não com base em uma melhor argumentação ou fundamentação. Ademais, essa regra não se aplica às ações coletivas em tutela dos direitos individuais homogêneos. Daí a importância prática do tema em nosso direito" [11]

De fato, não se mostra próprio assumir que a enunciação dos legitimados para ajuizamento da ação coletiva esgota a discussão sobre a representação adequada, na medida em que nela se manifesta aquilo

[11] Antonio Gidi, *A class action como instrumento de tutela coletiva dos direitos: as ações coletivas em uma perspectiva comparada*, São Paulo: Editora Revista dos Tribunais, 2007, 129-130.

que Teixeira de Sousa (referindo-se à ação popular) denominou "*uma forma de tutela não consensual*", dado que a ação coletiva "*pode começar e terminar sem que os interessados tenham manifestado qualquer consentimento e, menos ainda, tenham tido qualquer intervenção nela*"[12].

Este estado de coisas nos leva a rejeitar, em primeiro plano, a visão de que a definição legal do rol de legitimados exaure a discussão sobre o representante adequado, visto que tal entendimento depõe contra o bom funcionamento do processo coletivo e para a adequada tutela dos interesses coletivos[13]. Caberá, no entanto, investigar se os sistemas processuais brasileiro e português admitiriam esse controle (ou seja, cabe construir normativamente o argumento do cabimento do controle judicial da adequação do representante).

Tendo em vista a necessidade de ir além da análise formal da representação adequada, pretende-se examinar nesta obra se a teoria do abuso do direito pode oferecer subsídios para se realizar o controle da representação adequada das associações, a fim de sancionar e inibir o ajuizamento de ações coletivas por associações não vocacionadas para a defesa de interesses coletivos.

A hipótese é de que (i) cabe reconhecer ao juiz o poder de verificar, em concreto, a capacidade de determinada associação para ser representante adequada da coletividade, na defesa de seus interesses, na ação coletiva ajuizada; e de que (ii) o instituto do abuso do direito de demandar (litigância abusiva) tem densidade jurídico-processual para orientar esse controle, no âmbito dos pressupostos processuais.

Não se ignora, por certo, a existência de dificuldades para se admitir o instituto da litigância abusiva como princípio geral processual,

[12] Miguel Teixeira de Sousa, *A legitimidade popular na tutela dos interesses difusos*, Lisboa, Lex, 203.

[13] Entende-se ser correto o argumento de Antonio Gidi, no sentido de que a possibilidade de assunção da causa por outro ente legitimado ou pelo Ministério Público não resolve o problema (até porque esses entes assumirão a ação no estágio em que se encontra e dentro dos limites objetivos previamente estabelecidos. Indaga, a esse respeito, Antonio GIDI, *A class action como instrumento de tutela coletiva dos direitos*, 131-132: "por que não autorizar o Ministério Público (ou qualquer outro co-legitimado) a usar outra alternativa mais simples [do que assumir a ação], limitando-se a demonstrar ao juiz que a representação dos interesses do grupo é incompetente e pedindo a extinção do processo sem julgamento do mérito? A solução judicial da controvérsia coletiva ficará em suspenso até que outro ente legitimado se encontre preparado para propor a mesma ação coletiva."

segundo o qual o processo civil deve sancionar a utilização do processo quando as partes não possuem uma justa causa para ajuizarem a demanda ou para a ela se oporem, ou ainda, tratando do processo coletivo, quando não representam adequadamente os interesses coletivos. Estas dificuldades podem assim ser enunciadas:

a) o sistema processual parte da premissa de que quem exerce o direito de ação não comete ato ilícito (certamente a referência a essa premissa decorre não do direito romano, mas sim, na esfera do processo constitucional, do direito fundamental de acesso à jurisdição, assegurado constitucionalmente);
b) o Código de Processo Civil não previu cláusula geral de vedação do abuso do direito processual, como fez com o princípio da boa-fé, por exemplo;
c) a legislação processual brasileira e a portuguesa apresentam várias hipóteses específicas para sancionar aquilo que compreendemos como abuso processual ou litigância abusiva (ou seja, a lei cuidou de identificar de forma exaustiva as condutas tidas como abusivas, bem como as suas consequências)[14].

É preciso, portanto, mostrar a insuficiência dessa visão e a relevância de se ver o abuso do direito processual enquanto categoria geral como uma forma necessária de garantir que o processo cumpre a sua finalidade. Cabe, assim, demonstrar que o sistema jurídico impõe outras consequências jurídicas decorrentes da litigância abusiva, para além das sanções pecuniárias legalmente previstas. Caberá, ainda, evidenciar que há condutas vedadas pela ordem processual para além das regras expressamente estabelecidas, cuja inobservância reclama respostas sancionatórias adequadas por parte do ordenamento jurídico.

[14] No Brasil, por exemplo, há vários institutos novos para induzir o litigante a não protelar o processo injustamente: honorários sucumbenciais recursais, redução para o réu dos honorários de sucumbência caso não protele a execução ou a lide na fase de conhecimento, multa de 10% quando não há cumprimento espontâneo. Podemos citar ainda a disposição do legislador de prever responsabilidade objetiva pelos danos decorrentes da tutela de urgência. Isso deve conduzir à indagação se o abuso de litigar pode ter expressão jurisprudencial, compreendida como um princípio processual geral ou decorre apenas de regras processuais explícitas. Em outras palavras, o legislador não cuidou já de jurisdicizar as situações concretas de abuso, pelo que não caberia ao intérprete fazê-lo?

Nesse contexto, a pesquisa que se apresenta nesta obra pretende oferecer um contributo à dogmática processual relativa ao controle da representação adequada das associações para ajuizar ações coletivas.

A abordagem dessa problemática está organizada em quatro capítulos.

O primeiro discute a situação do processo coletivo no Brasil e em Portugal, com ênfase no exame do instituto da representação adequada e da legitimidade para agir, em especial das associações. Tendo presente a inserção de Portugal na União Europeia, caberá dar atenção às normas europeias que tratam de processo coletivo, especificamente a Diretiva 2020/1828, que veio trazer novos parâmetros de regulação da ação coletiva de consumo, com evidente preocupação com o fenômeno da litigância abusiva.

O segundo capítulo, por sua vez, identifica o âmbito da relação jurídico-processual em que pode ser feito o controle da representação adequada, situando-se esse controle no campo dos pressupostos processuais. Nesse sentido, caberá examinar o modo de realizar esse controle, considerando o princípio da primazia do julgamento de mérito, que atualmente orienta os Códigos de Processo Civil do Brasil e de Portugal.

Já o terceiro capítulo propõe uma abordagem do instituto do abuso do direito processual (ou da litigância abusiva), buscando-se verificar se o instituto tem existência própria no processo civil (tendo autonomia em relação ao instituto de direito civil) e se pode ser enunciado como princípio processual (tendo expressão normativa para além das regras que sancionam a má-fé processual).

O quarto e derradeiro capítulo cuida de expor o modo como o instituto da litigância abusiva poderá servir de parâmetro de controle para apreciar a representatitividade adequada das associações no âmbito dos pressupostos processuais.

1. DELINEAMENTO DA TUTELA JUDICIAL COLETIVA NO BRASIL E EM PORTUGAL, E O PROBLEMA DA REPRESENTAÇÃO ADEQUADA DAS ASSOCIAÇÕES

A correta compreensão do problema do controle da representação adequada das associações em ações coletivas exige que se verifique o estado da arte da tutela coletiva no Brasil e em Portugal, considerando o quadro normativo vigente, o contexto em que ele se insere e os desafios que se impõem.

Com esse fim, traça-se a seguir um panorama da tutela coletiva no Brasil e em Portugal, com um breve relato histórico-normativo sobre o processo coletivo nesses países, delineando-se, ainda, alguns institutos que conformam esse regime jurídico processual. Especial atenção será dada ao novo marco das ações coletivas de consumo na Europa, decorrente do advento da Diretiva 2020/1828 do Parlamento Europeu e do Conselho, em virtude quer da alteração que a diretiva trará ao processo coletivo português, quer do facto de essa norma comunitária suscitar questões relevantíssimas para o processo coletivo, permitindo inclusive refletir-se sobre o desenvolvimento do tema no Brasil.

Ao final, propõe-se uma reflexão sobre a importância que alcança no processo coletivo a definição da(s) entidade(s) legitimada(s) para ajuizamento de ações coletivas. Considerando os termos da legislação brasileira e portuguesa, presume-se que os entes legitimados para ajuizamento das ações coletivas são representantes adequados da coletividade.

Dada a centralidade desse aspecto na estruturação do processo coletivo, é importante ponderar até que ponto essa presunção pode ser posta em causa à luz dos valores em jogo.

1.1 Panorama da tutela coletiva no Brasil e em Portugal

A tutela judicial coletiva tem hoje grande expressão jurídica no Brasil e em Portugal.

No Brasil[15], cabe destacar a importância que a tutela coletiva adquiriu a partir do advento da Lei n. 7.347, de 1985, que disciplina a ação civil pública[16], não obstante importantes antecedentes históricos que permitiram o amadurecimento do tema no País[17]. Destacando o marco que representou essa lei no ordenamento processual brasileiro, Ada Pellegrini Grinover faz a seguinte observação:

[15] Para um histórico sobre o tema, confira-se: Alcides A. Munhoz da Cunha, "Evolução das ações coletivas no Brasil", *Revista de Processo* 77 (jan.-mar. 1995) 224-235.

[16] Para um histórico sobre as origens da Lei n. 7.347, de 1985, confira-se: Hugo Nigro Mazzilli, *A defesa dos interesses difusos em juízo*, 18ª ed., São Paulo: Saraiva, 2005, 109-115.

[17] No Brasil, antes da Lei n. 7.347, de 1985, que tem o escopo de tutelar interesses coletivos, identificam-se iniciativas legislativas que resultaram na introdução de ferramentas processuais para tratar, de forma assistemática, de problemas típicos da tutela coletiva. No âmbito trabalhista, pode-se mencionar a Consolidação das Leis do Trabalho (CLT), de 1942, que previa a possibilidade de o sindicato prestar assistência jurídica para a categoria (além de sua atuação no Dissídio Coletivo, na composição Capital e Trabalho mediada pelo Estado). Também pode ser mencionada a Lei n. 1.134, de 1950, que previa a possibilidade de associações de classe representarem coletiva ou individualmente os seus associados perante as autoridades administrativas e perante o Judiciário. No âmbito da tutela do interesse público, a Lei 3.164, de 1957 [art. 1º e § 2º] e a Lei 3.502/58 [art. 5º – legitimidade] previam instrumentos processuais para a defesa do patrimônio público em face de ilegalidades praticadas pelos servidores públicos (essas leis foram revogadas pela Lei 8429/1992 – Lei de Improbidade Administrativa). Digna de destaque é a Lei n. 4.717, de 1965, que permanece vigente e regula a ação popular (que tinha previsão desde a Constituição de 1934, no seu art. 113, n. 38), visando oferecer tutela judicial para proteção do erário, de forma abrangente, conferindo legitimidade a qualquer cidadão para atuar como substituto processual da coletividade. Muito depois, temos a Ação Civil Pública, de 1985, criada mediante a Lei 7.347, de 1985, que é tipicamente uma ação coletiva e que sinaliza a existência de bens jurídicos coletivos que não se confundem com o erário. Compreende-se que a Lei n. 7.347, de 1985, constitui marco fundamental para o processo coletivo porque, a partir dela, o sistema processual trata de forma abrangente a tutela de bens jurídicos coletivos bem como se estrutura um procedimento próprio, que não mimetiza o procedimento individual.

> "Não há dúvida de que a lei revolucionou o direito processual brasileiro, colocando o País numa posição de vanguarda entre os países de *civil law* e ninguém desconhece os excelentes serviços prestados à comunidade na linha evolutiva de um processo individualista para um processo social."[18]

A tutela coletiva ganha ainda maior força no ordenamento jurídico brasileiro com o advento da Constituição de 1988, cujo texto contemplou direitos materiais de índole coletiva (o art. 216, por exemplo, que trata da proteção ao patrimônio cultural brasileiro), criou arcabouço institucional próprio para a tutela dos direitos coletivos (merece destaque a configuração dada ao Ministério Público, no art. 128 e 129) e dispôs sobre instrumentos processuais coletivos (ação popular, ação civil pública para a defesa de direitos coletivos e difusos, mandado de segurança coletivo, além dos instrumentos de controle de constitucionalidade).

Após a promulgação da Constituição Federal, sobrevieram novas leis que conferiram densidade aos instrumentos processuais para a tutela coletiva, com merecido destaque para a promulgação da Lei n. 8.078, de 1990, que, a despeito de se denominar Código de Defesa do Consumidor (CDC-br), trouxe importante regulação das ações coletivas[19]. Efetivamente, além de disciplinar minuciosamente o processo coletivo (tratando de entidades representativas legitimadas, competência, espécies de provimento jurisdicional aplicáveis, forma de liquidação e execução das sentenças coletivas e coisa julgada, entre outros assuntos), o CDC-br estabeleceu, no seu art. 90, que o procedimento ali previsto deveria ser lido de forma integrada com as disposições da LACP-br, e no seu art. 17 incluiu o art. 21 na LACP-br, no sentido de determinar que à ação civil pública deveriam aplicar-se também as disposições do CDC-br. Ou seja, em função das remissões recíprocas, o CDC-br e a

[18] Ada Pellegrini Grinover, "Rumo a um Código Brasileiros de Processos Coletivos", in Édis Milaré, coord., *A Ação Civil Pública após 20 anos: efetividade e desafios*, São Paulo: Editora Revista dos Tribunais, 2005, 13.

[19] Para um histórico sobre a concepção do Código de Defesa do Consumidor como veículo de desenvolvimento do processo coletivo, *vide* o relato feito pela Profa. Ada Pellegrini Grinover e por Antônio Herman de Vasconcellos e Benjamin (hoje Ministro do Superior Tribunal de Justiça), que participaram da comissão que redigiu o anteprojeto do CDC (Ada Pellegrini Grinover, *Código Brasileiro de Defesa do Consumidor comentado pelos autores do anteprojeto*, 5ª ed., São Paulo: Forense Universitária, 1997).

LACP-br tornaram-se diplomas complementares, constituindo aquilo que muitos passaram a chamar um "microssistema de tutela coletiva"[20], a justificar que o tema da tutela coletiva no Brasil tenha como eixo o estudo desses dois diplomas normativos[21].

Conforme disposto no art. 81, Parágrafo único do CDC-br, podem ser objeto de tutela coletiva os interesses difusos, os coletivos e os individuais homogêneos. Com essa amplitude, observa-se que a tutela coletiva no Brasil abrange a defesa daquilo que Barbosa Moreira denominou interesses essencialmente coletivos e interesses acidentalmente coletivos[22].

[20] Foi intensa a produção legislativa sobre a tutela coletiva desde a promulgação da Constituição de 1988, podendo ser mencionadas, para ilustrar, as seguintes normas: i) Lei n. 7.853/1989 que trata da defesa dos interesses transindividuais das pessoas portadoras de deficiência, ii) Lei n. 7.913/1989, que regulamenta a defesa coletiva dos investidores do mercado de valores mobiliários (investidor do mercado financeiro), iii) Lei n. 8.069/1990 (Estatuto da Criança e do Adolescente), que instituiu formas de tutela coletiva para as crianças e adolescentes, inclusive individuais homogêneos tais como a oferta regular de ensino obrigatório, ensino especial para deficientes, ensino noturno e acesso ao serviço de saúde, iv) Lei n. 8.625/1993 (Lei Orgânica do Ministério Público), v) Lei Complementar n. 75/1993 (Lei de Organização do Ministério Público da União), vi) Lei n. 8.429/1992 (Lei de Improbidade Administrativa – LIA), vii) Lei n. 10.741/03, o Estatuto do Idoso, que previu o cabimento de ação civil pública para a proteção dos direitos e interesses difusos ou coletivos, individuais indisponíveis e individuais homogêneos do idoso, conferindo legitimidade ao Ministério Público.

[21] Essa é a postura metodológica adotada pela doutrina e jurisprudência, valendo mencionar, *inter plures*, a opinião de Aluisio Gonçalves de Castro Mendes, *Ações coletivas e meios de resolução coletiva de conflitos no direito comparado e nacional*, 4ª ed., São Paulo: Revista dos Tribunais, 2014, 205:

"O Código de Defesa do Consumidor passou a representar o modelo estrutural para as ações coletivas no Brasil, na medida em que encontra aplicabilidade não apenas para os processos relacionados com a proteção do consumidor em juiz, mas, também, em geral, para a defesa dos direitos e interesses difusos, coletivos e individuais homogêneos, por determinação expressa do art. 21 da Lei 7.347/1985, acrescentado em razão do art. 117 da Lei 8.078/1990. Regulou assim o Código do Consumidor, os aspectos mais importantes da tutela e da execução, passando pela coisa julgada e seus efeitos, além da questão da litispendência e das não menos importantes definições conceituais pertinentes aos interesses difusos, coletivos e individuais homogêneos. Por conseguinte, os estudos e proposições, que serão empreendidos no presente trabalho, levarão em conta, centralmente, as regras dispostas no sistema composto pelas Leis 7.347/1985 e 8.078/1990".

[22] No já comentado relatório apresentado no VII Congresso Internacional de Direito Processual, realizado em Würzburg, em 1983, José Carlos Barbosa Moreira, "Tutela jurisdicional dos interesses coletivos", 194-195, propôs que a tutela dos interesses coletivos ou difusos observasse a distinção entre interesses acidental e essencialmente coletivos. Nesses, "*o inte-*

No entender de Teori Zavascki, as ações coletivas podem assim ter como objeto, de um lado, a tutela judicial de interesses e direitos coletivos (interesses difusos e coletivos), e de outro a tutela coletiva de direitos individuais (interesses individuais homogêneos). Explica o Zavascki:

> "É preciso, pois, que não se confunda defesa de direitos coletivos com defesa coletiva de direitos (individuais). Direitos coletivos são direitos subjetivamente transindividuais (=sem titular determinado) e materialmente indivisíveis [...]. 'Direito coletivo' é designação genérica para as duas modalidades de direitos transindividuais: o difuso e o coletivo *stricto sensu*. É denominação que se atribui a uma especial categoria de direito material, nascida da superação, hoje indiscutível, da tradicional dicotomia entre interesse público e interesse privado [...].
> Já os direitos individuais homogêneos são, simplesmente, direitos subjetivos individuais [...]. Não se trata, pois, de uma nova espécie de direito material. Os direitos individuais homogêneos são, em verdade, aqueles mesmos direitos comuns ou afins de que trata o art. 46 do CPC [CPC73-br] (nomeadamente em seus incisos II e IV), cuja coletivização tem um sentido meramente instrumental, como estratégia para permitir sua mais efetiva tutela em juízo [...]. Quando se fala, pois, em 'defesa coletiva' ou em 'tutela coletiva' de direitos homogêneos, o que se está qualificando como coletivo não é o direito material tutelado, mas sim o modo de tutelá-lo, o instrumento de sua defesa."[23]

Para a tutela judicial desses interesses, "*são admissíveis todas as espécies de ações capazes de propiciar sua adequada e efetiva tutela*" (art. 83 do CDC-br). Em ações condenatórias, a ação coletiva pode postular o cumprimento

resse em jogo, comum a uma pluralidade indeterminada (e praticamente indeterminável) de pessoas, não comporta decomposição num feixe de interesses individuais que se justapusessem como entidades singulares, embora análogas. Há, por assim dizer, uma comunhão indivisível de que participam todos os possíveis interessados, sem que se possa discernir, sequer idealmente, onde acaba a 'quota' de um e onde começa a de outro". Já nos interesses acidentalmente coletivos, é possível "*distinguir interesses referíveis individualmente aos vários membros da coletividade atingida, e não fica excluída a priori a eventualidade de funcionarem os meios de tutela em proveito de uma parte deles, ou até de um único interessado, nem a de desembocar o processo na vitória de um ou de alguns e, simultaneamente, na derrota de outro ou de outros. O fenômeno adquire, entretanto, dimensão social em razão do grande número de interessados e das graves repercussões na comunidade; numa palavra: do impacto de massa.*"

[23] Teori Albino Zavascki, *Processo Coletivo*, 42-43.

de uma obrigação de pagar, e de fazer ou não fazer (art. 3º da LACP-br). Nas obrigações de fazer ou não fazer, "*o juiz concederá a tutela específica da obrigação ou determinará providências que assegurem o resultado prático equivalente ao do adimplemento*" (art. 84, CDC-br). Além disso, "*a conversão da obrigação em perdas e danos somente será admissível se por elas optar o autor ou se impossível a tutela específica ou a obtenção do resultado prático correspondente*" (§ 1º do art. 84 do CDC-br). Além de provimentos condenatórios, o juiz pode proferir provimentos provisórios de natureza cautelar (art. 4º da LACP-br) ou antecipar os efeitos da tutela definitiva (art. 84, §§ 4º e 5º, do CDC-br).

Como sinalizava Barbosa Moreira, "*na medida em que se admita a possibilidade de postular por via judicial a preservação de semelhantes interesses [coletivos], ocorre logo a indagar a quem se deve reconhecer qualidade para instaurar o processo ordenado a tal fim*"[24].

Para esse fim, e considerando a impossibilidade lógica de conferir a condição legitimante à luz da (suposta) titularidade do direito, os sistemas jurídicos procuram conferi-la em virtude do binômio *relevância social do interesse/adequação do representante*[25].

A legislação brasileira (em especial a LACP-br e o CDC-br), no que se refere a essa importante questão relacionada com a definição do representante adequado, prevê um alentado rol de legitimados: o Ministério Público, a Defensoria Pública, a União, os Estados e o Distrito Federal, os Municípios e as associações.

Como se vê, nas ações coletivas brasileiras, a legitimação é, de regra, extraordinária, concorrente, disjuntiva e autônoma. Extraordinária, porque o ente legitimado vai a juízo, em nome próprio, defender um interesse/direito alheio (da coletividade)[26]. Autônoma, porque não é

[24] José Carlos Barbosa Moreira, "Tutela jurisdicional dos interesses coletivos ou difusos", 184.

[25] Pedro Lenza, *Teoria Geral da Ação Civil Pública*, 2ª ed., São Paulo: Editora Revista dos Tribunais, 2005, 52.

[26] Na doutrina, há autores que reconhecem a dificuldade de se utilizar a dicotomia legitimidade ordinária x legitimidade extraordinária, concebida para o processo individual no processo coletivo, mas consideram ser didático tratar da legitimação ativa no campo da legitimidade extraordinária para sublinhar a quebra do paradigma do processo individual, no qual prepondera a regra de que "ninguém poderá pleitear direito alheio em nome próprio" (art. 18 do CPC-br). Nesse sentido: Egon Bockmann Moreira *et al.*, *Comentários à Lei de Ação Civil Pública*, São Paulo: Revista dos Tribunais, 2016, 282-283.

necessária a participação do titular do direito, porquanto o contraditório já se forma suficientemente com a presença do legitimado ativo. Concorrente, pois há vários legitimados, que concorrem entre si de forma igual. Disjuntiva, uma vez que a propositura de uma ação coletiva por um legitimado não cancela a legitimidade do titular do direito nem de outros legitimados[27].

Outro aspecto fundamental para compreender as nuances da tutela coletiva no Brasil diz respeito à coisa julgada material. Decorre da interpretação do art. 103 do CDC-br que a coisa julgada formada em sentença coletiva tem a qualidade da imutabilidade de seus efeitos (do efeito declaratório), seja quando julgada procedente, seja quando jul-

No Brasil, em sentido diverso, Ricardo de Barros LEONEL, *Manual do Processo Coletivo*, 4. ed. São Paulo: Malheiros, 2017, 182-185, propõe afastar essa conceituação no plano dos interesses difusos e coletivos, por identificar que os entes legitimados atuam na defesa do interesse próprio e de toda a coletividade, preferindo considerar que a legitimação é autônoma (*ex lege*), admitindo tratar como legitimidade extraordinária aquela conferida às entidades no que se refere à defesa dos interesses individuais homogêneos, que são interesses individuais. Em Portugal, examinando a questão no âmbito da ação popular, entende Miguel Teixeira de SOUSA (*A legitimidade popular na tutela dos interesses difusos*, 214-215, 224-226) que a legitimidade popular (por ele definida como uma "*legitimidade representativa*") é aferida em função não apenas "*do poder de representação do demandante*" (ou seja, de representar os titulares de um interesse difuso), mas também do seu próprio interesse em demandar ("*pois que também é necessário que esse autor tenha uma relação com aquele interesse que justifica que, no caso concreto, ele possa instaurar a acção popular*", seja em virtude do interesse concreto [no caso das pessoas singulares], seja em vista das finalidades institucionais [nos entes coletivos]). Mesmo concebendo que a legitimidade popular não depender de qualquer mandato ou autorização expressa dos titulares do interesse difuso defendido na ação popular, refuta o processualista que se trate de hipótese de substituição processual, enumerando algumas razões para isso (embora reconheça que se trate de questão de mera construção jurídica).
Reconhecendo a dificuldade de transposição para o processo coletivo de conceitos gestados no processo tradicional, entende-se que há virtude em identificar a legitimação no processo coletivo como extraordinária, seja para direitos coletivos e difusos, na perspectiva de que é uma ficção compreender que a entidade legitimada defende um interesse próprio (o titular do interesse é a coletividade, uma totalidade que não se identifica com a soma das partes), seja para interesses individuais homogêneos, no qual a entidade vai a juízo defender interesses individuais, em especial no regime de representação *opt-out*. As prerrogativas da entidade legitimada e os limites de sua atuação e a conformação jurídica do instituto da representação no direito brasileiro (arts. 115 a 120 do Código Civil) nos conduzem a concluir, portanto, que a legitimidade das entidades qualificadas a ajuizar ações coletivas se põe no plano da legitimidade extraordinária.

[27] Pedro LENZA, *Teoria Geral da Ação Civil Pública*, 193.

gada improcedente, na dimensão coletiva. Isto é, forma-se uma coisa julgada material na sentença coletiva julgada procedente ou improcedente a fim de se inibir o ajuizamento de outras demandas coletivas

No que se refere a interesses coletivos e difusos, o ajuizamento de uma nova ação coletiva, quando já exista uma sentença de improcedência transitada em julgado, apenas será viável se houver prova nova (ou seja, quando o julgamento de improcedência ocorrer por insuficiência de provas) (art. 103, inciso I e II)[28]. Em relação aos interesses individuais homogêneos, não há essa possibilidade de ajuizamento de nova ação coletiva com prova nova. Por outro lado, é certo que o desfecho desfavorável da ação coletiva que trate de interesses individuais homogêneos não inibe a ação individual (art. 103, inciso III, § 3º, e 104 do CDC)[29/30].

[28] A sentença de procedência nas ações que tutelam interesses coletivos e difusos forma ainda aquilo que a doutrina chama "coisa julgada *in utilibus*" para os interesses individuais, por força do disposto no art. 103, § 3º, do CDC-br, de modo que "*os prejuízos individuais seriam diretamente executáveis sem a necessidade de novas ações de conhecimento*" (Márcio Mafra Leal, *Ações Coletivas*, São Paulo: Editora Revista dos Tribunais, 2014, 207. No mesmo sentido: Ada Pellegrini Grinover, *Código Brasileiro de Defesa do Consumidor*, 730-731).

[29] Egon Bockmann Moreira *et al.*, *Comentários à Lei de Ação Civil Pública*, 551-554.

[30] A respeito do assunto, cumpre referir o entendimento que se firmou na Segunda Seção do Superior Tribunal de Justiça, como se vê do acórdão que tem a seguinte ementa: "RECURSO ESPECIAL. PROCESSUAL CIVIL. PROCESSO COLETIVO. DIREITOS INDIVIDUAIS HOMOGÊNEOS. MEDICAMENTO "VIOXX". ALEGAÇÃO DE DEFEITO DO PRODUTO. AÇÃO COLETIVA JULGADA IMPROCEDENTE. TRÂNSITO EM JULGADO. REPETIÇÃO. IMPOSSIBILIDADE. INTELIGÊNCIA DOS ARTIGOS 81, INCISO III, E 103, INCISO III E § 2º, DO CDC. RESGUARDO DO DIREITO INDIVIDUAL DOS ATINGIDOS PELO EVENTO DANOSO. DOUTRINA. 1. Cinge-se a controvérsia a definir se, após o trânsito em julgado de decisão que julga improcedente ação coletiva para a defesa de direitos individuais homogêneos, é possível a repetição da demanda coletiva com o mesmo objeto por outro legitimado em diferente estado da federação. 2. A apuração da extensão dos efeitos da sentença transitada em julgado proferida em ação coletiva para a defesa de direitos individuais homogêneos passa pela interpretação conjugada dos artigos 81, inciso III, e 103, inciso III e § 2º, do Código de Defesa do Consumidor. 3. Nas ações coletivas intentadas para a proteção de interesses ou direitos individuais homogêneos, a sentença fará coisa julgada erga omnes apenas no caso de procedência do pedido. No caso de improcedência, os interessados que não tiverem intervindo no processo como litisconsortes poderão propor ação de indenização a título individual. 4. Não é possível a propositura de nova ação coletiva, mas são resguardados os direitos individuais dos atingidos pelo evento danoso. 5. Em 2004, foi proposta, na 4ª Vara Empresarial da Comarca do Rio de Janeiro/RJ, pela Associação Fluminense do Consumidor e Trabalhador – AFCONT, ação coletiva com o mesmo objeto e contra as mesmas rés da ação que deu origem ao presente recurso especial.

A tutela judicial coletiva adquire relevância também no ordenamento processual português[31]. A Constituição da República de Portugal prevê o direito de acesso aos tribunais para defesa de direitos e interesses legítimos e confere estatura constitucional à tutela coletiva quando estabelece o direito de petição e de ação popular, no seu art. 52º, nos seguintes termos:

> "Artigo 52º (Direito de petição e direito de ação popular)
> [...]
> 3. É conferido a todos, pessoalmente ou através de associações de defesa dos interesses em causa, o direito de ação popular nos casos e termos previstos na lei, incluindo o direito de requerer para o lesado ou lesados a correspondente indemnização, nomeadamente para:
> a) Promover a prevenção, a cessação ou a perseguição judicial das infrações contra a saúde pública, os direitos dos consumidores, a qualidade de vida, a preservação do ambiente e do património cultural;
> b) Assegurar a defesa dos bens do Estado, das regiões autónomas e das autarquias locais."

Com o trânsito em julgado da sentença de improcedência ali proferida, ocorrido em 2009, não há espaço para prosseguir demanda coletiva posterior ajuizada por outra associação com o mesmo desiderato. 6. Recurso especial não provido." (STJ-br, REsp 1302596/SP, Rel. p/ Acórdão Ministro Ricardo Villas Bôas Cueva, 2ª Seção, julgado em 9/12/2015, DJe 1/2/2016).

[31] Registra Lebre de Freitas que "a consciência da necessidade dum regime legal especial de tutela dos interesses colectivos e difusos é, em Portugal, relativamente recente", datando da década de 80 do século passado as primeiras leis que se ocuparam do assunto, suprindo (de forma parcial) o comando constitucional do art. 52 da CRP que, desde 1976, consagra o direito de ação popular (Lei de Defesa dos Consumidores [Lei 29/1981), Lei de Defesa do Património Cultural Português [Lei 13/1985], Regime das Cláusulas Contratuais Gerais [Decreto-Lei 446/1985], Lei das Associações de Defesa do Ambiente [Lei 10/1987], Lei de Bases do Ambiente [Lei 11/1987]). A omissão só veio a ser suficientemente suprida, no entanto, com o advento da Lei 83/1995 – José Lebre de Freitas, "A acção popular no direito português", *Sub Judice* 24 (2003) 15. Na prática forense, relatam Nuno Salazar Casanova e Madalena Afra Rosa que as ações coletivas não são muito comuns em Portugal, com uma média de 18 ações tramitando na primeira instância por ano, no período de 2007 e 2017. Apesar disso, as ações coletivas têm ganhado projeção nos últimos anos, em especial na tutela dos interesses de investidores e consumidores, bem como na proteção do patrimônio público e meio ambiente (Camilla Sanger, ed., *The Class Actions Law Review*, 3rd ed., London: Law Business Research, 2019 170-178).

Como se vê, o texto constitucional aponta para uma tutela efetiva de direitos e interesses legítimos (perante o Poder Judiciário, que se materializa na garantia de acesso aos tribunais[32], no caso da CRP, artigo 20º, n. 1[33]). A Constituição também se mostra atenta à dimensão coletiva desses direitos e interesses (ao prever o direito de petição individual ou coletiva para defesa "*dos seus direitos, da Constituição, das leis ou do interesse geral*", bem como ao estabelecer o direito de "*ação popular*"). Ainda nos termos da CRP, a ação popular deve tutelar a saúde pública, direitos dos consumidores, qualidade de vida, preservação do ambiente e do património cultural e o erário (bens pertencentes ao domínio público ["*bens do Estado, das regiões autónomas e das autarquias locais*"])[34], seja para o fim de obter indenização para as vítimas, seja para "*promover a prevenção, a cessão ou a perseguição judicial das infrações*"[35].

No que se refere especificamente à ação popular, Gomes Canotilho e Vital Moreira, reconhecendo que a norma constitucional é "*uma das mais importantes conquistas processuais para a defesa de direitos e interesses fundamentais constitucionalmente consagrados*"[36], explicitam a natureza desse instrumento previsto na Constituição:

> "Já o **direito de acção popular**, revestindo igualmente a dupla natureza de *direito de participação política* e de *garantia* de outros direitos, constitui,

[32] Pertinente a consideração de J. J. Gomes Canotilho, *Direito Constitucional e Teoria da Constituição*, 6ª ed., Coimbra: Almedina, 2002, 478-493, que situa a garantia de acesso aos tribunais como uma concretização do princípio estruturante do Estado de direito, destacando que a garantia alcança o direito a uma proteção jurisdicional efetiva, conforme preceitua o art. 20º, n. 3, CRP.

[33] Interessante observar que o texto constitucional também contempla o direito de petição perante os demais órgãos de soberania (artigo 52º, número 1) não apenas como garantia contra lesões e gravames de interesses próprios, mas também como direito político, de participação dos cidadãos na vida política (J.J. Gomes Canotilho / Vital Moreira, *Constituição da República Portuguesa anotada*, vol. 1, 4ª ed., São Paulo: Editora Revista dos Tribunais / Coimbra: Coimbra Editora, 2007, 693).

[34] J.J. Gomes Canotilho / Vital Moreira, *Constituição da República Portuguesa anotada*, 1, 700, entendem que a ação popular não tem de limitar-se necessariamente aos casos indicados nas alíneas do n. 3 do art. 52º, tratando-se de um rol exemplificativo, dado que o texto constitucional utiliza o vocábulo "nomeadamente".

[35] Como se verá oportunamente, a questão da *legitimatio ad causam* para exercer uma ou outra pretensão deve ser aferida na legislação infraconstitucional, dado que a legislação pode estabelecer critérios próprios de legitimação para as ações de indenização.

[36] J.J. Gomes Canotilho / Vital Moreira, *Constituição da República Portuguesa anotada*, 1, 696.

no fundo, uma 'declinação' do direito de acção judicial (art. 20º), só que para a defesa de certos bens constitucionalmente protegidos, de âmbito transindividual, não tendo o âmbito universal do direito de petição nem do direito de acção judicial comum"[37].

O legislador infraconstitucional promoveu a regulamentação da ação popular com a edição da Lei 83/1995[38] (LAP-pt), marco normativo fundamental para compreender o regime processual da defesa judicial daquilo que a dogmática portuguesa denomina como interesses difusos (a qualificar o que no Brasil se costuma designar como interesses coletivos em sentido amplo[39]).

Nesse sentido, o Supremo Tribunal de Justiça teve oportunidade de assentar que *"o artigo 1º da Lei n. 83/95, de 31 de Agosto, abarca não só os "interesses difusos"*, mas também *"os interesses individuais homogéneos*'"[40].

Nos termos da Lei n. 83, de 1995, que dispõe sobre "direito de participação procedimental e de acção popular", a ação coletiva preconiza a "*prevenção, a cessação ou perseguição judicial das infrações previstas no n. 3 do*

[37] J.J. Gomes Canotilho / Vital Moreira, *Constituição da República Portuguesa anotada*, 1, 693.

[38] Conforme registro de José Lebre de Freitas, "A acção popular no direito português", 17, pode-se ver no direito processual administrativo um embrião do direito de ação popular (vide arts. 369 e 822 do Código Administrativo de 1940).

[39] Segundo doutrina de Teixeira de Sousa (*Legitimidade Popular na tutela dos interesses difusos*, Lisboa, Lex, 2003, p. 120), "no objecto da ação popular podem incluir-se quer os interesses difusos *stricto sensu*, que os interesses colectivos, quer os respectivos interesses individuais homogéneos". Como explica Aluisio Gonçalves de Castro Mendes, *Ações coletivas*, 133-134, "a expressão 'interesses difusos' encontra significação, em Portugal, semelhante à que é dada aos 'interesses coletivos' no Brasil. Ou seja, possui uma acepção ampla e outra restrita". A acepção ampla, interesses difusos, se contrapõe aos interesses meramente individuais, englobando "os interesses difusos, em termos estritos, os coletivos, provenientes de cotitularidade, e os individuais homogêneos". Esta leitura decorreria do que dispõe o art. 26-A do CPC-pt, intitulado "Acções para a tutela de interesses difusos". Por outro lado, a Lei de Defesa do Consumidor (Lei 24/1996) também classifica os interesses abrangidos pela ação popular em coletivos, difusos e individuais homogêneos (arts. 13c e 20). Esta acepção ampla de interesses difusos coincide com o sentido que no Brasil se dá aos interesses coletivos em sentido amplo.
Na acepção estrita, interesses difusos seriam os transindividuais, de natureza indivisível, reunidos por situação fática, sem que haja uma relação jurídica-base (mesma acepção dada no Brasil ao interesse difuso).

[40] STJ-pt, Acórdão de 23/09/1997, proferido no processo 97B503, Relator Miranda Gusmão.

art. 52º da Constituição", incluindo a tutela de saúde pública, ambiente, qualidade de vida, proteção do consumidor, patrimônio cultural e público (artigo 1º). Conquanto não previsto no âmbito da lei (artigo 1º), o artigo 22º prevê a possibilidade de haver condenação ao pagamento de indenização (globalmente fixada)[41].

A tutela coletiva prevista na LAP-pt trata da jurisdição contenciosa administrativa e a comum. No que se refere especificamente à ação popular civil, ela "*pode revestir qualquer das formas previstas no Código de Processo Civil*" (artigo 12º, n. 2)[42], o que permite a adaptação do processo às especificidades da causa, assegurando assim um processo equitativo (art. 547º, CPC-pt). Merece destaque, ainda, a Lei n. 25/2004, que transpôs para a ordem jurídica portuguesa "*a Directiva n. 98/27/CE do Parlamento Europeu e do Conselho, relativa às acções inibitórias em matéria de proteção dos interesses dos consumidores*", determinando que as normas nela previstas se apliquem "à acção inibitória prevista no artigo 10º da Lei nº 24/96, de 31 de Julho, bem como à acção popular contemplada no nº 2 do artigo 12º da Lei nº 83/95, de 31 de Agosto, destinadas a prevenir, corrigir ou fazer cessar práticas lesivas dos direitos dos consumidores" (artigo 2º).

Para a tutela prevista na LAP-pt, confere-se legitimidade às associações e fundações, observando-se o comando constitucional[43], dispondo

[41] O artigo 22º prevê que a indenização seja fixada globalmente quando esteja em causa a violação de interesses de titulares não individualmente identificados, estabelecendo-se o prazo de prescrição de 3 anos para o repasse desse valor aos titulares. Decorrido esse prazo, os valores devem ser transferidos para o Ministério da Justiça. Sobre o ponto, ver José Lebre de Freitas, "A acção popular no direito português", 20-21.

[42] Para Miguel Teixeira de Sousa, *A Legitimidade Popular na Tutela dos Interesses difusos*, pp. 133-134, a ampla formulação do artigo 12º, n. 2, da LAP-pt "pretende esclarecer que a acção popular pode ser uma acção de simples apreciação, uma acção condenatória ou uma ação constitutiva". Ainda para o jurista, a previsão legal permite concluir "que ela abrange as providências cautelares" e, a depender das circunstâncias, até mesmo a ação executiva (quando não houver necessidade de liquidação individualizada).

[43] A CRP, além de contemplar expressamente a liberdade de associação como direito fundamental (artigo 46º), trata da legitimidade de as associações defenderem interesses da coletividade (artigo 52º, n. 3). A expressão "interesses da coletividade" serve para denominar aquilo que Miguel Teixeira de Sousa, *A tutela jurisdicional dos interesses difusos no direito português* (v. 20.3.2014, disponível em <https://lisboa.academia.edu/Miguel TeixeiradeSousa>, acesso em 26/2/2020), chamou "interesses difusos *lato sensu*", a englobar os interesses difusos *stricto sensu*, os coletivos e os individuais homogéneos. Ainda no plano

o art. 3º sobre os requisitos a serem observados: a) a personalidade jurídica; b) incluírem entre suas atribuições ou objetivos estatutários a defesa dos interesses em causa (pertinência temática); e c) não exercerem qualquer tipo de atividade profissional concorrente com empresas ou profissionais liberais[44]. Também ostentam legitimidade as autarquias locais, "*em relação aos interesses de que sejam titulares residentes na área da respectiva circunscrição*" (art. 2º, n. 1, LAP-pt). Por fim, possuem legitimidade para ajuizar a ação popular "*quaisquer cidadãos no gozo dos seus direitos civis e políticos*", destacando a parte final do artigo 2º, n. 1, da LAP-pt, que essa legitimidade se apresenta "*independentemente de terem ou não interesse directo na demanda*"[45].

constitucional, o art. 60º, n. 3, da CRP dispõe que "As associações de consumidores e as cooperativas de consumo têm direito, nos termos da lei, ao apoio do Estado e a ser ouvidas sobre as questões que digam respeito à defesa dos consumidores, sendo-lhes reconhecida legitimidade processual para defesa dos seus associados ou de interesses coletivos ou difusos". No âmbito das relações de trabalho, a CRP ainda estabelece, no artigo 56º, n. 1, que "compete às associações sindicais defender e promover a defesa dos direitos e interesses dos trabalhadores que representem". Estabelece ainda a CRP que "é da exclusiva competência da Assembleia da República legislar sobre [...] associações e partidos políticos" (artigo 164º, letra h). O Artigo 270º da CRP, ao tratar das "restrições ao exercício de direitos", estatui que "a lei pode estabelecer, na estrita medida das exigências próprias das respetivas funções, restrições ao exercício dos direitos de expressão, reunião, manifestação, associação e petição coletiva [...]".

[44] O art. 31 do CPC-Pt, de 2013 (da mesma forma que o fazia o CPC-Pt, de 1961, no seu art. 26-A do CPC de 1961), remete para a legislação específica a regulação dos interesses coletivos, ao dispor que "têm legitimidade para propor e intervir nas ações e procedimentos cautelares destinados, designadamente, à defesa da saúde pública, do ambiente, da qualidade de vida, do património cultural e do domínio público, bem como à proteção do consumo de bens e serviços, qualquer cidadão no gozo dos seus direitos civis e políticos, as associações e fundações defensoras dos interesses em causa, as autarquias locais e o Ministério Público, nos termos previstos na lei".

[45] Lebre de Freitas ("A acção popular no direito português", p. 19) entende que essa legitimidade conferida aos cidadãos diz respeito à defesa dos interesses coletivos e difusos. Converge com esse entendimento José Eduardo Figueiredo Dias, "Os Efeitos da Sentença na Lei da Acção Popular", *Revista do CEDOUA* 1/2 (1999), 49, disponível em <https://digitalis-dsp.uc.pt/bitstream/10316.2/5706/1/revcedoua3%20artigo%203%20-%20JEFD.pdf>, que, ao comentar a legitimidade do cidadão para ajuizar sobre ação popular (administrativa), pontua:
"É para os titulares de (meros) interesses difusos que o expediente da acção popular faz sentido, pois o cidadão (ou os cidadãos) cujo(s) direito(s) subjectivo(s) ao ambiente seja posto em causa – por outros cidadãos ou pela Administração Pública – terá(ão) sempre aberta a

Nos termos da LAP-pt, o Ministério Público não possui em princípio legitimidade para ajuizar a ação popular em defesa da coletividade, mas deve intervir obrigatoriamente nesse tipo de ação e poderá assumi-la *"em caso de desistência da lide, bem como de transacção ou de comportamentos lesivos dos interesses em causa"*. Mas deve ser mencionado que a Lei de Defesa do Consumidor (Lei 24/1996, art. 13º, "c") e a Lei 107/2001, que estabelece as bases da política e do regime de proteção e valorização do patrimônio cultural (art. 9º), reconhecem-lhe essa legitimidade.

Há outros dispositivos tratando do processo coletivo na Lei 24/1996 (Lei de Defesa dos Consumidores): legitimidade das associações (artigos 13º, 17º e 18º), previsão de ações inibitórias (artigo 11º) e de reparação de danos (artigo 12º)[46].

Em princípio, a entidade representativa defende o interesse de toda a coletividade, independentemente da autorização expressa por parte dos titulares dos interesses em causa (fórmula do *opt-out*).

Especificamente em relação à coisa julgada material[47], a eficácia *erga omnes* não se aplica (i) àqueles interessados que tiverem exercido

porta dos tribunais para tutela de tais posições, não necessitando desta "cláusula geral" de atribuição de legitimidade activa."

[46] Para Miguel Teixeira de SOUSA (*A Legitimidade Popular na Tutela dos Interesses difusos*, pp. 144-147), a ação inibitória prevista na Lei de Defesa dos Consumidores deve ser considerada como uma ação popular quando seja proposta por um consumidor ou por uma associação de consumidores. Diferente é a solução quando o autor da ação inibitória não possa ser qualificado como um autor popular.

[47] Devido à circunstância de a entidade autora defender os interesses de toda a coletividade e ao escopo do processo coletivo de obter uma composição global do conflito, extrai-se a conclusão de que a decisão que vier a ser proferida deve ter eficácia *erga omnes*. Este entendimento manifestou-se nos debates parlamentares, tendo o Deputado Almeida Santos (ao tratar da legitimidade do cidadão para ajuizar sobre ação popular) assim se manifestado:
"Quer dizer, se a este alargamento da legitimidade não corresponder um alargamento da eficácia do caso julgado, então a acção popular é um logro, porque é uma acção que acresce a todas as demais mas que não evita nenhuma. Portanto, penso que estamos condenados a esse alargamento da legitimidade [em função do texto constitucional] como estamos condenados, por sequência lógica, a um alargamento dos efeitos do caso julgado." (Diário da Assembleia da República, V Legislatura, 3ª Sessão Legislativa, I Série, nº 46, 21 de fevereiro de 1990, p. 1632 (debate parlamentar sobre os Projectos de lei de Acção Popular). Disponível em <https://debates.parlamento.pt/catalogo/r3/dar/01/05/03/046/1990-02-20?sft=true#p1632>.

o direito de auto-exclusão[48], (ii) quando o pedido for julgado improcedente por falta de provas ou (iii) quando o julgador expressamente deixar de atribuir essa eficácia geral, "*fundado em motivações próprias do caso concreto*" (Artigo 19º).

Justamente em razão dos efeitos alargados da coisa julgada coletiva, a Lei n. 83/1995 prevê a necessidade de comunicação prévia aos interessados acerca do ajuizamento da ação popular, o que pode ser feito por meio de anúncios (artigo 16º).

1.2 A Diretiva (União Europeia) 2020/1828, de 25 de novembro de 2020, sobre ações coletivas de consumo

Constitui grande preocupação da União Europeia garantir em todos os Estados-Membros o adequado acesso aos sistemas de justiça, tendo ganhado grande expressão, no mercado comum europeu, a tutela dos direitos dos consumidores, inclusive por meio de ações coletivas[49].

[48] Assim, no âmbito dos direitos individuais homogêneos, todos os titulares de direitos/interesses estarão submetidos aos efeitos da coisa julgada coletiva, caso não exercida tempestivamente a autoexclusão prevista no artigo 15º. A exclusão poderá ser requerida, conforme artigo 16º, n. 4, da Lei 83/1995, "até ao termo da produção de prova ou fase equivalente, por declaração expressa nos autos".

[49] Segi Bach Corominas, "Hacia una futura regulación de las acciones colectivas en la Unión Europea (la recomendación de 11 de junio de 2013)", *Revista General de Derecho Europeo* 34 (2014), disponível em <https://www.iustel.com/v2/revistas/detalle_revista.asp?id_noticia=415162&d=1> (acesso em 15 de novembro de 2020, sintetiza bem o desenvolvimento do tema no âmbito da União Europeia. Segundo o autor, embora o Tratado de Roma, de 1957 não trouxesse qualquer disposição específica sobre a proteção dos consumidores, o Parlamento Europeu estabeleceu em 1968 a necessidade de fortalecer a posição do consumidor na Comunidade Europeia, ao que se sucedeu a Cimeira de Chefes de Estado de 1972, da qual resultou a criação de uma Comissão voltada para a informação e proteção dos consumidores e, em 1973, a criação de um Comitê Consultivo. Numa segunda fase, iniciada com a Resolução do Conselho Europeu de 14 de abril de 1975, foi aprovado o "Programa de Ação para a informação e proteção dos consumidores", que estabelecia a necessidade de os mercados internos atuarem na proteção dos consumidores. O art. 129 do Tratado de Maastricht outorgou formalmente competência à União Europeia para atuar na matéria relativa à defesa dos consumidores, dentro do princípio da subsidiariedade. Finalmente, o Tratado de Amsterdã consagrou a proteção dos consumidores como política própria da Comunidade Europeia, outorgando-lhe a possibilidade de atuar de forma autônoma no âmbito de proteção da saúde, segurança e interesses econômicos dos consumidores, inclusive podendo supervisionar a política levada a cabo pelos Estados-Membros e aprovar e complementar essas ações mediante atos jurídicos obrigatórios. Por meio do art. 38 da Carta de Direitos

Em 2008, a Comissão Europeia publicou o livro verde sobre a tutela coletiva dos consumidores (COM (2008) 794, de 27.11.2008). Em 2013, a Comissão Europeia publicou a comunicação "Rumo a um quadro jurídico horizontal para a tutela coletiva". Também em 2013, a Comissão Europeia adotou a Recomendação sobre os princípios comuns que devem reger os mecanismos de tutela coletiva inibitória e indenizatória dos Estados-Membros, aplicáveis às violações de direitos garantidos pelos direitos da União (2013/396/UE, de 26 de julho de 2013).

Vale destacar a Recomendação da Comissão de 11 de junho de 2013. Com o objetivo de balizar nesse campo a formação de um sistema de tutela coletiva adequado, a Comissão Europeia, em 2013, aprovou esta Recomendação, que anuncia os princípios que orientariam a futura regulação das ações coletivas.

A Recomendação indica a necessidade de os Estados-Membros desenvolverem a ação coletiva, em ordem à proteção dos consumidores (e também de outros direitos da União, nomeadamente, a proteção da concorrência, do meio ambiente e dos investidores, conforme o considerando 7), não apenas no plano da cessação de condutas (já reguladas pela Diretiva 2009/22/CE), mas também nas pretensões indenizatórias (que muitas vezes não são adequadamente protegidas pelas ações individuais devido aos custos do processo[50]).

Fundamentais da União Europeia, de 7/12/2000, aprovado pelo Tratado de Lisboa (o que lhe outorga valor convencional), trata da proteção dos consumidores. Hoje o marco legal da proteção dos consumidores, finaliza Comominas Bach, se encontra nos 114 e 169 do Tratado de Funcionamento da União Europeia (antigos artigos 153 e 95 do TCE). No âmbito do direito derivado, em matéria de tutela coletiva de consumo, vale mencionar, sobre o assunto, a Diretiva 98/27/CE, que introduziu a regulação da ação coletiva de cessação, estando hoje regulada pela Diretiva 2009/22/CE. Por outro lado, a regulação das ações coletivas indenizatórias se encontrava, em 2013, em caráter embrionário, até ao advento da Recomendação de 11 de junho de 2013 da Comissão, tratando essa Recomendação (atendendo a uma determinação do Parlamento Europeu (Resolução de 2 de fevereiro de 2012), sobre princípios comuns aplicáveis aos mecanismos de ação coletiva de cessão e de indenização nos Estados-Membros em caso de violação dos direitos dos consumidores, reconhecidos pela União Europeia (as recomendações não possuem caráter vinculante, mas constituem ato jurídico da União Europeia, nos termos do art. 288 do Tratado de Funcionamento da União Europeia).

[50] A. Montesinos García, "Últimas tendencias en la Unión Europea sobre las acciones colectivas de consumo. La posible introducción de fórmulas ADR", *REDUR* 12 (diciembre 2014) 88-89.

Em síntese, apesar de a Recomendação de 11 de junho não ter caráter vinculante, serviu para antecipar o sistema de ação coletiva que está emergindo na União Europeia, na busca por uma harmonização entre as legislações dos Estados-Membros, com especial destaque, para os fins da presente pesquisa, que a tutela coletiva, de um lado, deve ser instrumento de facilitação do acesso à justiça e, de outro, não pode constituir um mecanismo de "litigância abusiva"[51]. Cumpre ainda ressaltar que a Recomendação privilegia os mecanismos extrajudiciais e autocompositivos de solução de conflitos coletivos, com posterior controle judicial do acordo.

Quanto à legitimação para ajuizamento da ação coletiva, a Comissão Europeia considera nessa Recomendação que as ações coletivas só devem ser ajuizadas por entidades oficial e previamente designadas, ou por entidade cuja representação adequada tenha tido certificação *ad hoc* por autoridade pública (órgão jurisdicional, ou não). Nessa certificação, as entidades legitimadas devem observar o cumprimento de requisitos mínimos: (i) não ter finalidade lucrativa; (ii) ter relação com os interesses dos sujeitos cujos interesses serão defendidos em juízo; e (iii) ter capacidade financeira e jurídica para conduzir o processo. Orienta ainda a Recomendação que os Estados-Membros assegurem, no processo judicial, que haja juízo de admissibilidade da ação coletiva o quanto

[51] Confira-se a redação dos considerandos 13, 15 e 20 da Recomendação:
"(13) A presente recomendação propõe um conjunto de princípios sobre os mecanismos de tutela coletiva judiciais e extrajudiciais que deveriam ser comuns a toda a União, sem deixar de respeitar as diferentes tradições jurídicas dos Estados-Membros. Estes princípios devem garantir que os direitos processuais fundamentais das partes são preservados e devem evitar abusos, através do estabelecimento de salvaguardas adequadas.
[...]
(15) Os mecanismos de tutela coletiva devem preservar as salvaguardas e garantias processuais das partes em ações cíveis. A fim de evitar o desenvolvimento de uma cultura de litígios abusivos em situações de dano em massa, os mecanismos nacionais de tutela coletiva devem incluir as salvaguardas fundamentais indicadas na presente recomendação. Em regra, devem ser evitados elementos como indemnizações punitivas, procedimentos invasivos de averiguação pré-processual e atribuição de indemnizações por júri, estranhos, na sua maior parte, às tradições jurídicas da maioria dos Estados-Membros.
[...]
(20) Para evitar uma utilização abusiva do sistema, e no interesse de uma boa administração da justiça, não deve ser autorizada a propositura de uma ação judicial de tutela coletiva se não estiverem reunidas as condições de admissibilidade estabelecidas por lei."

antes, para evitar-se a tramitação de ações que sejam "*manifestamente infundadas*" (seja do ponto de vista objetivo, seja do ponto de vista subjetivo), devendo os requisitos subjetivos da entidade representativa perdurar durante todo o processo (itens 4, 5, 6, 8 e 9 da Recomendação)[52].

Como enfatiza Ana Montesinos Garcia, à luz da Recomendação, resulta extremamente importante nos processos coletivos o papel do juiz, que deve controlar tanto a legitimação das partes como a admissibilidade da ação coletiva, certificando-se de que efetivamente se trata de uma causa que se vincula à possível ofensa a direito coletivo, coibindo ainda situações de abuso nesse tipo de litígio[53].

Sucedeu a essa Recomendação a formulação da Proposta de Diretiva pela Comissão, apresentada em abril de 2018, a fim de tratar de "ações coletivas para proteger os interesses coletivos dos consumidores", como parte do seu pacote "Novo Acordo para os Consumidores", em resposta a vários escândalos relacionados ao direito do consumidor por parte de empresas multinacionais[54] e com a constatação da insuficiência dos marcos normativos existentes (por exemplo, a revogada Diretiva 2009/22//CE, que trata apenas das ações coletivas de cessação de práticas)[55].

[52] Como aponta Segi Bach Corominas, "Hacia una futura regulación", apesar de orientar no sentido da necessidade de comprovação dos requisitos objetivos e subjetivos da ação coletiva, numa fase de certificação/admissibilidade do litígio, a Recomendação declina indicar como se faria isso e quais as consequências processuais daí derivadas. A recomendação não indica, ainda, as consequências processuais derivadas da perda superveniente dos requisitos subjetivos da parte autora. Balizando-se na experiência espanhola, Bach sugere que, se a perda dos requisitos subjetivos disser respeito ao grupo afetado de legitimados, haveria a extinção do processo sem resolução de mérito, por ausência de capacidade judiciária. Caso a situação se ponha em relação a entidades representativas, haveria de aplicar-se a regra da *perpetuatio legitimationis*, e o processo coletivo prosseguiria até à sentença (Sentencia del Tribunal Supremo núm. 473/2010 de 15 julio 2010, embora a questão tratada nesse julgamento dissesse respeito à instituição de um novo critério de legitimação para associações, superveniente ao ajuizamento da ação, o que na hipótese se entendeu inaplicável).

[53] A. Montesinos García, "Últimas tendencias en la Unión Europea sobre las acciones colectivas de consumo", 95.

[54] Parlamento Europeu. Comunicado de imprensa. "Ações coletivas de proteção dos consumidores vão vigorar em toda a EU. 24/11/2020. REF.: 20201120IPR92116. Disponível em <https://www.europarl.europa.eu/news/pt/press-room/20201120IPR92116/acoes-coletivas--de-protecao-dos-consumidores-vao-vigorar-em-toda-a-ue>.

[55] Comissão Europeia. Proposta de DIRETIVA DO PARLAMENTO EUROPEU E DO CONSELHO relativa a ações coletivas para proteger os interesses coletivos dos consumidores e que revoga a Diretiva 2009/22/CE, COM/2018/184 final – 2018/0089 (COD). Disponível

Depois de aprovada a proposta (com alterações) pelo Parlamento Europeu, em primeira leitura (em março de 2019)[56], o texto foi apreciado e aprovado pelo Conselho da União Europeia em 4 de novembro de 2020, sucedendo-lhe a aprovação pelo Parlamento, em segunda leitura, no final do mesmo mês, tendo a nova diretiva sido publicada em 4 de dezembro (Diretiva 2020/1828), com vigência a partir do vigésimo dia seguinte ao da sua publicação, iniciando-se então o prazo de 24 meses para os Estados-Membros realizarem a transposição, e mais 6 meses para começarem a aplicá-la[57].

Como se vê, a nova Diretiva decorreu de um longo, porém consistente processo de amadurecimento (como não poderia deixar de ser, dado o impacto da nova norma comunitária no ordenamento jurídico dos Estados-Membros).

A Diretiva 2020/1828 vem assegurar que haja pelo menos um meio processual de ação coletiva eficaz e eficiente para obtenção de medidas inibitórias e de reparação à disposição dos consumidores em todos os Estados-Membros, garantindo um nível elevado de defesa dos consumidores (considerandos 7 e 8). Não obstante a finalidade de oferecer elevado nível de proteção aos consumidores europeus, a Diretiva prevê a necessidade de mecanismos para evitar a litigância abusiva[58].

em <https://eur-lex.europa.eu/legal-content/PT/TXT/?uri=CELEX%3A52018PC0184> (acesso em 18/11/2020).

56 Resolução Legislativa do Parlamento Europeu, de 26 de março de 2019, sobre a proposta de diretiva do Parlamento Europeu e do Conselho relativa a ações coletivas para proteger interesses coletivos dos consumidores, que revoga a Diretiva 2009/22/CE (COM(2018)0184 – C8-0149/2018 – 2018/0089(COD)). Disponível em <https://www.europarl.europa.eu/RegData/seance_pleniere/textes_adoptes/provisoire/2019/03-26/0222/P8_TA-PROV(2019)0222_PT.pdf> (acesso em 18/11/2020).

57 Conselho da União Europeia, Comunicado de Imprensa 724/20, de 4/11/2020, disponível em <https://www.consilium.europa.eu/pt/press/press-releases/2020/11/04/collective-redress-for-consumers-council-adopts-position-at-first-reading/> (acesso em 18/11/2020).

58 Conforme considerando 10 da Diretiva:

"(10) Importa assegurar o necessário equilíbrio entre a melhoria do acesso dos consumidores à justiça e a salvaguarda adequada dos profissionais a fim de evitar a litigância de má-fé que prejudique injustificadamente a capacidade das empresas de operarem no mercado interno. Para prevenir o recurso abusivo às ações coletivas, a concessão de indemnizações punitivas deverá ser evitada e deverão ser estabelecidas regras para determinados aspetos processuais, nomeadamente a designação e o financiamento das entidades qualificadas."

Em linhas gerais, a Diretiva cria dois grandes grupos de ações coletivas: i) ações coletivas nacionais, promovidas por entidades legitimadas pelo Estado-Membro para ajuizar ação naquele Estado-Membro; e ii) ações coletivas transfronteiriças, nas quais as entidades são legitimadas para ajuizar ações em qualquer outro Estado-Membro da União Europeia. A distinção é relevante porque a Diretiva impõe critérios mais rígidos para as ações coletivas transfronteiriças, criando um dever de harmonização do direito aplicável entre os Estados-Membros. Nas ações nacionais, confere-se maior autonomia aos Estados-Membros[59].

Nos dispositivos normativos da diretiva, o art. 1º esclarece, logo no item 1, o objetivo e a finalidade da norma, indicando que a tutela coletiva dos consumidores não pode representar abuso processual:

> "A presente diretiva estabelece normas que asseguram que esteja disponível em todos os Estados-Membros um meio processual de ação coletiva para proteção dos interesses coletivos dos consumidores, prevendo simultaneamente salvaguardas adequadas para evitar a litigância de má-fé. A finalidade da presente diretiva é, graças à consecução de um elevado nível de defesa dos consumidores, contribuir para o bom funcionamento do mercado interno através da aproximação de certos aspetos das disposições legislativas, regulamentares e administrativas dos Estados-Membros respeitantes às ações coletivas. Para o efeito, a presente diretiva visa igualmente melhorar o acesso à justiça por parte dos consumidores."

[59] Confira-se, a propósito, o considerando 23 da diretiva: "(23) Quando o caso o justifique, poderá ser possível, segundo as regras de direito internacional privado, que uma entidade qualificada intente uma ação coletiva no Estado-Membro em que foi designada, bem como noutro Estado-Membro. Alicerçando-se na Diretiva 2009/22/CE, a presente diretiva deverá estabelecer uma distinção entre esses dois tipos de ações coletivas. Quando uma entidade qualificada intenta uma ação coletiva noutro Estado-Membro que não aquele em que a entidade é designada, essa ação coletiva deverá ser considerada uma ação transfronteiriça. Quando uma entidade qualificada intenta uma ação coletiva no Estado-Membro em que é designada, essa ação coletiva deverá ser considerada uma ação coletiva nacional mesmo que essa ação seja intentada contra um profissional domiciliado noutro Estado-Membro e mesmo que no âmbito dessa ação coletiva estejam representados consumidores de vários Estados-Membros. Para determinar o tipo de ação coletiva, o critério decisivo deverá ser o Estado-Membro em que a ação é intentada. Por esta razão, uma ação coletiva nacional não poderá tornar-se transfronteiriça no decurso do processo, ou vice-versa."

Especial atenção é conferida à definição das entidades autorizadas a ajuizar ações coletivas (em especial nas ações transfronteiriças, para as quais deve haver um regulamento uniforme em todos os países da UE). As entidades qualificadas precisarão demonstrar que possuem um certo grau de estabilidade, que exercem atividade pública e que não possuem fins lucrativos. Para além do poder de controle conferido ao Juiz para inibir ações coletivas infundadas, a Diretiva estabelece que as entidades qualificadas têm de cumprir uma série de requisitos de transparência, designadamente no que respeita ao seu financiamento por terceiros, a fim de prevenir conflitos de interesses. Isso pode ocorrer, por exemplo, tanto na situação em que a ação coletiva é estimulada por um concorrente da empresa como naquelas situações em que existe um financiador cujos interesses se podem sobrepor ou contrariar aos da coletividade.

De fato, ao tratar das entidades qualificadas para o ajuizamento de ação coletiva (art. 4º), a Diretiva impõe requisitos que se devem necessariamente observar nas ações coletivas transfronteiriças[60] (n. 3), quais sejam:

> "Os Estados-Membros designam uma entidade a que se refere o nº 2 que tenha pedido para ser designada entidade qualificada para efeitos de intentar ações coletivas transfronteiriças se essa entidade cumprir todos os seguintes critérios: a) É uma pessoa coletiva constituída nos termos do direito nacional do Estado-Membro de designação e pode demonstrar que exerceu doze meses de atividade pública efetiva na proteção dos interesses dos consumidores antes do seu pedido de designação; b) O seu objeto social demonstra que tem um interesse legítimo na proteção dos interesses do consumidor, tal como previsto nas disposições do direito da União a que se refere o anexo I; c) Não tem fins lucrativos; d) Não está sujeita a um processo de insolvência nem foi declarada insolvente; e) É independente e não é influenciada por pessoas que não consumidores, em especial por profissionais, que tenham um interesse económico em intentar uma ação coletiva, nomeadamente

[60] Nos termos do art. 3º, n. 7, qualifica-se como ação coletiva transfronteiriça, "a ação coletiva intentada por uma entidade qualificada noutro Estado-Membro que não aquele em que a entidade qualificada foi designada".

no caso de financiamento por terceiros, e, para esse efeito, estabeleceu procedimentos para impedir essa influência, bem como para impedir conflitos de interesses entre si própria, os seus financiadores e os interesses dos consumidores; f) Disponibiliza publicamente, em linguagem clara e inteligível, por qualquer meio adequado, em especial no seu sítio Web, informações que demonstrem que a entidade cumpre os critérios enumerados nas alíneas a) a e) e informações sobre as fontes do seu financiamento em geral, a sua estrutura organizativa, de gestão e de participação, o seu objeto social e as suas atividades."

No art. 5º (Informações e acompanhamento das entidades qualificadas), prevê-se que o demandado numa ação coletiva "*tem o direito de suscitar perante o tribunal ou a autoridade administrativa reservas justificadas quanto ao cumprimento, por parte de uma entidade qualificada, dos critérios enumerados no artigo 4º, nº 3*".

Nas ações coletivas nacionais[61], a Diretiva deixa o Estado-Membro dispor sobre os requisitos para uma entidade ser qualificada a ajuizar uma ação coletiva nacional, desde que esses critérios sejam coerentes com os objetivos da Diretiva, "*a fim de assegurar o funcionamento eficaz e eficiente das ações coletivas*" (art. 4º, nº 4)[62].

Quanto à litigância abusiva, a preocupação especial da Diretiva está no plano do financiamento (por terceiro) de entidades qualificadas para o ajuizamento de ações coletivas, como decorre de seu artigo 10º[63], cujo sentido vem bem explicitado no considerando 25:

[61] Nos termos do art. 3º, n. 6, qualifica-se como ação coletiva nacional, "a ação coletiva intentada por uma entidade qualificada no Estado-Membro em que a entidade qualificada foi designada".

[62] Conforme considerando 26:
"(26) Os Estados-Membros deverão poder estabelecer livremente os critérios de designação de entidades qualificadas para efeitos de ações coletivas nacionais, nos termos do respetivo direito nacional. No entanto, os Estados-Membros deverão também poder aplicar às entidades qualificadas que atuam apenas para efeitos de ações coletivas nacionais os critérios de designação estabelecidos na presente diretiva relativos às entidades qualificadas para efeitos de ações coletivas transfronteiriças."

[63] No que se refere ao financiamento de ações coletivas para medidas de reparação, estabelece o artigo 10º que:
"1. Os Estados-Membros asseguram que, caso uma ação coletiva para medidas de reparação seja financiada por um terceiro, na medida em que o direito nacional o permita, se evitem

> (25) Para efeitos de ações coletivas transfronteiriças, as entidades qualificadas [...] Deverão ser independentes e não deverão ser influenciadas por outras pessoas, para além dos consumidores, que tenham um interesse económico em intentar uma ação coletiva, em especial por profissionais ou fundos especulativos, nomeadamente no caso de financiamento por terceiros. As entidades qualificadas deverão ter procedimentos estabelecidos para impedir essa influência, bem como conflitos de interesses entre si, os seus financiadores e os interesses dos consumidores. As entidades qualificadas deverão disponibilizar publicamente, em linguagem clara e inteligível, por qualquer meio adequado, nomeadamente nos seus sítios Web, informações que demonstrem que cumprem os critérios para serem designadas entidades qualificadas e informação geral sobre as fontes do seu financiamento em geral, a sua estrutura organizativa, de gestão e de participação, o seu objeto social e as suas atividades.

conflitos de interesses e que o financiamento por terceiros que tenham um interesse económico na proposição ou no resultado da ação coletiva para medidas de reparação não desvie a ação coletiva da proteção dos interesses coletivos dos consumidores.
2. Para efeitos do nº 1, os Estados-Membros asseguram, em particular, que:
a) As decisões tomadas pelas entidades qualificadas no contexto de uma ação coletiva, incluindo decisões relativas a acordos de indemnização, não sejam indevidamente influenciadas por um terceiro, de uma forma que prejudique os interesses coletivos dos consumidores abrangidos pela ação coletiva;
b) A ação coletiva não seja intentada contra um demandado que seja concorrente do financiador ou contra um demandado de quem o financiador dependa.
3. Os Estados-Membros asseguram que os tribunais e as autoridades administrativas tenham, no âmbito de uma ação coletiva para medidas de reparação, poderes para avaliar o cumprimento do disposto nos nºs 1 e 2, caso surjam dúvidas justificadas a esse respeito. Para o efeito, as entidades qualificadas apresentam ao tribunal ou à autoridade administrativa uma síntese financeira que enumere as fontes de financiamento utilizadas para apoiar a ação coletiva.
4. Os Estados-Membros asseguram que, para efeitos dos nºs 1 e 2, os tribunais ou as autoridades administrativas tenham poderes para adotar as medidas adequadas, como exigir à entidade qualificada que recuse ou faça alterações ao financiamento em causa e, se for caso disso, rejeitar a legitimidade da entidade qualificada numa determinada ação coletiva. Se a legitimidade da entidade qualificada for rejeitada numa determinada ação coletiva, essa rejeição não afeta os direitos dos consumidores abrangidos por essa ação coletiva."

Ainda sobre o ponto do financiamento das entidades, confira-se o considerando 52:

> (52) As entidades qualificadas deverão ser totalmente transparentes perante o tribunal ou as autoridades administrativas quanto à fonte de financiamento das suas atividades em geral e quanto à origem das verbas que sustentam uma ação coletiva específica para medidas de reparação. Isto é necessário para permitir que os tribunais ou as autoridades administrativas avaliem se o financiamento por terceiros, na medida em que o direito nacional o permita, cumpre as condições previstas na presente diretiva, se existem eventuais conflitos de interesses entre o terceiro que está a financiar e a entidade qualificada, a fim de evitar o risco de litigância de má-fé, e se o financiamento por um terceiro que tenha um interesse económico em que a ação coletiva para medidas de reparação seja intentada ou no seu resultado não desvia a ação coletiva da proteção dos interesses coletivos dos consumidores. As informações fornecidas pela entidade qualificada ao tribunal ou à autoridade administrativa deverão permitir que estes avaliem se um terceiro poderia influenciar indevidamente decisões de natureza processual tomadas pela entidade qualificada no âmbito da ação coletiva, incluindo decisões relativas a acordos, de uma forma que prejudique o interesse coletivo dos consumidores abrangidos, e que avaliem se esse terceiro financia uma ação coletiva para medidas de reparação contra um demandado que seja concorrente do financiador ou contra um demandado de quem o financiador dependa.
> [...] Se se confirmar a existência de conflitos de interesses, o tribunal ou a autoridade administrativa deverá poder tomar medidas adequadas, como exigir à entidade qualificada que recuse ou altere o financiamento em causa e, se necessário, rejeitar a legitimidade da entidade qualificada ou indeferir uma determinada ação coletiva para medidas de reparação. Tal rejeição ou indeferimento não deverá afetar os direitos dos consumidores abrangidos pela ação coletiva."

Com o fim de coibir a litigância abusiva, a Diretiva enfatiza também a necessidade de haver um juízo prévio de admissibilidade da ação coletiva para inibir a tramitação de processos manifestamente infundados. Sobre isso, o artigo 7º, n. 7, dispõe que "Os Estados-Membros asseguram que os tribunais ou as autoridades administrativas tenham a possibilidade de indeferir processos manifestamente infundados na fase o mais inicial possível do processo, nos termos do direito nacional"[64].

A Diretiva não propõe uma definição do mecanismo de representação dos titulares dos interesses defendidos pelo ente legitimado para propositura da ação coletiva (modelo *opt-in* ou modelo *opt-out*), deixando tal decisão a cada Estado-Membro, conforme já antecipado[65]. Em todo o caso, independentemente do modelo adotado, o consumidor não é parte processual, não arcando, portanto, com os custos do processo nem podendo interferir nas decisões processuais tomadas pelas entidades representativas (considerando 36). Igualmente, em qualquer modelo de representação (*opt-in* ou *opt-out*), impõe-se ainda a necessidade de a entidade qualificada fornecer à autoridade judiciária ou administrativa informações suficientes sobre os consumidores abrangidos pela ação coletiva, com o fim de verificação da autoridade competente para conhecer do litígio, bem como do direito aplicável (considerando 34).

[64] Para bem compreender o escopo do dispositivo, vale a leitura do considerando 39: "(39) A fim de evitar a litigância de má-fé, os Estados-Membros deverão adotar novas regras de direito nacional ou aplicar as existentes de modo a que o tribunal ou a autoridade administrativa possam decidir indeferir os processos manifestamente infundados, logo que o tribunal ou a autoridade administrativa tenham obtido as informações necessárias para justificar essa decisão. Os Estados-Membros não deverão ser obrigados a introduzir regras especiais aplicáveis a ações coletivas e deverão poder aplicar regras processuais gerais, caso essas regras cumpram o objetivo de evitar a litigância de má-fé."

[65] Não obstante isso, o Considerando 43 traz exigências para a definição da abrangência de consumidores no que se refere às ações coletivas de reparação: "(43) Os consumidores abrangidos por uma ação coletiva para medidas de reparação deverão ter oportunidades adequadas, após a ação coletiva ter sido intentada, de manifestar a sua vontade de serem ou não representados pela entidade qualificada nessa ação coletiva específica e a sua vontade de beneficiarem ou não dos resultados concretos dessa ação coletiva. Para melhor se aterem às suas tradições jurídicas, os Estados-Membros deverão prever um mecanismo de participação ou de exclusão, ou uma combinação de ambos. Num mecanismo de participação, os consumidores terão de manifestar expressamente a sua vontade de serem representados pela entidade qualificada no âmbito de uma ação coletiva para medidas de reparação. Num mecanismo de exclusão, os consumidores terão de manifestar expressamente a sua vontade de não serem representados pela entidade qualificada no âmbito de uma ação coletiva para medidas de reparação. Os Estados-Membros deverão poder decidir em que fase da ação coletiva os consumidores individuais poderão exercer o seu direito de optar pela participação ou exclusão do processo."

Observa-se, assim, que da Diretiva emerge a necessidade de os Estados-Membros estarem atentos ao escrutínio da idoneidade das entidades representativas e da justa causa para ajuizamento da ação coletiva para efeitos de prevenir a tramitação de ações manifestamente infundadas por entidades não qualificadas[66].

Importa destacar a relevância da nova norma para o processo coletivo em Portugal, mesmo antes da sua transposição para a ordem jurídica interna.

Recorde-se que as diretivas são normas secundárias que vinculam os Estados-Nacionais destinatários às finalidades e aos resultados a alcançar, mas deixam às instâncias nacionais a competência de definir a forma e os meios nesse sentido[67]. É certo que a diretiva, em princípio, não tem aplicação imediata e direta nos Estados-Membros, pois estabelece, na verdade, um dever de os Estados-Membros transporem para o ordenamento jurídico interno as suas normas.

Não obstante isso, tem-se reconhecido que as diretivas já possuem aptidão de influenciar a ordem jurídica interna dos Estados destinatários desde o momento de sua vigência, mesmo antes que o prazo de transposição tenha decorrido, criando o dever de o juiz fazer uma adequada interpretação do direito interno à luz da norma comunitária[68].

[66] Ocupam também papel de destaque na Diretiva orientações gerais sobre as formas alternativas de solução de controvérsias. Nas ações coletivas reparatórias, preceitua a diretiva que os acordos coletivos deverão ser incentivados com foco na reparação dos consumidores lesados. Qualquer acordo coletivo deverá ser objeto de homologação judicial (ou da autoridade administrativa competente), sendo que os acordos homologados deverão ser vinculativos para as entidades representativas, a empresa e os consumidores individuais em causa (admite a diretiva que a legislação nacional crie regras para permitir que os consumidores individuais possam exercer a faculdade de recusarem a vinculação a um acordo coletivo). Sem a pretensão de exaurir todos os aspectos do processo coletivo (em virtude do princípio da autonomia processual dos Estados-Membros), a Diretiva trata ainda da prescrição, estipula a não participação do consumidor individual (como parte processual) nas ações coletivas, traz disposições a respeito da convivência de ações coletivas e dessas com ações individuais, entre outras relevantes questões.

[67] União Europeia. Fichas Técnicas. As fontes e âmbito de aplicação do direito da União Europeia. Disponível em <https://www.europarl.europa.eu/ftu/pdf/pt/FTU_1.2.1.pdf> (acesso em 21/11/2020).

[68] Explicam J. J. Gomes Canotilho / Suzana Tavares da Silva, "Metódica Multinível: "Spill-over effects" e Interpretação conforme o direito da União Europeia", *Revista de Legislação e de Jurisprudência* 138/355 (março-abril 2009) 182-199, disponível em <https://www.fd.uc.pt/~stavares/wp-content/uploads/2019/08/21_Met%C3%B3dica-multin%C3%ADvel_

Nessa situação, a diretiva atuaria no plano da interpretação jurídica, quando tratasse de princípios gerais que já fazem parte do direito interno[69].

Em Portugal, considerando (i) o valor das normas comunitárias[70], (ii) que a Diretiva 2020/1828 acaba por concretizar princípios e direitos fundamentais derivados do devido processo legal e da proteção judicial do consumidor, e (iii) o caráter minimalista da Lei de Ação Popular ao regular os requisitos para o cabimento das ações coletivas de cessação e reparação e prever os requisitos para admissibilidade da demanda, parece correto concluir que a nova Diretiva das ações coletivas de consumo deve constituir desde o primeiro momento um parâmetro legítimo de interpretação da legislação portuguesa, a partir da técnica de interpretação conforme[71].

Spill_over-effects-e-interpreta%C3%A7%C3%A3o-conforme-o-direito-da-UE.pdf>, acesso em 21/11/2020, que o princípio da interpretação conforme o direito comunitário tem função semelhante ao princípio da interpretação conforme a Constituição. Advertem, contudo, que "no que diz especificamente respeito à interpretação do direito nacional em conformidade com o direito da União Europeia pretende-se, diferentemente do que acontece com a interpretação conforme a Constituição, assegurar a aplicabilidade directa do direito da União, fazendo apelo à prevalência da aplicação deste direito (e não à prevalência em termos de hierarquia normativa e consequente validade ou invalidade das normas inferiores)".

[69] Lucas Fonseca e Melo / José Levi Mello do Amaral Júnior, "O efeito direto das diretivas e os direitos fundamentais", *Revista de Direito Internacional (Brazilian Journal of International Law)* 13/2 (2016) 537, disponível em <https://doi.org/10.5102/rdi.v13i2.4294>. Os autores fazem referência à seguinte decisão do Tribunal de Justiça Europeu: UNIÃO EUROPÉIA. Tribunal de Justiça. *Acórdão TJUE de 14 de Setembro de 2000*, Trevor and Penny Fisher, Proc. C-369/98, Col. 2000, p. I-6751, principalmente n. 33-34.

[70] Segundo o artigo 8º, n. 4, da CRP, "As disposições dos tratados que regem a União Europeia e as normas emanadas das suas instituições, no exercício das respetivas competências, são aplicáveis na ordem interna, nos termos definidos pelo direito da União, com respeito pelos princípios fundamentais do Estado de direito democrático". O art. 112, n. 8, dispõe sobre a transposição: "A transposição de atos jurídicos da União Europeia para a ordem jurídica interna assume a forma de lei, decreto-lei ou, nos termos do disposto no nº 4, decreto legislativo regional".

[71] O STJ-Pt, na decisão proferida em 27/11/2018, no processo 46/13.9TBGLG.E1.S1 (Rel. Cabral Tavares), fez interessante observação sobre o assunto, ao afirmar, no julgamento do caso que envolvia conflito de norma nacional com disposições de Diretiva que:
"Contrariamente ao alegado pela Recorrente, **o *princípio da interpretação conforme* mostra-se particularmente relevante em matéria de diretivas**, já que tal princípio determina que *«ao aplicar o direito nacional, quer se trate de disposições anteriores ou posteriores à diretiva, o*

1.3 A representação adequada das associações para ajuizar ações coletivas no Brasil e em Portugal: uma presunção absoluta derivada da lei?

Conforme já exposto, um dos aspectos mais importantes na estruturação do processo coletivo diz respeito à definição do representante adequado para a tutela dos interesses coletivos em juízo.Isso porque, do ponto de vista lógico, a tutela judicial dos processos coletivos exige quebrar o paradigma do processo individual e da legitimação ordinária, com a previsão das entidades que terão legitimidade (extraordinária) para defender interesses e direitos da coletividade. Do ponto de vista da efetividade do processo, essa escolha também se revela extremamente relevante, em vista da responsabilidade que recai sobre aquele que litiga na defesa do interesse coletivo.

Essa constatação é absoluta no que se refere à tutela dos direitos e interesses essencialmente coletivos (ou seja, os transindividuais: coletivos em sentido estrito, e difusos), pois, para esses, a judicialização demanda necessariamente que seja conferida legitimidade a alguma entidade por meio de uma norma jurídica. É preciso destacar, no entanto, que essa observação também tem sentido para a tutela coletiva de interesses individuais homogêneos. Apesar de tratarem de direitos materialmente individuais que podem ser objeto de ações individuais no plano da legitimação ordinária, o sistema processual passa a admitir um tratamento coletivo do conflito por razões de política judiciária (economia processual, igualdade, lidar com a "litigiosidade contida", própria dos conflitos de pequena dimensão econômica). Dessa forma, a efetividade do processo coletivo nesse plano também incluirá certamente a definição dos representantes adequados.

Considerando que a legislação brasileira e a portuguesa estabelecem o rol de legitimados para ajuizamento da ação coletiva, poder-se-ia sustentar que a definição do representante adequado decorre diretamente da lei (*ope legis*).

órgão jurisdicional chamado a interpretá-lo é obrigado a fazê-lo, na medida do possível, à luz do texto e da finalidade da diretiva, para atingir o resultado por ela prosseguido e cumprir desta forma o artigo 288º do TFUE» (ATJ, de 10 de abril de 1984, Von Colson e Kamann, 14/83; veja-se, ainda, acórdão de 26 de setembro de 1996, Arcaro, C-168/95), desse modo se alcançando, como assinalado na doutrina, um *efeito direto indireto*, suprindo, em grau variável, a ausência de efeito direto horizontal da diretiva.

No Brasil, no que concerne especificamente às associações, a Constituição Federal de 1988 prevê, no seu art. 5º, inciso XXI, que "*as entidades associativas, quando expressamente autorizadas, têm legitimidade para representar seus filiados judicial ou extrajudicialmente*". A LACP-br e o CDC-br, por seu turno, estabelecem que as associações possuem ampla legitimidade para ajuizar ações coletivas, desde que haja pertinência temática (entre a finalidade institucional da associação e o objeto da demanda) e que a associação esteja constituída há pelo menos um ano (podendo o juiz dispensar esse requisito temporal se houver relevância social na lide)[72].

Em Portugal, como visto, as associações possuem legitimidade para ajuizar a ação popular, conforme estabelecido no artigo 52º, n. 3, da CRP, no art. 3º da Lei 83/1995, e no artigo 18º, n. 1, 'f', da Lei n. 24/1996. Nos termos do artigo 3º da Lei 83/1995, as associações devem gozar de personalidade jurídica (ou seja, estar regularmente constituídas) e incluir "*expressamente nas suas atribuições ou nos seus objectivos estatutários a defesa dos interesses em causa no tipo de acção de que se trate*". É vedado que a associação exerça qualquer tipo de atividade econômica ("*atividade profissional*") concorrente com empresas ou profissionais liberais.

Satisfeitos esses requisitos formais – que dizem respeito à legitimação das associações para ajuizamento da ação coletiva –, haveria, por força de lei, presunção absoluta acerca da adequação do representante para a tutela dos interesses coletivos, estando vedado o controle judicial da idoneidade do autor da ação coletiva.

Esse não é o melhor entendimento, como teve oportunidade de demonstrar Antonio Gidi[73]. Primeiramente, deve-se reconhecer que a questão do representante adequado está no âmbito da garantia do devido processo legal, justamente em virtude da sua centralidade para a estruturação do processo coletivo. É dizer: o enfrentamento do tema exige uma interpretação constitucionalmente adequada.

Por isso, ainda que não expressamente previsto na legislação, o juiz tem o dever de avaliar a adequada representação dos interesses coletivos em juízo, considerando seu poder-dever de gerir o processo.

[72] Art. 5º, inciso V, da LACP-br e art. 82, inciso IV, do CDC-br. Mais à frente, será discutido o disposto no art. 2º-A da Lei n. 9.494, de 1997, que impacta nas ações coletivas ajuizadas pelas associações na defesa de interesses individuais homogêneos (trata-se de questão relativa à abrangência da representação [regime *opt-in* x regime *opt-out*]).

[73] Antonio GIDI, *A class action como instrumento de tutela coletiva dos direitos*, 129-135.

Como enfatiza Antonio Gidi:

> "O representante inadequado, portanto, é um não-representante. Essa é uma questão extremamente delicada no caso das ações coletivas, em que o representante não foi eleito, selecionado ou sequer aprovado pelos representados. O representante obtém essa posição por manifestação da sua própria vontade, ao propor a ação em benefício de uma coletividade. O mínimo que esse estranho tipo de 'representante' deve ser é adequado. Essa adequação deve ser submetida a um rigoroso controle judicial."[74]

Teixeira de Sousa relaciona a possibilidade de controle judicial da representatividade adequada com a circunstância de a legislação atribuir legitimidade a cidadadãos e entes privados. Em suas palavras:

> "[...] convém salientar que a atribução desta legitimidade a cidadãos, a associações representativas e a fundações implica um significativo reforço do papel dos tribunais na tutela dos interesses difusos. Quando a função de solicitar a tutela jurisdicional desses interesses é atribuída a um órgão público (como, por exemplo, o Ministério Público ou o Ombudsman), isso implica uma definição pelo poder legislativo das entidades legitimadas para o execício dessa tutela e não concede ao tribunal da acção qualquer controlo sobre a adequação da representação assumida por essas entidades. Pelo contrário, quando essa mesma legimidade é atribuída a cidadãos e a organizações, o tribunal tem de verificar a adequação da representação reclamada pelo paritcular ou pela organização e a inclusão dos interesses em causa nas atribuições e objectivos estatutários da organização demandante."[75]

Tratando especificamente das associações, Ricardo de Barros Leonel também defende que a presunção legal de adequação de representação é relativa, podendo ser afastada no caso concreto. Para o autor, isso pode ocorrer se o juiz constatar que a associação não tem aptidão técnica

[74] Antonio GIDI, *A class action como instrumento de tutela coletiva dos direitos*,135.

[75] Miguel Teixeira de SOUSA, *A Legitimidade Popular na Tutela dos Interesses Difusos*, Lisboa, p. 122.

para bem representar a coletividade, ou verificar não há verdadeiro litígio coletivo[76].

Os exemplos de situações aptas a afastar a presunção da adequação do representante mostram que esse controle judicial não tem necessariamente de se circunscrever à legitimidade. Na verdade, o que está em jogo é a admissibilidade da ação, o que pode passar pela constatação da ilegitimidade, pela ausência de interesse em agir ou por outro pressuposto processual.

Em todo caso, a inadequação da representação por inaptidão técnica da associação pode conduzir à extinção do feito sem resolução de mérito por ilegitimidade. Já a falta de autêntico litígio coletivo evidenciaria a hipótese de falta de interesse em agir. O exemplo trazido por Ricardo de Barros Leonel ilustra bem esta última situação:

> "Imagine-se a seguinte situação: associação é criada para defender interesses específicos, determinados, de poucas pessoas (físicas ou jurídicas) de boa condição econômica. Suponhamos, por exemplo, adquirentes de veículos importados de pequeno lote. A finalidade da criação da associação, aqui, provavelmente resume-se na busca de isenção de ônus da sucumbência prevista na Lei da Ação Civil Pública e no Código do Consumidor e dispensa de antecipação de custas e honorários periciais.
> Nesse caso, se não há verdadeiramente um 'litígio coletivo', mas um 'pseudoconflito' metaindividual, a solução será a extinção do feito sem exame do mérito, por falta de interesse de agir para fins de propositura da ação civil pública (inadequação da via eleita)."[77]

Independentemente de se concordar ou não com as conclusões do autor para o caso hipotético, a situação serve para evidenciar a possibilidade de a ação coletiva ser utilizada por determinada entidade como veículo para judicializar um falso litígio coletivo.

A discussão sobre o controle judicial da adequação do representante ganha expressão adicional quando o sistema jurídico admite o ajuizamento da ação coletiva indenizatória para ressarcimento das vítimas de eventual ilícito praticado, situação que caracteriza o âmago dos

[76] Ricardo de Barros Leonel, *Manual do Processo Coletivo*, 207-208.

[77] Ricardo de Barros Leonel, *Manual do Processo Coletivo*, 208.

interesses individuais homogêneos (indo, portanto, além das ações coletivas inibitórias).

Reconhecem-se, basicamente, dois modelos de participação da coletividade nas ações coletivas que tratam de interesses individuais homogêneos: os sistemas de participação voluntária (modelo *opt-in*) e os sistemas de exclusão voluntária (modelo *opt-out*)[78].

A adoção de um dos modelos não configura opção neutra. Muito pelo contrário, a escolha de um ou outro modelo indica se o sistema processual estará privilegiando a liberdade do cidadão para litigar ou a gestão de litígios.

Em alentado Parecer do Comitê Econômico e Social Europeu (aprovado na 442ª reunião plenária, de 13 e 14 de fevereiro de 2008), que versava sobre "*a definição do papel e do regime das ações coletivas no domínio do direito comunitário do consumo*"[79], foram apontadas as vantagens e desvantagens de cada um dos modelos, na perspectiva de que a definição

[78] A respeito do ponto, colhem-se os comentários de Sergi Bach Corominas, "Hacia una futura regulación":
"La determinación de las personas que la integran parte demandante y su constitución son los dos de los elementos más importante de las acciones colectivas, ya que implican determinadas particularidades a lo largo de todo el proceso colectivo. Hay dos tipos de sistemas de constitución de la parte demandante: el sistema llamado *opt-in*, inclusivo o *de participación voluntaria* y el sistema exclusivo o de *opt-out*.
El sistema *opt-in* parte del consentimiento expreso de los afectados para delimitar el efecto de cosa juzgada (*principio de participación voluntaria*), ya sea éste en la constitución del grupo procesalmente legitimado o mediante adhesión posterior. La resolución recaída en un modelo de acción colectiva de *opt-in* efendee afectará a aquellos miembros que se hayan incorporado a la clase al inicio del procedimiento o adherido antes de la finalización del mismo.
Por el contrario, en el sistema de *opt-out*, la resolución producto de una acción colectiva afectará a la totalidad de los consumidores y usuarios, excepto aquellos que hayan manifestado su voluntad expresa de reservar su pretensión para una posible tutela individual posterior (45).
Sin embargo, ambos sistemas comparten dos particularidades procesales que a la vez son claves para la configuración del proceso colectivo: la publicidad y notificación del inicio del proceso colectivo y la admisibilidad o *certification* de la acción colectiva."

[79] Comitê Econômico e Social Europeu (CESE). Parecer sobre a "Definição do papel e do regime das acções coletictivas no domínio do direito comunitário de consumo", de 12 e 13 de fevereiro de 2008 (2008/C 162/01), publicado no Jornal Oficial da União Europeia de 25/6/2008. Disponível em <https://eur-lex.europa.eu/legal-content/PT/TXT/?uri=uriserv:OJ.C_.2008.162.01.0001.01.POR>, acesso em 16 de novembro de 2020)

do modelo *opt-in* ou *opt-out* consista numa "*escolha fundamental*" para os processos de ação coletiva (item 7 do Parecer).

Como vantagem mais relevante do modelo *opt-in* (inclusão voluntária), o Parecer aponta a circunstância de que a manifestação de vontade expressa exigida nesse modelo (consentimento formal) prestigia "*a liberdade de agir em justiça*". Além disso, esse modelo permite estimar previamente as indenizações em jogo, sendo possível reservar os meios financeiros suficientes para responder ao pedido de reparação[80]. Como inconvenientes desse modelo, o Parecer indica a dificuldade de gestão processual (em especial quando o número de interessados é considerável) e o risco de não reparação total dos danos causados, na perspectiva de que nem todas as vítimas se apresentarão ao tribunal. Além disso, há a questão da coisa julgada, que em princípio só alcançará aqueles abrangidos pela ação.

Em relação ao modelo de *opt-out* (exclusão voluntária), a principal vantagem indicada pelo Parecer é a gestão eficiente do processo[81], o que, de um lado, garante a reparação justa e efetiva a todas as vítimas e, de outro, produz efeito dissuasório relevante para a parte responsável. Como desvantagem, aponta-se a sua desconformidade com os princípios constitucionais de alguns países, com a Convenção Europeia dos Direitos do Homem – em especial no que se refere ao princípio da liberdade de agir em justiça – e com os direitos de defesa (como o princípio do contraditório e o princípio da igualdade processual).

No processo coletivo, o Parecer indica a necessidade de conferir ao juiz poderes relevantes para decidir sobre a admissibilidade da demanda, seja qual for a fórmula adotada. A necessidade de conceder estes poderes ao juiz se revela ainda mais importante se o processo coletivo adota a fórmula *opt-out*[82]. Pertinentes, a respeito, as ponderações de Teixeira de Sousa:

[80] O Parecer aponta que "*a fórmula opted-in, combinada com a possibilidade de o requerido alargar o processo a todas as vítimas, salvo oposição expressa destas, responde melhor a esta preocupação*".

[81] O Parecer não aborda a questão relativa à gestão do processo na fase de liquidação e execução individual da sentença coletiva.

[82] No ponto, assim vem posto o Parecer:
"7.3.2 Com efeito, na maioria dos mecanismos da exclusão (opted-out), uma primeira fase do processo é consagrada ao exame da admissibilidade da acção pelo juiz. No mecanismo dos casos exemplares (tests case), a análise do processo individual tem essa mesma finalidade.

> "A opção entre uma cooperação activa [regime de *opt-in*] ou passiva [regime de *opt-out*] entre os titulares do interesse difuso também se reflecte num outro aspecto: é que, quanto menor for a intervenção dos interessados na acção colectiva, maior deve ser o controlo sobre a representação que é exercida pelo demandante, pelo que a escolha do *opt-out* deve ser contrabalançada com um acréscimo do controlo sobre a adequação daquela representação"[83].

O que é importante assinalar, neste momento, é que a adoção de um modelo de *opt-in* não significa que a ordem processual ignora a gestão de processos e a garantia de uma tutela isonômica entre os cidadãos. Poderá fazer isso seja no âmbito do próprio processo coletivo, criando mecanismos de divulgação de informações e permitindo adesão ao processo (por exemplo, até à sentença), ou mesmo prevendo outras formas de tutela coletiva, como ocorre na técnica de julgamento do caso exemplar (*test case* ou causa piloto).

De forma idêntica, a adoção do modelo *opt-out* não significa que a ordem processual ignora a importância de assegurar a adequada defesa do interesse da coletividade (cujos interesses em princípio estarão em juízo) e a proteção das garantias processuais do réu. A ordem processual pode impor vários requisitos para conferir legitimidade ao representante dessa coletividade e criar um juízo mais severo na admissibilidade da ação.

7.3.2.1 O interesse desta fase de admissibilidade é que ela permite fazer parar, no início do processo, todos os pedidos que são manifestamente improcedentes ou fantasistas e que podem lesar de forma ilegítima a imagem da parte contrária, evitando que processos abusivos ou inadaptados prossigam.
7.3.2.2 É o juiz que é o garante do bom desenrolar desta fase de admissibilidade. Concretamente, compete-lhe verificar que os requisitos fixados na lei para intentar a acção colectiva são cumpridos.
7.3.2.3 É o que acontece: – Com a própria existência do litígio (o litígio do demandante não pode ter prescrito). – Quando a composição do grupo torna impraticável um processo conjunto ou um processo com representação. – Quando há questões de direito ou de facto comuns aos membros do grupo (a mesma «causa petendi») – Quando o pedido oponível ao profissional é coerente tendo em conta os factos alegados (requisito da probabilidade séria da existência do direito, «fumus boni iuris»). – Quando o demandante pode representar e proteger de forma adequada os interesses dos membros do grupo."

[83] Miguel Teixeira de Sousa, *A legitimidade popular na tutela dos interesses difusos*, 210.

Em outras palavras, deve-se considerar que a liberdade, o acesso à justiça e o devido processo legal são direitos fundamentais garantidos pela ordem constitucional no Estado de Direito (realidade que se verifica no Brasil e em Portugal), os quais devem necessariamente projetar-se nos processos coletivos. A adoção de um ou outro modelo (ou do modelo híbrido) requer ponderações e salvaguardas para assegurar um processo justo e equitativo.

Cabe aqui destacar, portanto, que ambos os mecanismos têm como objetivo último forjar um processo coletivo justo e equitativo, suficiente para tutelar o direito material, mas em cada um deles a premissa de estruturação do sistema de tutela coletiva comporta uma preocupação distinta, nomeadamente, a de prestigiar ora a liberdade de ajuizamento da ação, ora a gestão de conflitos/efetividade da tutela; adotada uma das premissas, os sistemas processuais procuram contrabalancear o procedimento com regras que permitam honrar o outro valor, por serem ambos valores perseguidos pela ordem processual, não havendo espaço para abdicar de nenhum deles.

Na União Europeia há uma orientação geral favorável ao modelo *opt-in*[84], mas não há uniformidade de tratamento do tema entre os

[84] O Parlamento Europeu, na Resolução de 2 de fevereiro de 2012, intitulada "rumo a uma abordagem europeia coerente sobre ação coletiva", considerou que a Europa deve abster-se de instituir um sistema de ação coletiva idêntico ao sistema em vigor nos EUA ou outro sistema que não respeite as tradições jurídicas europeias (registrando, no particular, os esforços empreendidos pela Suprema Corte dos Estados Unidos para restringir a litigância frívola, bem como a utilização abusiva do sistema norte-americano de ações coletivas (Wal-Mart Stores Inc. V. Dukes et al. (2011)), e assinala que:
"a abordagem europeia em sede de ação coletiva tem de assentar no princípio de "opt-in", segundo o qual as vítimas são claramente identificadas e apenas participam no processo quando tenham indicado expressamente ser seu desejo fazê-lo, no intuito de evitar abusos potenciais; destaca a necessidade de respeitar os sistemas nacionais existentes em conformidade com o princípio da subsidiariedade; insta a Comissão a ponderar um sistema que forneça informações relevantes a todas as potenciais vítimas envolvidas, aumente a representatividade das ações coletivas, permita ao maior número de vítimas exigir a reparação dos danos sofridos e assegure aos cidadãos da UE um acesso simples, não dispendioso e efetivo à justiça, evitando, simultaneamente, o contencioso excessivo e subsequentes ações individuais ou coletivas que tenham por objeto a mesma infração; convida os Estados-Membros a introduzirem mecanismos eficazes que garantam a informação do maior número possível de vítimas e a consciencialização dos direitos e obrigações que lhes assistem, especialmente quando estão domiciliadas em vários Estados-Membros, evitando prejudicar indevidamente a reputação da parte em causa, a fim de respeitar o princípio da presunção de inocência; – há que rejeitar um sistema de ação coletiva em que as vítimas não são identificadas antes de a sentença ser proferida, por ser contrário aos ordenamentos jurídicos de muitos Estados-

Estados-Membros (Suécia e Itália, por exemplo, enquadram-se no modelo *opt-in*, enquanto os Países Baixos no modelo *opt-out*)[85].

Em Portugal, adotou-se o mecanismo de exclusão voluntária (regime *opt-out*). De fato, em virtude do disposto no art. 14 da LAP-pt, "*nos processos de acção popular, o autor representa por iniciativa própria, com dispensa de mandato ou autorização expressa, todos os demais titulares dos direitos ou interesses em causa que não tenham exercido o direito de auto-exclusão*"[86].

No Brasil, igualmente, prevalece o modelo da exclusão voluntária, por força da LACP-br e do CDC-br[87]. Vale advertir, todavia, que há uma intensa discussão judicial em curso nos tribunais superiores sobre a adoção do modelo de inclusão voluntária (*opt-in*) no que se refere às ações coletivas ajuizadas por associações, em virtude do disposto no art. 2º-A da Lei n. 9.494, de 1997.

Com efeito, especificamente quanto às associações, a LACP-br e o CDC-br estabelecem que possuem ampla legitimidade para ajuizar ações coletivas, desde que haja pertinência temática (entre a finalidade institucional da associação e o objeto da demanda) e a associação

-Membros e por violar os direitos das vítimas suscetíveis de participar no processo sem o seu conhecimento e para as quais, contudo, a decisão judicial produziria efeitos vinculativos".

[85] A. Montesinos García, "Últimas tendencias en la Unión Europea sobre las acciones colectivas de consumo", 87-112.

[86] O procedimento de exclusão por parte de titulares dos interesses em causa está previsto no art. 15º da Lei 83/1995.

[87] Em relação à LACP-br, vide art. 16, que trata da coisa julgada, e 21 que determina a aplicação complementar da Lei n. 8078, de 1990. No que se refere ao CDC-br, confiram-se arts. 81, 82 e 91, que tratam das entidades representativas e dos interesses tutelados, 103, que trata da coisa julgada, 104, que trata do direito de exclusão, e 90, que determina a aplicação complementar da Lei n. 7.347, de 1995. Em julgamento encerrado em 7/4/2021, o Supremo Tribunal Federal declarou a inconstitucionalidade do art. 16 da Lei n. 7.347, de 1985, com a redação que lhe deu a Lei n. 9.494, de 1997, que se interpretava no sentido de que os efeitos da sentença coletiva estavam circunscritos ao âmbito de competência do Tribunal ao qual está vinculado o juiz de primeira instância. O Supremo Tribunal Federal entendeu que esse dispositivo legal restringia de forma inconstitucional a efetividade do processo coletivo e concluiu que não se deve impedir que os efeitos da sentença coletiva tenham abrangência nacional (STF, RE 1.101.937 RG). Para aprofundamento do tema, remete-se o leitor interessado para Fábio Lima Quintas, "O que a Constituição tem a dizer sobre a polêmica da abrangência da sentença coletiva (art. 16 da Lei da Ação Civil Pública)", *Revista de Processo* 315 (maio 2021) 187-207.

esteja constituída há pelo menos um ano (podendo o juiz dispensar esse requisito temporal se houver relevância social na lide)[88].

O art. 2º-A da Lei n. 9.494, de 1997, buscou criar restrições à abrangência subjetiva das ações coletivas ajuizadas por associações, no que diz respeito à tutela dos interesses individuais homogêneos[89], para que os efeitos da sentença se circunscrevam apenas aos associados (além disso, que tenham domicílio no âmbito da competência territorial do órgão prolator). Ocorre que a aptidão dessa norma (para essa finalidade) ainda não ficou pacificada no âmbito da jurisdição brasileira: de um lado, o Supremo Tribunal Federal reconhece a constitucionalidade desse dispositivo[90]; de outro, controverte o Superior Tribunal de Justiça sobre o sentido e alcance do texto[91].

[88] Art. 5, inciso V, da LACP-br e art. 82, inciso IV, do CDC-br.

[89] Eis os termos do dispositivo da Lei n. 9.494, de 1997: "*Art. 2º-A. A sentença civil prolatada em ação de caráter coletivo proposta por entidade associativa, na defesa dos interesses e direitos dos seus associados, abrangerá apenas os substituídos que tenham, na data da propositura da ação, domicílio no âmbito da competência territorial do órgão prolator*".

[90] No julgamento do RE 612.043, no regime de repercussão geral, o Supremo Tribunal Federal assentou a constitucionalidade do art. 2º-A da Lei n. 9.494, de 1997, e, examinando o caso dos autos, assentou que os beneficiários do título executivo, no caso de ação proposta por associação (ação coletiva de rito ordinário), são aqueles que, residentes na área compreendida na jurisdição do órgão julgador, detinham, antes do ajuizamento, a condição de filiados e constaram da lista apresentada com a peça inicial. (STF, RE 612043 RG, Rel. Min. Marco Aurélio, Tribunal Pleno, julgado em 10/5/2017, DJ 6/10/2017; RE 612043 ED, Rel. Min. Marco Aurélio, Tribunal Pleno, julgado em 6/6/2018, DJ 6/8/2018)

[91] Examinando especialmente uma ação coletiva de consumo, o Superior Tribunal de Justiça, por meio de sua Segunda Seção, iniciou a apreciação da questão nos autos do RESP 1.325.857. O Relator do recurso, Min. Luis Felipe Salomão, votou no sentido de que as associações possuem legitimidade para atuar na defesa de todos os consumidores, no regime de *exclusão voluntária*. Abrindo divergência, a Ministra Maria Isabel Gallotti entendeu que o sistema processual brasileiro limita aos seus associados a atuação das associações, no que se refere à tutela dos interesses individuais homogêneos. O julgamento, iniciado em 28/10/2020, se encontra suspenso em função de pedido de vista do Min. Raul Araújo. A apreciação desse tema acabou sendo concluída no âmbito da Segunda Seção no julgamento de dois recursos afetados ao regime dos recursos repetitivos: RESP 1.438.263 e RESP 1.362.022, tendo se fixado a seguinte tese: "*Em ação civil pública proposta por Associação, na condição de substituta processual de consumidores, possuem legitimidade para a liquidação e execução da sentença todos os beneficiados pela procedência do pedido, independentemente de serem filiados à Associação promovente*" (Resp 1362022/SP, Rel. Min. Raul Araújo, 2ª Seção, julgado em 28/4/2021, Dje 24/5/2021).

Quanto maior for o potencial impacto da atuação do ente legitimado na esfera jurídica da coletividade, mais importante se torna o controle judicial da adequação do representante, como imperativo decorrente da garantia do devido processo legal[92].

De lege ferenda, merece ser destacado que, tal como ocorreu na Europa, há hoje no Brasil um esforço de atualização do marco normativo do processo coletivo. De fato, tramitam hoje no Congresso Nacional (Câmara dos Deputados) dois projetos de lei visando atualizar a legislação do sistema de processos coletivos: o PL 4.441, de 2020, sob relatoria do Deputado Paulo Teixeira, e o PL 4.778, de 2020, sob relatoria do Deputado Marco Pereira (derivado de um anteprojeto elaborado pelo Conselho Nacional de Justiça). Ambos os projetos se preocupam em endereçar a questão da adequada representatividade da coletividade em juízo.

O PL 4.441, de 2020, estabelece que a "*adequação da legitimidade ao caso concreto pressupõe que o autor não tenha conflito de interesses com o grupo e que sua finalidade institucional tenha aderência à situação litigiosa e ao grupo lesado*" (art. 6º, § 1º). Dispõe ainda que a representatividade adequada das associações será aferida a partir de vários critérios: o número de associados, a capacidade financeira para arcar com despesas processuais da ação, o histórico em matéria de defesa judicial e extrajudicial dos direitos coletivos, o tempo de constituição e o grau de representatividade perante o grupo (art. 6º, § 2º). Estatui, por fim, que o controle jurisdicional da adequação da representatividade deve ser feito durante todo o processo (e uma vez reconhecida a ausência de representação

[92] Para José Rogério Cruz e TUCCI, "Garantias Constitucionais do processo em relação aos terceiros", *Revista do Advogado* 99 (setembro de 2008) 79, disponível em <https://aplicacao.aasp.org.br/aasp/servicos/revista_advogado/paginaveis/99/index.html?_ga=2.201911377.1925805463.1611266145-397365865.1557459455>, essa postura ativa do juiz é inerente à sua função de gestor do processo. Em suas palavras: "É importante ressaltar que, no âmbito das ações coletivas, torna-se relevante a verificação, pelos Juízes, durante toda a tramitação do processo, do comportamento processual do legitimado, que "representa" todo o grupo, visto que a trama entre os litigantes acarreta gravíssima ofensa às garantias do Devido Processo Legal, que inclusive protegem os terceiros. Não é preciso destacar que o papel reservado aos órgãos jurisdicionais pelas legislações processuais modernas (incluindo a nossa) sempre foi o de um Juiz ativo, cabendo-lhe, entre outras relevantes incumbências, velar pela conduta processual dos litigantes, prevenindo ou reprimindo qualquer ato atentatório à dignidade da justiça."

adequada, o juiz deve promover a "*sucessão processual*"[93]) (art. 6º, §§ 3º e 4º). Há no projeto de lei uma importante previsão a respeito da decisão de saneamento e organização do processo, de acordo com a qual o juiz deverá, entre outras medidas, "*proceder imediatamente ao juízo de admissibilidade dos pedidos formulados*".

O PL 4778, de 2020, trata do controle judicial da representatividade adequada das associações ao estabelecer a sua legitimidade para ajuizar ações coletivas, desde que "*tenham representatividade adequada e que incluam dentre seus fins institucionais a defesa dos direitos protegidos por esta lei, sendo indispensável a prévia autorização estatutária ou assemblear*" (art. 4º, inciso V). De forma semelhante ao outro projeto de lei, o PL 4778, de 2020, determina que a representatividade adequada da associação seja demonstrada pelo número de associados, pela capacidade financeira (inclusive de arcar com despesas processuais da ação coletiva), pelo histórico de atuação da associação na defesa de interesses coletivos, pelo quadro de especialistas no tema do objeto litigioso, pelo laudo indicativo do número de pessoas atingidas pelo suposto dano, dentro outros meios (art. 5º). Cumpre destacar que esse projeto determina que a representatividade adequada seja examinada pelo juiz *initio litis*, antes da citação e da concessão de tutela de urgência (sem prejuízo de que esse requisito seja reavaliado no decurso do processo).

É nítida a preocupação dos projetos de lei com o controle judicial da representatividade adequada, atualizando a legislação com parâmetros que têm sido construídos pela dogmática processual e pela jurisprudência. Por outro lado, verifica-se que essas propostas tratam da representatividade adequada como um instituto relacionado preponderantemente com a legitimidade processual. Também chama a atenção, em ambos os Projetos, a previsão de que a representatividade adequada deve ser aferida durante toda a tramitação da relação processual[94].

[93] Eis os termos do § 3º do art. 6º do PL 4.441, de 2020: "*Reconhecida a ausência de legitimidade adequada, o juiz promoverá a sucessão processual, dando ciência ao grupo e intimando o Ministério Público, a Defensoria Pública ou outros legitimados para assumirem a condução do processo*". É preciso reconhecer, no entanto, a imprecisão conceitual na referência à "sucessão processual", concebida como a alteração subjetiva da demanda, com a substituição de uma parte (que era reconhecida como legítima) por outra.

[94] Esta disposição dialoga com a interessante proposta dogmática, de Antônio dos Passos Cabral, de identificar a legitimidade processual e o interesse de agir como requisitos que devem ser avaliados de forma dinâmica ao longo da relação processual. A este respeito,

De qualquer modo, é inegável que esses projetos de lei (que podem ser aperfeiçoados no processo legislativo) constituem importante iniciativa de aperfeiçoamento do processo coletivo brasileiro.

1.4 Conclusões parciais

A reflexão teórica e prática a respeito da representação adequada mostra a importância de se examinarem os mecanismos processuais disponíveis para coibir, no processo coletivo, a atuação de entidades formalmente habilitadas para esse fim que se mostrem na prática como representantes inidôneos, justamente para preservar o interesse coletivo e a autonomia da vontade e o acesso à justiça, sem descurar também das garantias processuais dos réus.

Amplia a necessidade desta investigação o novo contexto normativo que surge em Portugal, em decorrência da Diretiva 2020/1828, no que se refere às ações coletivas de consumo: de um lado, procura fortalecer a defesa coletiva do consumidor em juízo; de outro, busca coibir a litigância abusiva.

Naquilo que guarda pertinência com a presente investigação, esta situação revela a importância de se compreender o fenômeno do abuso processual para se poder tratar do controle da representação adequada das associações. E isso por, pelo menos, duas razões.

Primeiro (e mais importante), porque a Diretiva expressamente determina que a litigância abusiva seja cerceada. Não parece correto tentar parametrizar a litigância abusiva referida na Diretiva com o equivalente ao disposto no Código de Processo Civil português de 2013 sobre litigância de má-fé[95]. Com efeito, a Diretiva não faz referência a um rol

Cabral defende que "*as situações legitimantes são todas cambiantes ao longo do processo, e o controle da legitimidade não pode se dar senão na dinâmica do contraditório*" (p. 8) e que o interesse processual, concebido como interesse-utilidade, "*reflete a utilidade cambiante da tutela jurisdicional na vida dos litigantes, uma realidade constantemente sujeita a alterações às quais o processo deve estar apto a responder, facultando a atuação que o litigante repute como a mais adequada para a satisfação de suas situações de vantagem*" (Antonio do Passo Cabral, "Despolarização do processo e "zonas de interesse": sobre a migração entre polos da demanda", in *Custos Legis: Revista Eletrônica do Ministério Público Federal* 1/1 (2009) 28).

[95] É relevante observar que, conquanto a versão em português da Diretiva 2020/1828 utilize a expressão "litigância de má-fé" (considerandos 10, 39 e 52 e artigo 1º), o texto em inglês da Diretiva alude, nas mesmas oportunidades, à expressão "abusive litigation". Confira-se, para ilustrar o que dispõe a parte inicial do considerando 10: "*It is important to ensure the necessary*

exaustivo de condutas que constituiriam litigância de má-fé/litigância abusiva. Além disso, não parece que os objetivos da Diretiva se cumprem mediante uma redução da consequência jurídica da litigância de má-fé ao pagamento de indenizações e multas, dado que a Diretiva tem o sentido de vedar a tramitação de ações em caso de litigância abusiva.

Segundo, porque as diversas exigências positivas e negativas a serem cumpridas pelas entidades qualificadas para ajuizamento da ação coletiva, nos termos da Diretiva, mostram que é relevante interpretar a Lei n. 83, de 1995, com o sentido de uma harmonização com *standards* estabelecidos pela União Europeia.

No Brasil, a reflexão sobre o controle judicial da adequação do representante permite perceber que a discussão sobre o representante adequado não se exaure com uma leitura literal do rol de legitimados estabelecido pela legislação para ajuizar ações coletivas.

Essa situação indica a atualidade da discussão sobre o controle da representação adequada em ações coletivas ajuizadas por associações.

Tendo em vista a necessidade de se ir além da análise formal da representação adequada, cabe perquirir se não há outros institutos processuais disponíveis para garantir que a tutela dos direitos coletivos seja feita por representantes adequados. Em especial, pretende-se examinar se a teoria do abuso do direito pode oferecer subsídios para se realizar o controle da representação adequada das associações.

Por outro lado, vale examinar em que plano da relação processual deve ser feita essa análise – e de que modo –, a fim de se sancionar e inibir o ajuizamento de ações coletivas por associações que não se voltam para a defesa de interesses coletivos. Isso demanda uma investigação sobre o papel atribuído aos pressupostos processuais no processo contemporâneo.

São essas as ideias que merecerão desenvolvimento nos capítulos vindouros.

balance between improving consumers' access to justice and providing appropriate safeguards for traders to avoid abusive litigation that would unjustifiably hinder the ability of businesses to operate in the internal market". Na mesma toada, segue o artigo 1º, n. 1: "*This Directive sets out rules to ensure that a representative action mechanism for the protection of the collective interests of consumers is available in all Member States, while providing appropriate safeguards to avoid abusive litigation [...]*".

2. O CONTROLE DA REPRESENTAÇÃO ADEQUADA DAS ASSOCIAÇÕES NO ÂMBITO DOS PRESSUPOSTOS PROCESSUAIS NO PROCESSO CIVIL BRASILEIRO E PORTUGUÊS

No capítulo anterior, procurou-se demonstrar a necessidade de se exercer um juízo rigoroso sobre a admissibilidade da ação coletiva, em especial a representação adequada do autor, devendo ser coibida a utilização da ação coletiva por aqueles supostos legitimados que não atuam na defesa da coletividade, ou se valem da ação coletiva para perseguir finalidades não desejadas pela ordem processual, ou não têm competência ou idoneidade para agir em defesa da coletividade.

Cabe agora examinar o modo como esse escrutínio deve ser realizado no processo.

Olhando para o modelo europeu de processo coletivo, Ana Garcia Montesinos propugna que se confira elevada discricionariedade ao juiz para o controle da legitimidade e da admissibilidade da ação coletiva:

> "Sumamente importante resulta en los procesos colectivos el papel del juez. Consideramos que es él quien debe controlar tanto la legitimación de las partes como la admisibilidad de la acción colectiva, cerciorándose de que efectivamente se trata de uma causa que se vincula a la vulneración de unos derechos colectivos. En esta línea, ya en el Libro Verde en su día se manifestó que los Estados Miembros deben garantizar que

> un juez u órgano similar tenga facultades discrecionales consistentes en un control previo de admisibilidad de las posibles acciones colectivas, con objeto de confirmar que se satisfacen los criterios de admisibilidad y que la acción puede ejercitarse. Con el fin de evitar la posibilidad de abuso de este tipo de acciones, hay varios elementos que pueden actuar como salvaguardia y contribuir a prevenir la presentación de denuncias injustificadas. El juez puede desempeñar un papel esencial, decidiendo si una denuncia colectiva es injustificada o por el contrario, es admisible. En todo caso, la certificación de la entidad representante funciona ya como un primer control de acceso."[96]

Como compatibilizar essa visão – coerente com o marco normativo europeu, em virtude da nova Diretiva aprovada para regular ações coletivas de consumo – com o regime legal das ações coletivas do Brasil e de Portugal?

A resposta envolve compreender de que modo podem ser examinados os pressupostos processuais, tendo em vista que o exame da representação adequada se faz nesse âmbito[97]. Para tanto, serão analisados o valor e o sentido que os pressupostos processuais adquirem hoje na ordem processual para, em seguida, investigar-se o modo de aplicação dessa categoria no âmbito do processo coletivo, em especial para tratar do controle da representação adequada à luz do parâmetro do abuso do processo.

2.1 A importância e a finalidade dos pressupostos processuais

Uma compreensão constitucionalmente adequada do processo impõe que seja encarado não como fim em si mesmo, mas como instrumento para a realização do direito material. Constitui direito fundamental o direito a uma tutela judicial efetiva, como expressão do acesso à jurisdição

[96] A. Montesinos García, "Últimas tendencias en la Unión Europea sobre las acciones colectivas de consumo", 95.

[97] O instituto da representação adequada, próprio do processo coletivo (inspirado na matriz norte-americana) é uma categoria que não encontra paralelo na dogmática processual tradicional do Brasil e de Portugal. Entende-se que se mostra possível tratar da representação adequada no âmbito do juízo de admissibilidade da ação, no plano dos pressupostos processuais (em sentido amplo), sem desconhecer que há requisitos formais que se aplicam à ação e outros que se aplicam ao processo. Sobre o ponto, confira-se Capítulo 4, item 4.2.

e do devido processo legal e para colocar fim às crises jurídicas estabelecidas na realização do direito material (crises de certeza, de adimplemento ou de situação jurídica)[98]. É esta a conclusão que deriva do texto constitucional, seja em Portugal (art. 20 CRP[99]), seja no Brasil (art. 5º, incisos XXXV, CRFB[100]).

A partir dessa visão, a dogmática e a legislação processual têm conduzido de forma contínua e consistente um movimento de valorização do julgamento do mérito, mesmo em situações em que se vislumbram irregularidades formais[101]. Tal iniciativa encontra hoje expressão normativa no chamado princípio da primazia do julgamento de mérito.

Em Portugal, o princípio da primazia do mérito orientou a atuação legislativa da revisão do CPC de 1961, levada a cabo em 1995-1996. Destacam-se, nesse ciclo de revisão da legislação processual:

[98] Conforme esclarece Cândido Rangel DINAMARCO, *Instituições de Direito Processual Civil*, vol. I, 6ª ed., São Paulo: Malheiros, 2009, 153, a diversidade de provimentos concebidos na ordem processual destina-se a debelar crises jurídicas (i.e., "momentos de perigo nas relações entre pessoas ou grupos, suscetíveis de serem normalizados pela imposição do direito material"), mediante a entrega de solução prática adequada segundo os desígnios do direito material e sempre com vista a produzir resultados úteis na vida dos sujeitos. E prossegue: "*Examinando o sistema processual pelos resultados que é capaz de oferecer em face das diferentes situações da vida trazidas em busca de remédio, tem-se que resumidamente elas são três e três são os possíveis resultados da jurisdição, assim dispostos: a) crise de certeza, tutela declaratória, resultado certeza; b) crise de situações jurídicas, tutela constitutiva, resultado modificação jurídica; c) crise de adimplemento, tutela executiva, resultado atribuição do bem da vida.*" (p. 156)

[99] J.J. Gomes CANOTILHO / Vital MOREIRA, *Constituição da República Portuguesa anotada*, 1, 416, ao comentarem o art. 20 da CRP, sintetizam o conteúdo normativo do dispositivo constitucional: "*Não é suficiente garantia o direito de acesso aos tribunais ou o direito de acção. A tutela através dos tribunais deve ser efectiva. O princípio da efectividade articula-se, assim, como uma compreensão unitária da relação entre direitos materiais e direitos processuais, entre direitos fundamentais e organização e processo de proteção e garantia*".

[100] Gilmar Ferreira MENDES / Inocêncio Mártires COELHO / Paulo Gustavo Gonet BRANCO, *Curso de Direito Constitucional*, São Paulo: Saraiva, 2007, 480, identificam no art. 5º, inciso XXXV (segundo o qual "a lei não excluirá da apreciação do Poder Judiciário lesão ou ameaça à *(sic)* direito") a consagração do princípio da "proteção judicial efetiva" e não apenas direito de ação. Nelson NERY Jr. / Georges ABBOUD, *Direito Constitucional Brasileiro*, 2ª ed., São Paulo: Revista dos Tribunais, 2019, 427, também comentando o dispositivo, acentuam que "não é suficiente o direito à tutela jurisdicional. É preciso que essa tutela seja a adequada, sem o que estaria vazio de sentido o princípio."

[101] José Roberto dos Santos BEDAQUE, *Efetividade do processo e técnica processual*, São Paulo: Malheiros, 2006, Capítulo IV.

a) a garantia de acesso aos tribunais prevista no art. 2, n. 1, do CPC de 1961 (introduzido pelo DL 329-A/95 e que tem como base o art. 20 da Constituição, e o art. 10 da Declaração Universal dos Direitos do Homem [art. 16-2 Constituição]), mantido no art. 2, nº 1, do CPC de 2013. Para Lebre de Freitas e Isabel Alexandre, "*a afirmação, logo no art. 2-1 do direito à apreciação da pretensão, mediante a tutela do direito ou interesse legítimo, e portanto do primado da decisão de mérito sobre a decisão processual, visa assegurar a realização da função jurisdicional, tal como é definida no art. 202-2 CR, em contraponto a uma prática ainda dominante nos nossos tribunais*" [102];
b) a disposição sobre a prevalência da decisão de mérito sobre a decisão baseada em questões processuais, na linha da doutrina de Teixeira de Sousa (1989)[103]. É o que se vê, por exemplo, no disposto no art. 288, n. 3, do CPC de 1961, com redação do DL 180/96.

No Brasil, o princípio da primazia do julgamento de mérito configura um dos pilares do CPC 2015, no sentido de garantir a efetiva satisfação do direito material (alinhado com uma propalada simplificação do sistema processual), como já anuncia o prólogo da Exposição de Motivos do Código:

> "Um sistema processual civil que não proporcione à sociedade o reconhecimento e a realização dos direitos, ameaçados ou violados, que têm cada um dos jurisdicionados, não se harmoniza com as garantias constitucionais de um Estado Democrático de Direito."

No plano do direito positivo vigente, a expressão que o princípio da primazia do julgamento de mérito alcança, no Brasil e em Portugal, deduz-se do disposto nos arts. 4º e 488º do CPC-br e nos artigos 2º, n. 1, e 278º, n. 3, do CPC-pt, que possuem a seguinte redação[104]:

[102] José Lebre de FREITAS / Isabel ALEXANDRE, *Código de Processo Civil anotado*, vol. 2, 4ª ed., Coimbra: Almedina, 2019, 26.

[103] José Lebre de FREITAS / Isabel ALEXANDRE, *Código de Processo Civil anotado*, vol. 1, 4ª ed. Coimbra: Almedina, 2018, 563.

[104] Para compreender a amplitude que o princípio adquire, confiram-se ainda os artigos 6º, n. 2, 7º, n. 1, e 608, n.1. Para além do disposto nos arts. 4º e 6º do CPC, que estabelecem o princípio da primazia do julgamento de mérito, a doutrina entende que esse mesmo valor foi prestigiado em diversas regras processuais do novo CPC, tais como os arts.139, IX, 188,

Brasil – CPC 2015
Art. 4º. As partes têm o direito de obter em prazo razoável a solução integral do mérito, incluída a atividade satisfativa.
Art. 488º. Desde que possível, o juiz resolverá o mérito sempre que a decisão for favorável à parte a quem aproveitaria eventual pronunciamento nos termos do art. 485.
Portugal – CPC-2013
Artigo 2º – Garantia de acesso aos tribunais
1 – A proteção jurídica através dos tribunais implica o direito de obter, em prazo razoável, uma decisão judicial que aprecie, com força de caso julgado, a pretensão regularmente deduzida em juízo, bem como a possibilidade de a fazer executar.
Artigo 278º- Casos de absolvição da instância
3 – As exceções dilatórias só subsistem enquanto a respetiva falta ou irregularidade não for sanada, nos termos do nº 2 do artigo 6º; ainda que subsistam, não tem lugar a absolvição da instância quando, destinando-se a tutelar o interesse de uma das partes, nenhum outro motivo obste, no momento da apreciação da exceção, a que se conheça do mérito da causa e a decisão deva ser integralmente favorável a essa parte.

Segundo esse princípio, o processo deve conduzir prioritariamente à solução da crise que justificou o acionamento do Poder Judiciário, outorgando a quem tem direito, dentro do pensamento de Chiovenda sobre a instrumentalidade do processo e de um processo civil de resultados, tudo aquilo que teria se não houvesse a necessidade do processo[105].

Extrapolando o sentido do princípio (expandindo o sentido da norma e encarando-a como regra peremptória), poder-se-ia cogitar que a prevalência do julgamento do mérito levaria à conclusão de que a jurisdição deveria comprometer-se, em todo o momento e em todas as

218, §4º, 282, 321, 932, 1007, §§4º e 7º, 1.013 e 1024, §5º, do CPC. Cf. Deborah Aline Antonucci Moretti / Yvete Flavio da, Costa, "O princípio da primazia da decisão de mérito no novo CPC como instrumento de efetividade da jurisdição", *Pensar* 21/2 (maio./ago. 2016). 411-441.

[105] Nas palavras de Giuseppe Chiovenda, *Instituições de Direito Processual Civil*, vol. I, 2ª ed., trad. Paolo Capitanio / anot. Enrico Tullio Liebmann, São Paulo: Bookseller, 2000, 67, "o processo deve dar, quanto for possível praticamente, a quem tenha um direito, tudo aquilo e exatamente aquilo que ele tenha direito de conseguir".

suas instâncias (e a qualquer custo), com a entrega de prestação jurisdicional alicerçada integralmente no direito material. Este exercício de extrapolação permite ver que a primazia do mérito como norma jurídica está em tensão com o formalismo processual (e tende a ignorar o valor da forma).

Todavia, esse antagonismo deve ser afastado e evitado com base na premissa de que o devido processo legal constitui, em si mesmo, uma garantia da realização do direito[106]. A técnica processual, como bem destacou Barbosa Moreira[107], é instrumento necessário para a realização do direito material (não é, portanto, um entrave à realização do direito). Ou seja, o formalismo é indissociável da ideia de processo[108], como ressaltado nas palavras de Carlos Alberto Alvaro de Oliveira:

> "O formalismo atua, portanto, de um lado como garantia de liberdade do cidadão em face do eventual arbítrio dos órgãos exercentes do poder do Estado, e de outro como anteparo aos excessos de uma parte em relação à outra, vale dizer, buscando o equilíbrio formal entre os contendores".[109]

Por isso, parece útil e necessário conectar os requisitos formais à prossecução da efetividade do processo a partir da utilização da boa técnica processual[110], reconhecendo o valor da forma sem cair no formalismo excessivo[111].

[106] Para Carlos Alberto Alvaro de Oliveira, *Do formalismo no processo civil*, 2ª ed., São Paulo: Saraiva, 2003, 219, "detecta-se constituir a garantia do devido processo legal a expressão constitucional do formalismo processual".

[107] José Carlos Barbosa Moreira, "Efetividade do processo e técnica processual", *Revista de Processo* 20/77 (jan./mar., 1995) 168–176.

[108] Carlos Alberto Alvaro de Oliveira, *Do formalismo no processo civil.*

[109] Carlos Alberto Alvaro de Oliveira, *Do formalismo no processo civil*, 217.

[110] Nas palavras de José Carlos Barbosa Moreira, "Efetividade do processo e técnica processual", 174-175:

"Neste ensejo, todavia, o que acima de tudo importa é denunciar a falsa idéia da oposição entre o empenho de efetividade e a convivência com a boa técnica. Os exemplos figurados, que se poderiam multiplicar *ad infinitum*, demonstram que efetividade e técnica não são valores contrastantes ou incompatíveis, que dêem origem a preocupações reciprocamente excludentes, senão, ao contrário, valores complementares, ambos os quais reclamam a nossa mais cuidadosa atenção. Demonstram também que a técnica bem aplicada pode constituir instrumento precioso a serviço da própria efetividade. Tais os termos em que se deve

Osvaldo Alfredo Gozaíni, que identifica o acesso à justiça a partir da garantia constitucional do devido processo, defende que os requisitos formais não podem ser vistos como obstáculos à devida prestação jurisdicional, mas também não podem ser negligenciados, dada a sua importante função na conformação do dever de o Estado prestar a jurisdição[112]. Por outras palavras, o direito de acesso à jurisdição não se reduz ao acesso formal à instância judicial; os requisitos formais têm de se amparar no devido processo legal e nas suas expressões, como o contraditório, a ampla defesa e o juiz natural. Cumpre fazer a reconstituição do sentido e do valor da forma.

Numa perspectiva constitucional, pode-se dizer que uma das dimensões jurídico-constitucionais do direito ao processo equitativo passa não por abolir os pressupostos processuais, mas por concebê-los de forma constitucionalmente adequada. Nas palavras de Gomes Canotilho:

> "A sequência direito de acesso aos tribunais → garantia da via judiciária → direito ao processo → direito a uma decisão fundada no direito, deixa intuir que todas estas dimensões do direito de acesso não são incompatíveis com a exigência de pressupostos processuais, ou seja, de um conjunto de requisitos cuja verificação e observância é necessário para um órgão judicial poder examinar as pretensões formuladas no pedido. Daí que, como se disse, o direito à tutela jurisdicional não se identifique como o direito a uma decisão favorável, antes se recon-

formular a equação. Ponhamos em relevo o papel instrumental da técnica; evitemos escrupulosamente quanto possa fazer suspeitar de que, no efend-la, se esteja dissimulando mero pretexto para a reentronização do velho e desacreditado formalismo; demos a cada peça do sistema o lugar devido, na tranqüila convicção de que, no mundo do processo, há pouco espaço para absolutos, e muito para o equilíbrio recíproco de valores que não deixam de o ser apenas porque relativos.
E mais: quando porventura nos pareça que a solução técnica de um problema elimina ou reduz a efetividade do processo, desconfiemos, primeiramente, de nós mesmos. É bem possível que estejamos confundindo com os limites da técnica os da nossa própria incapacidade de dominá-la e de explorar-lhe a fundo as virtualidades. A preocupação com a efetividade deveria levar-nos amiúde a lamentar menos as exigências, reais ou supostas, imputadas à técnica do que a escassa habilidade com que nos servimos dos recursos por ela mesma colocados à nossa disposição."

111 Carlos Alberto Alvaro de Oliveira, *Do formalismo no processo civil*, Cap. IV.

112 Osvaldo Alfredo Gozaíni, *Derecho Procesal Constitucional: el debido processo*, Buenos Aires: Rubinzal-Culzoni, 2004, 89-90, 98-100.

> duza ao direito de obter uma decisão fundada no direito sempre que se cumpram os requisitos legalmente exigidos. Aqui, porém, surge uma nova e importante afloração do *due process*: o direito à tutela jurisdicional não pode ficar comprometido em virtude da exigência legal de pressupostos processuais desnecessários, não adequados e desproporcionados. Compreende-se, pois, que o direito ao processo implique: (1) a proibição dos requisitos processuais desnecessários ou desviados de um sentido conforme ao direito fundamental de acesso aos tribunais; (2) a exigência de fixação legal prévia dos requisitos e pressupostos processuais dos recursos e acções; (3) a sanação de irregularidades processuais como exigência do direito à tutela judicial"[113].

À luz dessa leitura constitucionalmente adequada dos pressupostos processuais, bem sintetizada por Canotilho, conclui-se que a justa expectativa de que o Judiciário se empenhe no julgamento do mérito (devendo o juiz priorizar o julgamento do mérito em detrimento de óbices formais) exige que seja recuperado o sentido e o valor dos pressupostos processuais, para identificar as situações nas quais a orientação geral do julgamento de mérito não se mostra disponível. Com efeito, para se contrapor àquilo que se denominou o dogma da prioridade do julgamento dos pressupostos processuais, não se deve cometer o equívoco de criar outro dogma, o da prioridade do julgamento do mérito.

2.2 Reconstituindo o argumento de Teixeira de Sousa sobre o dogma da apreciação prévia dos pressupostos processuais

Em clássico artigo publicado em 1989[114], Miguel Teixeira de Sousa propôs uma revisão crítica do dogma da prioridade do julgamento dos pressupostos processuais, a partir da tese desenvolvida na Alemanha, em 1966, por Rimmelspacher.

Recordava Teixeira de Sousa que a concepção dos pressupostos processuais como condições necessárias para a prolação de uma decisão de mérito pertencia (e pertence) à base comum da doutrina processual,

[113] J. J. Gomes Canotilho, *Direito Constitucional*, 494.

[114] Miguel Teixeira de Sousa, "Sobre o sentido e a função dos pressupostos processuais (Algumas reflexões sobre o dogma da apreciação prévia dos pressupostos processuais na acção declarativa)", *ROA* 49 (1989) 85 -125.

no sentido de que a averiguação da admissibilidade da ação é necessariamente prévia ao conhecimento da sua fundamentação. Naquele momento histórico, prevalecia o entendimento de que esse exame prévio dos pressupostos não poderia ser dispensado, nem sequer com o argumento de que é possível fazer um exame de mérito. Vendo nessa orientação um verdadeiro dogma processual e considerando que os dogmas são incompatíveis com o pensamento científico, Teixeira de Sousa propunha uma reflexão sobre a higidez dessa afirmação[115] e apresentava a hipótese, já lançada por Rimmelspacher, sobre "*a desnecessidade da averiguação dos pressupostos processuais quando uma decisão sobre a improcedência garante critérios de rapidez e de simplicidade que seriam postergados com a exigência do conhecimento da admissibilidade*"[116], no âmbito do processo civil português.

Examinando as categorias processuais no plano histórico, recordou Teixeira de Sousa que a autonomia do processo civil como campo de estudo está intrinsecamente relacionada com o exame dos pressupostos processuais. Com efeito, coube a Oscar von Bülow definir (i) a concepção do processo como uma relação jurídica de direito público entre as partes, o tribunal e (ii) os pressupostos processuais como elementos constitutivos daquela relação processual. Significa que, ajuizada uma ação, competiria ao juiz, antes de examinar a relação jurídica de direito material (fase *in iudicio*), analisar a possibilidade do exercício desse direito de ação (fase *in iure*). Conforme esclarece Teixeira de Sousa, sem tirar mérito e importância das contribuições de von Bülow, logo se percebeu que a cisão entre um procedimento preparatório e um procedimento principal era imprecisa do ponto de vista histórico – porque essa divisão não era necessária já no direito romano –, e equivocada como categoria processual – porque as legislações modernas não previam um procedimento autônomo destinado à verificação dos pressupostos processuais[117].

Logo, a dogmática processual reconfigurou a concepção e a função dos pressupostos processuais[118], deixando de os encarar como requisitos

[115] Miguel Teixeira de Sousa, "Sobre o sentido e a função dos pressupostos processuais", 85-86.

[116] Miguel Teixeira de Sousa, "Sobre o sentido e a função dos pressupostos processuais", 92.

[117] Miguel Teixeira de Sousa, "Sobre o sentido e a função dos pressupostos processuais", 95-98.

[118] Vale lembrar que Giuseppe Chiovenda, *Instituições de Direito Processual Civil*, I, 81-82, já sinalizava a visão insuficiente de Bülow de caracterizar os pressupostos processuais.

para a existência do processo, para situá-los como requisitos de constituição e desenvolvimento válidos do processo ou como requisitos para sentença de mérito[119].

Para Teixeira de Sousa, essa reorientação da dogmática – que conferiu uma profunda alteração semântica ao sentido de pressupostos processuais – poderia ter sido suficiente para revisar o dogma da precedência e alterar a prática processual, mas isso não havia ocorrido, pelo menos até aquele momento.

É nesse cenário que Teixeira de Sousa se propõe a refletir sobre a função dos pressupostos processuais, assentando o seguinte:

> "Os pressupostos processuais definem as condições nas quais o direito subjectivo alegado pelo autor pode obter a tutela jurisdicional concedida

Para Chiovenda, os pressupostos processuais seriam condições que precisariam de ser satisfeitas para que o juiz tivesse o dever de pronunciar-se sobre a demanda. Na ausência desses pressupostos, "*deixa de surgir a obrigação, para o juiz, de pronunciar-se sobre o mérito*". De todo o modo, destaca Chiovenda que: "*ainda nesta conjuntura, todavia, impende ao juiz uma obrigação: a de enunciar a razão pela qual não pode pronunciar-se; existe, pois, ainda neste caso, uma relação jurídica*".
Conforme anotação feita por Liebman, nas Instituições de Chiovenda, acerca dos pressupostos processuais: "Não se creia que sejam pressupostos do processo, mas antes pressupostos de um processo regular, isto é, suscetível de conduzir a efetivo exercício da função jurisdicional. Subsiste, com efeito, um processo mesmo quando falecem aqueles pressupostos e é no próprio processo que se examina a existência ou inexistência deles. A ausência de um dos pressupostos processuais torna irregular, inválido o processo, e daí não se pode proceder nele ao conhecimento e decisão do mérito, para declarar fundada ou infundada a demanda; ao contrário, o juiz deve limitar-se em tal caso a dar fim ao processo, declarando não poder prover ao mérito" (p. 90, n. 55).

119 Na visão de Miguel Teixeira de Sousa, "Sobre o sentido e a função dos pressupostos processuais", 99, em especial n. 58, os pressupostos processuais são, em princípio atributos que que se devem fazer presentes para a sentença de mérito (valor de admissibilidade da sentença de mérito). Concede o processualista que há aqueles que enxergam nos pressupostos processuais requisitos de validade do processo ou regularidade, e propõe que essa distinção dos pressupostos – como requisitos de admissibilidade da sentença ou de regular/válida constituição e desenvolvimento do processo – seja feita de forma empírica, à luz da legislação, para apurar como um eventual vício é sancionado pela ordem processual.
Entende-se que essa abordagem é a correta. Assim, por exemplo, cabe perquirir o que ocorre com a sentença condenatória quando há falta de citação: anulação de todo o processo, ou apenas da sentença? Em princípio haverá a declaração de nulidade de todos os atos processuais desde o início do processo, para que se aperfeiçoe o contraditório, o que permite concluir que esse pressuposto é uma condição de validade do processo.

> através de uma decisão de procedência. Nesta perspectiva, os pressupostos processuais constituem limites intrínsecos à concessão da tutela jurisdicional e realizam uma função reguladora e ordenatória, pois que determinam os condicionalismos processuais nos quais essa tutela pode ser concedida à parte requerente. Para o autor conseguir a procedência da acção é necessário que se encontrem preenchidas todas as condições da tutela jurisdicional, as quais envolvem a conjugação de um elemento exterior ao processo, que é em termos gerais, a existência do direito subjectivo alegado, com um fator imanente ao processo, que é a verificação dos pressupostos processuais"[120].

O propósito dessas condicionantes é acautelar um interesse relevante na concessão da tutela judiciária, que pode ser do Estado ou das partes. Para o jurista português, configuraria um pressuposto processual, do interesse do Estado, o requisito da competência absoluta, diante da necessidade de salvaguardar uma repartição de trabalho dos órgãos especializados, de modo que, nesse caso, seria inegociável a necessidade do exame prioritário do pressuposto processual.

Diferentemente ocorreria com os pressupostos processuais instituídos para resguardar o interesse das partes, no sentido de:

> "[...] assegurar o equilíbrio de forças e de garantir a igualdade entre as partes, prevenindo que, para o reconhecimento processual de qualquer situação jurídica, alguma das partes possa impor à contraparte sacrifícios desproporcionais ou custos evitáveis para a obtenção da tutela judiciária ou esteja perante aquela contraparte numa situação desvantajosa para conseguir uma adequada tutela jurisdicional"[121].

Não obstante possa o magistrado examinar os pressupostos processuais de ofício, defendia Teixeira de Sousa que isso não era susceptível de infirmar a conclusão de que certos pressupostos são pensados para proteger o interesse das partes, uma vez que o exame de ofício decorria da relevância conferida pelo ordenamento jurídico à questão.

[120] Miguel Teixeira de Sousa, "Sobre o sentido e a função dos pressupostos processuais", 101-102.

[121] Miguel Teixeira de Sousa, "Sobre o sentido e a função dos pressupostos processuais", 102-103.

Sendo assim, propunha Teixeira de Sousa:

> "Na realidade, a verificação de que o tribunal, ao apreciar, mesmo oficiosamente, determinadas excepções dilatórias, tutela interesses das partes implica que esse tribunal só deve considerar relevante uma dessas excepções quando, na situação, concreta, não se lhe ofereça uma outra forma de proteccção dos interesses da parte que a exigência do pressuposto procura cautelar (...). Como se vê, quanto aos pressupostos que procuram acautelar os interesses das partes *in iudicio*, a absolvição da instância não é uma decisão que deva ser proferida incondicionalmente perante a falta de um daqueles pressupostos, porque a sua função é realmente a de evitar uma sentença de mérito desfavorável à parte cuja posição processual o pressuposto procura salvaguardar"[122].

Avançando no seu raciocínio, Teixeira de Sousa aponta que a maioria dos pressupostos processuais buscam salvaguardar o interesse do réu, preservando-o de sacrifícios inúteis ou desnecessários, ou quando o réu não tem a necessária faculdade de entendimento, como ocorre nas situações de ilegitimidade das partes, na ausência de interesse de agir ou na falta de capacidade judiciária passiva[123].

Para o jurista, poucos pressupostos serviriam, no entanto, ao interesse do autor, estando nesse reduzido universo a ausência de capacidade judiciária do autor, a inexistência de autorização ou deliberação necessária ao autor ou ao seu representante, a inexistência, insuficiência ou irregularidade do mandato judicial do autor. Em todas essas hipóteses, o pressuposto processual pretende resguardar a parte autora da produção involuntária de efeitos desvantajosos.[124]

À luz dessas premissas, pergunta Teixeira de Sousa: por que reconhecer a ausência de um pressuposto processual quando não há desvantagem para a parte cujo interesse esse pressuposto protege? No caso do

[122] Miguel Teixeira de SOUSA, "Sobre o sentido e a função dos pressupostos processuais", 105-106.

[123] Miguel Teixeira de SOUSA, "Sobre o sentido e a função dos pressupostos processuais", 104, 111-112.

[124] Para Miguel Teixeira de SOUSA, "Sobre o sentido e a função dos pressupostos processuais", 107-111, nessas situações nem sequer haveria interesse recursal do Réu – contra uma sentença de procedência – por ter deixado o juiz de examinar o pressuposto processual, na perspectiva de que esses pressupostos resguardam o interesse do autor.

réu, por que reconhecer a ilegitimidade passiva se o exame do mérito conduz à improcedência dos pedidos? No caso do autor, por que reconhecer a irregularidade de representação se haverá julgamento de procedência do pedido?

Não haveria razão para tanto se a questão fosse examinada considerando-se a função e o sentido dos pressupostos processuais.

Conforme conclui Teixeira de Sousa, examinando o assunto à luz do Código de Processo Civil de 1961 (CPC61-pt):

> "Esta construção doutrinária implica (e fundamenta) uma interpretação restritiva dos preceitos legais que consagram, aparentemente sem limitações, a precedência da apreciação dos pressupostos processuais – os arts. 510º, n. 1 e 2, e 660, n.1; essas disposições legais só podem ser aplicadas aos limitados casos nos quais se justifica a observância do dogma da prioridade, que são, como se viu, aqueles nos quais está definida, mesmo através da resolução de um *non liquet*, a inexistência de um pressuposto destinado à tutela de interesses do Estado ou do réu ou está averiguada, efectiva e concludentemente, a falta de um pressuposto dirigido à proteção da parte activa."[125]

A rematar, Teixeira de Sousa defende que, na generalidade das situações, os pressupostos processuais buscam garantir o equilíbrio de forças e de oportunidades entre as partes, daí decorrendo que "*a falta de um desses pressupostos não obsta à produção de uma decisão de mérito favorável à parte (activa ou passiva) cuja posição processual seria protegida com a verificação do pressuposto*"[126]. Ainda utilizando a expressão do processualista, haverá a consunção (consumpção) do pressuposto pelo mérito.

Desse modo, tratando especificamente dos pressupostos que visam salvaguardar o interesse das partes, sustenta Teixeira de Sousa que "*o dogma da prioridade só vale condicionalmente*", pois:

> "o reconhecimento da falta de um desses pressupostos processuais (a qual conduz, normalmente, à absolvição do réu da instância) apenas

125 Miguel Teixeira de Sousa, "Sobre o sentido e a função dos pressupostos processuais", 114-115.

126 Miguel Teixeira de Sousa, "Sobre o sentido e a função dos pressupostos processuais", 120.

deve impedir o julgamento do mérito, mesmo pelo tribunal do recurso, em dois casos: – quando a decisão sobre o mérito não puder ser favorável à parte beneficiada com a proteção concedida pelo pressuposto não preenchido; – e quando, podendo sê-lo, faltar um pressuposto que visa proteger os interesses da contraparte"[127].

Disso decorrem consequências práticas relevantes na análise dos pressupostos de admissibilidade no momento da prolação da decisão, quais sejam:

> "– se o tribunal conclui primeiramente pela falta de um desses pressupostos, esse órgão nunca deve limitar-se a verificar essa inadmissibilidade, pois mesmo depois de averiguar a inexistência de um desses pressupostos, o tribunal ainda deve analisar se os elementos do processo lhe facultam o proferimento de uma decisão de mérito favorável à parte cujos interesses o pressuposto não preenchido visa a acautelar
> – se o tribunal determinou primeiramente a procedência ou a improcedência da ação, então só deve certificar a existência dos pressupostos necessários para a correspondente sentença de mérito (que são, respectivamente, aqueles que protegem os interesses do réu e aqueles que tutelam os interesses do autor)"[128].

Em linha convergente com Teixeira de Sousa (e por ele influenciado), Luiz Guilherme Marinoni também propôs, no Brasil, repensar o requisito dos pressuspostos processuais, ainda na vigência do CPC de 1973[129]. Para Marinoni:

[127] Miguel Teixeira de Sousa, "Sobre o sentido e a função dos pressupostos processuais", 121.

[128] Miguel Teixeira de Sousa, "Sobre o sentido e a função dos pressupostos processuais", 121.

[129] Luiz Guilherme Marinoni, "A função dos "pressupostos processuais" no Processo civil contemporâneo", *Revista do Instituto dos Advogados do Paraná* 35 (jul. 2007) 81-96.
Marinoni chega a defender que os pressupostos processuais não diriam respeito nem à validade do processo nem seriam necessariamente requisitos para o julgamento de mérito. Nas palavras do processualista:
"Na verdade, tais requisitos não podem ser vistos nem como pressupostos de existência nem como pressupostos de validade do processo, pela simples razão de que não dizem respeito ao processo. Tais requisitos nem têm relação com a existência ou com a validade do processo, mas sim com a sua substância, ou melhor, com o mérito ou com o pedido de tutela jurisdicional do direito. Eles condicionam a concessão da tutela jurisdicional do direito; não o processo" (p. 89).

> "[...] é fundamental perceber que os ditos pressupostos se destinam a proteger, conforme o caso, o interesse público, o autor e o réu. Objetiva-se, com a instituição desses requisitos, em alguns casos a proteção do interesse público, em outros a proteção do autor, e ainda em outros a proteção do réu.
> Ao se perceber a razão de ser dos ditos pressupostos processuais, torna-se claro que eles não são requisitos para o julgamento do mérito ou para uma decisão sobre o mérito, mas condições para a concessão da tutela jurisdicional do direito.
> [...]
> Em resumo: a falta de pressuposto processual apenas impede o julgamento do mérito quando instituído em favor do *interesse público*. Quando o mérito for favorável ao réu, a ausência de pressuposto voltado à sua proteção não retira do juiz o dever de proferir sentença de improcedência, *de modo que a ausência de pressuposto impedirá a tutela do direito material, mas não o julgamento do mérito*. Porém, sendo o mérito favorável ao autor, a concessão da tutela jurisdicional do direito somente será possível quando o pressuposto negado tiver o fim de lhe proteger[130]."[131]

Como se viu, o tempo e a legislação deram razão às ponderações de Teixeira de Sousa, haja vista sua proposta ter sido acolhida no Código de Processo Civil hoje vigente (em Portugal e no Brasil), numa perspectiva de todo congruente com uma visão constitucionalmente adequada do processo, que exige do intérprete e do aplicador do direito uma interpretação funcional dos pressupostos processuais[132], conectada com a

Esta visão parece imprecisa, pois há certos pressupostos processuais que constituem verdadeiramente requisitos para a validade do processo (e não apenas da sentença), como ocorre com a nulidade da citação.

[130] Exemplo dessa situação seria o caso de um menor que entra com ações de alimentos sem estar representado por seu genitor (incapacidade processual). Para Marinoni, seria contrário ao sentido do processo deixar de conceder a tutela judicial em função do óbice processual, que se impôs no ordenamento processual justamente para proteger esse mesmo menor.

[131] Luiz Guilherme Marinoni, "A função dos "pressupostos processuais"", 90.

[132] Osvaldo Alfredo Gozaíni, *Derecho Procesal Constitucional*, 103. Nas efende do Professor da Universidade de Buenos Aires: "*en efende, el acceso a la justicia desde la perspectiva constitucional significa conceder a toda persona el derecho a la jurisdicción y a tener un proceso donde debatir y resolver los conflictos que le afligen. Pero, en otra dimensión, no lleva a significar que toda pretensión tenga que ser admitida y contradicha sin más trámite, pues existen poderes y deberes judiciales que imponen el análisis de los presupuestos procesales*" (p. 107).

garantia do devido processo (em suas múltiplas facetas, como o acesso à jurisdição, o contraditório, a ampla defesa e o juízo natural, entre outros, para que a jurisdição cumpra sua função de forma justa e equitativa).

Desse histórico, pode-se concluir, sim, que a inobservância da forma não deve ser vista como um óbice intransponível ao exame do mérito. Mas decorre desse mesmo raciocínio que nem sempre a apreciação do conteúdo deve prevalecer sobre a forma. É fundamental, pois, investigar o sentido e a função dos pressupostos para verificar se prescindir desse exame serve realmente às finalidades do processo.

Certamente, a prática forense mostrará que esse exame é mais complexo do que se imagina.

No julgamento proferido em 24/1/2019, no processo 1250/12, o STJ-pt, por exemplo, deixou de aplicar o princípio da prevalência do julgamento do mérito na seguinte situação: uma Herança Ilíquida (que se pretendia qualificar como Herança Jacente, o que foi afastado pelo Tribunal) ajuizou sobre uma execução na qual ficou, por isso, configurada nos autos falta de personalidade judiciária (capacidade de ser parte). Tendo a ação sido julgada **parcialmente** procedente (em primeira e segunda instâncias), entendeu o STJ-pt que não poderia ter havido julgamento de mérito, superando-se a falta de pressuposto processual da personalidade judiciária (que se entende proteger o interesse do próprio autor), de modo que foram cassadas as decisões das instâncias inferiores para declarar a absolvição de instância[133].

[133] Supremo Tribunal de Justiça, Acórdão de 24/1/2019, no processo 1250/12.2TBVCD-A.P1.S1, que teve o seguinte sumário:
"I – Não pode reconhecer-se personalidade judiciária a uma herança que não corresponda ao conceito de herança jacente. II – A norma constante da parte final do n. 3 do art. 288º do CPC anterior à Lei n. 41/2013 – equivalente ao n. 3 do art. 278º do atual CPC – privilegia a prolação de decisões de mérito, em detrimento das de natureza formal, visando impedir que a real possibilidade de resolução de litígios seja prejudicada por questões de ordem formal que desnecessariamente impeçam a obtenção da justiça material. III – O uso desta regra, pressupondo que a decisão de mérito possa ser proferida no momento em que o tribunal conheceria da falta do pressuposto processual, é limitado pela exigência de que o julgamento de mérito a emitir seja integralmente favorável à parte cujo interesse seja tutelado pela causa de absolvição da instância que assim se despreza. IV – Assumindo alguns pressupostos processuais a proteção de interesses de ordem pública enquanto outros têm em vista a salvaguarda dos interesses das partes, a prevalência da emissão da decisão de mérito em detrimento da de forma pode ter lugar apenas quando o pressuposto em falta possua esta última natureza. V – Sendo a exequente a parte cujo interesse se tutela pela causa de absol-

Lebre de Freitas e Isabel Alexandre, examinando especificamente a prevalência do exame da decisão de mérito em detrimento do pressuposto processual, são da opinião que não deve incidir o art. 278-2 por razão de economia processual, quando há possibilidade de a sentença de mérito ser revertida no tribunal, o que "obrigaria" o tribunal a extinguir o feito sem resolução de mérito (a proferir uma decisão de absolvição de instância). Por isso, Lebre de Freitas defende que deve se restringir "*a aplicação do preceito aos casos em que é escassa a margem de dúvida objetiva sobre o sentido da decisão, não se aplicando ele, nomeadamente, quando as questões fundamentais a resolver são de solução controvertida*"[134].

Essas situações mostram a dificuldade de aplicação prática da orientação disposta no Código de Processo Civil.

Numa outra vertente de reflexão, cabe indagar se a regra prevista no Código de Processo Civil deve ser automaticamente transposta para procedimentos regulados por leis específicas.

Tratando especificamente do processo coletivo, a reconstituição do argumento prestigiado pelo Código de Processo Civil (do Brasil e de Portugal) torna necessário pensar a função e o sentido que os pressupostos processuais assumem nas ações coletivas para verificar se é aplicável a orientação de que o juiz deve dar prioridade ao julgamento do mérito em detrimento do exame dos pressupostos processuais.

Em síntese (e como já dito), não se deve ceder à tentação de substituir o dogma da apreciação prévia dos pressupostos processuais pelo dogma da primazia do julgamento de mérito.

2.3 O sentido e a função dos pressupostos processuais nas ações coletivas

Como ocorre em qualquer processo, também no âmbito da ação coletiva deve o juiz examinar a satisfação dos requisitos atinentes aos pressupostos processuais, que tanto podem ser positivos – tais como a competência do juízo, a legitimidade das partes, o interesse de agir, a capacidade

vição da instância ignorada pela aplicação da norma referida em I, não lhe é inteiramente favorável a decisão de mérito que revoga a sentença na parte em que esta lhe reconhecera o direito a haver do executado juros de mora." (disponível em http://www.dgsi.pt/jstj.nsf/954f0ce6ad9dd8b980256b5f003fa814/ee3d4166a1c876d68025838c00586929?OpenDocument).

[134] José Lebre de FREITAS / Isabel ALEXANDRE, *Código de Processo Civil anotado*, 1, 565.

judiciária – como negativos – tais como a existência de coisa julgada ou de litispendência.

Também por força da aplicação subsidiária do Código de Processo Civil – em Portugal, por força do art. 12, n. 2, da LAP-pt,[135] no Brasil, em virtude do disposto no art. 19 da LACP-br e no art. 90 do CDC-br[136] –, caberia indagar sobre a aplicação do princípio da primazia do julgamento do mérito em detrimento dos pressupostos processuais nas ações coletivas. Em outras palavras: em que medida o processo coletivo deve, por exemplo, colocar em segundo plano o exame da legitimidade de uma associação em prestígio ao julgamento de mérito? Em face da constatação de que o autor não é representante adequado, deveria o juiz extinguir o feito sem resolução de mérito, ou deveria criar condições para que o mérito fosse apreciado?

Para Egon Bockmann Moreira, Andreia Cristina Bagatin, Sérgio Cruz Arenhart e Marcella Pereira Ferraro, caberia ao juiz privilegiar o julgamento de mérito também nas ações coletivas, como expressão do direito constitucional de acesso à justiça (art. 5º, inciso XXXV, CFRFB)[137].

Na visão desses autores, caberia ao juiz, em caso de vício em pressuposto processual, utilizar como regra geral o disposto no art. 5º, §3º, da LACP-br, segundo o qual, "*em caso de desistência infundada ou abandono da ação por associação legitimada, o Ministério Público ou outro legitimado assumirá a titularidade ativa*".

Cumpre reconhecer que essa leitura tem encontrado eco na jurisprudência do Superior Tribunal de Justiça, como destacam os aludidos autores. Nessa linha, por exemplo, decidiu a 2ª Turma do STJ, no julgamento do RESP 1.177.453, em acórdão cujo fragmento da ementa se transcreve:

[135] Segundo o dispositivo, "*a acção popular civil pode revestir qualquer das formas previstas no Código de Processo Civil*", do que decorre a compreensão de que a ação será ajuizada em princípio observando o procedimento comum de declaração previsto no CPC-pt.

[136] Dispõe o art. 19 da LACP-br: "Art. 19. Aplica-se à ação civil pública, prevista nesta Lei, o Código de Processo Civil, aprovado pela Lei n. 5.869, de 11 de janeiro de 1973, naquilo em que não contrarie suas disposições". E o art. 90 do CDC-br tem a seguinte redação: "Art. 90. Aplicam-se às ações previstas neste título as normas do Código de Processo Civil e da Lei nº 7.347, de 24 de julho de 1985, inclusive no que respeita ao inquérito civil, naquilo que não contrariar suas disposições".

[137] Egon Bockmann Moreira *et al.*, *Comentários à Lei de Ação Civil Pública*, 277-280.

> "5. De acordo com a leitura sistemática e teleológica das Leis de Ação Popular e Ação Civil Pública, fica evidente que o reconhecimento da ilegitimidade ativa para o feito jamais poderia conduzir à pura e simples extinção do processo sem resolução de mérito.
> 6. Isto porque, segundo os arts. 9º da Lei n. 4.717/65 e 5º, § 3º, da Lei n. 7.347/85, compete ao magistrado condutor do feito, em caso de desistência infundada, abrir oportunidade para que outros interessados assumam o pólo ativo da demanda."

A situação concreta trazida no julgamento do Superior Tribunal de Justiça nos autos do RESP 1.177.453 mostra a grande dificuldade de se presumir a pertinência do princípio da prevalência do julgamento do mérito, sem se examinar a função e o sentido dos pressupostos processuais[138].

[138] Eis o inteiro teor da ementa do acórdão, que bem explicita as circunstâncias do caso concreto:
"PROCESSUAL CIVIL. AÇÃO CIVIL PÚBLICA. MICROSSISTEMA DE TUTELA DE DIREITOS COLETIVOS (EM SENTIDO LATO). ILEGITIMIDADE ATIVA. APLICAÇÃO, POR ANALOGIA, DOS ARTS. 9º DA LEI N. 4.717/65 e 5º, § 3º, DA LEI N. 7.347/85. POSSIBILIDADE. ABERTURA PARA INGRESSO DE OUTRO LEGITIMADOS PARA OCUPAR O PÓLO ATIVO DA DEMANDA. EXTINÇÃO SEM RESOLUÇÃO DE MÉRITO. MEDIDA DE ULTIMA RATIO. OBSERVAÇÃO COMPULSÓRIA DAS REGRAS DE DISTRIBUIÇÃO DE COMPETÊNCIA ABSOLUTA.
1. Trata-se, na origem, de ação civil pública ajuizada pelo Conselho Regional de Medicina da Seccional do Rio Grade do Sul (CREMERS) contra o Estado do Rio Grande do Sul para discutir o direito de pacientes que escolherem pelo atendimento do SUS à opção de pagamento da chamada "diferença de classe" e à abstenção da exigência prévia de que passem por triagem em posto de saúde a fim de que seja, portanto, viabilizado o atendimento pelo médico escolhido pelos próprios pacientes.
2. A sentença reconheceu a ilegitimidade ativa ad causam da autarquia federal por considerar que, segundo a redação do art. 5º da Lei n. 7.347/85 vigente à época da propositura da demanda, as autarquias que intentassem ações como a presente deveriam comprovar a pertinência temática entre seus objetivos institucionais e o objeto da demanda. O acórdão recorrido reformou este entendimento, aplicando a nova redação do referido dispositivo, que franqueia às autarquias, de forma ampla e irrestrita – sem necessidade, pois, de pertinência temática –, a legitimidade ativa para propor ações civis públicas.
3. As conclusões ora impugnadas não merecem reforma, embora seja possível discordar da linha argumentativa desenvolvida pela origem.
4. O motivo de rever o entendimento sufragado pela sentença reside unicamente no fato de que, por se tratar de demanda que envolve direitos coletivos em sentido lato, há atração

do microssistema específico, formado basicamente – mas não exclusivamente – pelas Leis n. 4.717/65 (LAP), 7.347/85 (LACP) e 8.038/90 (CDC).
5. De acordo com a leitura sistemática e teleológica das Leis de Ação Popular e Ação Civil Pública, fica evidente que o reconhecimento da ilegitimidade ativa para o feito jamais poderia conduzir à pura e simples extinção do processo sem resolução de mérito.
6. Isto porque, segundo os arts. 9º da Lei n. 4.717/65 e 5º, § 3º, da Lei n. 7.347/85, compete ao magistrado condutor do feito, em caso de desistência infundada, abrir oportunidade para que outros interessados assumam o pólo ativo da demanda.
7. Embora as referidas normas digam respeito aos casos em que parte originalmente legítima opta por não continuar com o processo, sua lógica é perfeitamente compatível com os casos em que faleça legitimidade a priori ao autor. Dois os motivos que levam a esta assertiva.
8. Em primeiro lugar, colacione-se um motivo dogmático evidente, que diz respeito ao valor essencialmente social que impregna demandas como a presente, a fazer com que o Poder Judiciário deva se esmerar em, sempre que possível, ser condescendente na análise de aspectos relativos ao conhecimento das ações, deixando de lado o apego ao formalismo.
9. Normas específicas do microssistema em comento e indicativas do que a doutrina contemporânea convencionou chamar de princípio da primazia do conhecimento do mérito do processo coletivo é o próprio art. 5º, § 4º, da Lei n. 7.347/85, que é especialização do princípio da instrumentalidade das formas (art. 154 do CPC). Excertos de doutrina especializada.
10. Em segundo lugar, parece necessário lembrar um motivo pragmático. É que, diante da multifacetada gama de legitimados ativos para os feitos coletivos, a extinção sem exame de mérito normalmente implicará apenas na necessidade de ajuizamento de nova demanda, com mesmas causas de pedir e pedidos, o que significa apenas postergar o juízo meritório – a teor da formação de coisa julgada secundum eventum litis e secundum eventum probationis.
11. Poder-se-ia objetar que uma sucessão como a que se propõe causaria certo tumulto processual em razão de a parte originária forçar o deslocamento do feito para o âmbito da Justiça Federal.
12. Contudo, justamente em razão do amplo universo de legitimidados ativos ad causam, seria possível a manutenção do processamento e julgamento da causa nos moldes do art. 109 da Constituição da República vigente – poderiam assumir o pólo ativo o Ministério Público Federal ou a União, por exemplo.
13. Por óbvio, caso aparecessem apenas legitimados sem foro próprio, a competência recairia na Justiça Estadual, afinal as regras e princípios já enunciados não têm o condão de modificar norma peremptória de competência absoluta. Porém, no caso concreto, é impossível saber o destino da presente demanda pois o interesse de outros legitimados não foi aferido – o juízo sentenciante, em momento algum, abriu a oportunidade para que viessem a assumir o feito.
14. De mais a mais, veja-se o tortuoso percurso que seria forçado reconhecendo a ilegitimidade nos moldes pleiteados na pretensão recursal: atualmente, até mesmo a autarquia recorrida já teria legitimidade ativa ad causam, pela superveniência da Lei n. 11.448/07, o que equivaleria a dizer que estar-se-ia extinguindo um feito agora para permitir que

Como revela a ementa do citado julgado, a ação coletiva havia sido ajuizada na Justiça Federal por (um suposto) representante adequado que tinha prerrogativa de foro. Houvesse a ação sido ajuizada por outro ente legitimado, o processo provavelmente tivesse tramitado na Justiça Comum Estadual. Ou seja, a definição do ente legitimado afetava, no caso, a definição do órgão jurisdicional competente (competência absoluta), o que repercute no âmbito da garantia do juiz natural.

Mesmo que se considere que o juiz absolutamente incompetente pode remeter os autos para o juízo competente (solução não admitida na prática forense portuguesa, mas com algum acolhimento na prática forense brasileira), não se pode inferir que, no caso concreto, a melhor solução é deixar o juiz da causa verificar: i) se haverá algum ente com prerrogativa de foro com interesse de tomar a ação que o manterá como juiz competente; ii) haverá outro legitimado idôneo que justificará a remessa dos autos do processo para a Justiça competente; ou iii) não haverá um ente legitimado interessado na demanda, a justificar a extinção do processo sem resolução de mérito. A questão poderia ser mais facilmente resolvida dando conhecimento a todos os interessados de uma sentença de extinção sem resolução de mérito, para ser avaliada a possibilidade, conveniência e oportunidade de ajuizamento de nova ação.

De todo modo, tendo em vista a dogmática processual que se adotou neste estudo, é fundamental conectar os pressupostos processuais à luz da sua função e finalidade na relação processual.

Com essa premissa, distanciando-se do entendimento do Superior Tribunal de Justiça e da doutrina de Egon Bockmann *et al.*, considera-se que não é evidente que a prevalência do mérito sobre os pressupostos processuais se aplica de forma inequívoca ao regime das ações coletivas.

Pelo contrário, várias circunstâncias sugerem que não se pode transpor de forma automática para o âmbito da ação coletiva a compreensão do sentido e da função dos pressupostos processuais do processo individual regulado pelos Códigos de Processo Civil.

O objeto da lide – que envolve interesses e direitos da coletividade – coloca em dúvida a possibilidade de se identificar na ação coletiva

demanda idêntica, com partes, causas de pedir e pedidos literalmente idênticos, fosse ajuizada.

15. Recurso especial não provido." (STJ-br, Resp 1177453/RS, Rel. Ministro MAURO CAMPBELL MARQUES, SEGUNDA TURMA, julgado em 24/08/2010, Dje 30/09/2010).

interesse "privado" da parte processual ao examinar os pressupostos processuais[139]. Este aspecto é relevante por constituir o critério fundamental, no âmbito da teoria de Teixeira de Sousa acolhida pelo Código de Processo Civil, para se defender a primazia do julgamento do mérito (saber se o pressuposto processual defende interesse privado da parte ou interesse público do Estado).

O exame do regime processual das ações coletivas conduz à conclusão de que está em causa uma ação de interesse público. Na verdade, parece próprio assumir que as ações coletivas são litígios de interesse público por definição[140].

No Brasil, o exame do procedimento previsto na legislação confirma essa assertiva. Cite-se, por exemplo, o fundamento constitucional de conferir legitimidade ao Ministério Público para ajuizar ações coletivas que tratam de interesses coletivos e difusos[141], bem como interesses

[139] Osvaldo Alfredo GOZAÍNI, *Derecho Procesal Constitucional*, 123-125, aponta que a adequada compreensão da legitimação extraordinária pode ser mediada pela verificação da qualidade dos interesses e direitos submetidos à apreciação judicial. Nessa linha, podem-se contrapor categorias como interesse privado x interesse público, interesses individuais x interesses coletivos (e interesses difusos). A legitimação extraordinária de certas pessoas e entidades está geralmente associada aos interesses públicos, coletivos e difusos (não há uma relação de oposição ou complementação entre essas categorias, que apenas evidenciam que os interesses são múltiplos e multifacetados).

[140] A expressão litígio de interesse público é comumente associada ao clássico artigo de Abram Chayes, intitulado "Public Law Litigation", no qual o autor identifica, em 1976, o surgimento de um novo padrão de judicialização de conflitos, marcado pela reivindicação de políticas públicas. Comparando o padrão de conflito jurisdicional tradicional com aquele advindo da judicialização das políticas públicas, Chayes argumenta:
"[...] a concepção tradicional está relacionada a um sistema em que as relações sócio-econômicas são remetidas à esfera privada, enquanto o novo modelo está relacionado a um sistema de regulação das relações sociais e econômicas estabelecida por leis. Nesse novo sistema, a efetividade da lei é necessariamente implementação de uma política pública. A lide judicial se torna, de forma explícita, um fórum político e os Tribunais são mais um instrumento do processo político". Abram CHAYES, "The role of the judge in Public Law Litigation", *Harvard Law Review* 89/7 (may 1976) 1304, efende nossa.
Na presente pesquisa, quando se defende que a ação coletiva é um litígio de interesse público, a expressão não traduz apenas o fenômeno da judicialização de políticas públicas. O sentido é mais amplo, para descrever a situação que as ações coletivas colocam sob apreciação do Judiciário conflitos que alcançam a coletividade.

[141] O art. 129 da CFRB prevê expressamente a legitimidade do Ministério Público para defender interesses coletivos e difusos.

individuais homogêneos[142]. Além disso, é obrigatória a intervenção do Ministério Público nas ações que não ajuíze (na função de *custos legis*), conforme art. 5º, § 1º, da LACP-br e art. 92 do CDC-br.

O regime de indisponibilidade das partes processuais sobre o objeto litigioso também indica que o processo coletivo não pode ser visto sob uma ótica privatista. Este regime se faz perceber mediante os limites nos atos de disposição de vontade, como ocorre na transação ou na desistência. Com efeito, há restrições processuais à desistência da ação, pois o art. 5º, §3º, da LACP-br prevê que, "*em caso de desistência infundada ou abandono da ação por associação legitimada, o Ministério Público ou outro legitimado assumirá a titularidade ativa*". No que diz respeito à possibilidade de transação, o processo coletivo terá de ter em conta os estritos limites do disposto no art. 5º, § 6º, da LACP, segundo a qual "*os órgãos públicos legitimados poderão tomar dos interessados compromisso de ajustamento de sua conduta às exigências legais, mediante cominações, que terá eficácia de título executivo extrajudicial*". Nos termos da legislação, o órgão público (que tem legitimidade para firmar esse negócio jurídico) não pode abdicar ou renunciar a direitos que não lhe pertencem, mas está habilitado a transigir em relação à forma e ao prazo para a concretização do direito[143].

Em Portugal, os poderes especiais do juiz, concedidos pela LAP-pt, se justificam justamente "*por estar em causa a dimensão objectiva da defesa do interesse público e de valores com evidente relevo social e comunitário*", destacando-se o regime especial de indeferimento da petição inicial (art. 13º), da iniciativa probatória própria do juiz (art. 17º), a possibilidade de atribuir efeito suspensivo a recurso (art. 18º) e a possibilidade de mitigar a formação da coisa julgada material *erga omnes* (art. 19º)[144].

[142] Os direitos individuais homogêneos são direitos individuais tratados coletivamente. A legitimidade do Ministério Público para efende-los radica, na visão do Supremo Tribunal Federal, não na indisponibilidade desses direitos (direito do consumidor, por exemplo, não é direito indisponível), mas na circunstância de que são interesses socialmente relevantes, conforme art. 127 da CRFB. Vide julgamento do STF-br no RE 631111, no regime da repercussão geral, Rel. Min. Teori Zavascki, Tribunal Pleno, julgado em 07/08/2014, Dje 30/10/2014.

[143] A nota fundamental do Termo de Ajustamento de Conduta é a consensualidade em relação aos meios disponíveis para a tutela dos interesses coletivos. Cf. Egon Bockmann Moreira *et al.*, *Comentários à Lei de Ação Civil Pública*, 371-372.

[144] José Eduardo Figueiredo Dias, "Os Efeitos da Sentença na Lei da Acção Popular", 57.

A previsão no art. 13 da LAP-pt de um "*regime especial de indeferimento da petição inicial*" mostra a importância do juízo de admissibilidade da ação:

> "Artigo 13º
> Regime especial de indeferimento da petição inicial
> A petição deve ser indeferida quando o julgador entenda que é manifestamente improvável a procedência do pedido, ouvido o Ministério Público e feitas preliminarmente as averiguações que o julgador tenha por justificadas ou que o autor ou o Ministério Público requeiram."

À luz desse preceito, o juiz deve indeferir a inicial – extinguindo o processo por absolvição de instância (sem resolução de mérito) – diante da manifesta improbabilidade de procedência do pedido[145]. Na lógica do processo individual, esse tipo de situação não justifica um juízo de inadmissibilidade da ação, cabendo ao juiz proferir no momento próprio o julgamento de mérito (que, deve-se supor, tende a ser favorável ao réu)[146].

[145] Ângela Frota / Cristina Rodrigues de Freitas / Teresa Madeira, *Das acções coletivas em Portugal*. Portugal: Direção-Geral do Consumidor, 2007, 46-47. Examinando essa hipótese (do indeferimento liminar da petição inicial quando o tribunal entendera que a procedência do pedido nela formulado é manifestamente improvável), Miguel Teixeira de Sousa (*A legitimidade popular na tutela dos interesses difusos*, p. 229) comenta que: "Este controlo preliminar implica que a legitimidade popular (assim como, aliás, qualquer outro pressuposto processual) só deve ser apreciada depois de o tribunal formar um juízo sobre a probabilidade do êxito da acção popular. Esse tribunal realiza, portanto, um controle substantivo, ainda que perfunctório, antes de proceder a um controlo processual".

[146] No Brasil, não há dispositivo semelhante no regime geral das ações coletivas tratando de uma fase prévia para examinar a admissibilidade da ação (excetuando o procedimento da ação de improbidade administrativa, regulada pela Lei 8.429, de 1992, que prevê essa fase no art. 17, §8º).

Vale o registro, ainda, de que o Código de Processo Civil prevê até a possibilidade de julgamento liminar de improcedência do pedido, quando a ação não demandar instrução probatória e se verifique que a pretensão deduzida é contrária àquilo que a doutrina tem chamado de precedentes qualificados (enunciado de súmula do STF e do STJ, acórdão proferido no regime dos recursos repetitivos etc), ou se verifique a ocorrência de prescrição ou decadência, conforme disposto no art. 332. Trata-se de uma inovação polêmica do Código, cuja possibilidade de aplicação no regime das ações coletivas exige adequado escrutínio, que foge ao âmbito da presente pesquisa.

Por isso, não parece próprio conceber, no âmbito das ações coletivas, a existência de pressupostos processuais no interesse das partes. No contexto das ações coletivas – em razão da natureza dessas ações –, os pressupostos processuais são estabelecidos no interesse do Estado (interesse público).

Há várias razões para reconhecer que as ações coletivas, que veiculam um litígio de interesse público, exigem maior atenção e cuidado do Estado-juiz.

Primeiramente, a própria estrutura das ações coletivas, pela qual um representante adequado comparece em juízo para a defesa do interesse de uma coletividade. Considerando o risco que uma ação coletiva pode acarretar para a esfera jurídica da coletividade – que apenas por ficção jurídica se faz presente no processo –, cabe ser leniente no exame dos pressupostos processuais em homenagem à primazia do julgamento do mérito?

A possibilidade de formação de uma coisa julgada material contra toda a coletividade, mesmo que seja *secundum eventum litis*, deve inibir a prolação de uma sentença de mérito em ações coletivas mal ajuizadas, porque mal endereçadas, por carência de fundamentação jurídica (que caracterize a hipótese de manifesta improcedência do pedido) ou por outros vícios próprios do exame dos pressupostos processuais.

Justamente porque a parte da relação processual não coincide com a parte da relação de direito material, não parece adequado transpor o princípio da primazia do julgamento de mérito para os processos de índole coletiva[147].

[147] Sob essa perspectiva, cabe refletir sobre o entendimento do Supremo Tribunal de Justiça no acórdão proferido em 14/1/2015, no processo 870/08. No que se refere à prioridade do julgamento de mérito em face dos pressupostos processuais, o Supremo Tribunal de Justiça, entendeu que a ilegitimidade ativa (reconhecida nas instâncias ordinárias, no sentido de que o autor não tinha legitimidade extraordinária para defender a anulação de cláusulas de convenções coletivos de trabalho) não obstava a um julgamento de mérito de improcedência. Eis o sumário do acórdão:
"De acordo com os princípios reitores da economia processual e da prevalência da decisão de fundo sobre a de mera forma, ínsitos na redação conferida pelo DL 180/96, de 25 de setembro, ao artigo 288º, n.3, do CPC e mantidos no artigo278º, n.3, do NCPC [aprovado pela Lei 1/2013, de 26 de junho], a simples ocorrência de uma exceção dilatória não suprida não deverá conduzir irremediavelmente à absolvição da instância, antes, se o pressuposto processual em falta se destinar à tutela do interesse de uma das partes, se outra circunstân-

Na adequada tutela do interesse da coletividade, não se deve presumir ser preferível insistir-se numa ação ajuizada por um representante inadequado (para haver um julgamento de mérito) a extinguir-se o processo sem resolução de mérito (e aguardar o ajuizamento de nova ação). Por força do regime da coisa julgada, não se pode desprezar o risco que a coletividade corre com ações ajuizadas por representantes inadequados que sejam assumidas no curso da demanda por outros entes legitimados[148]. A pretexto de se evitar a extinção do processo, pode-se aumentar o risco de uma sentença de mérito de improcedência[149].

A visão daqueles que ignoram esse risco assenta-se numa premissa implícita de que o juiz teria "superpoderes" para apreciar o mérito das ações em favor da coletividade, a despeito da atuação do demandante. Ocorre que o juiz não tem capacidade institucional para suprir a deficiente atuação das partes processuais em função da imparcialidade (mesmo que se reconheçam poderes instrutórios ao juiz, esses poderes não podem desnaturar a visão do juiz como terceiro imparcial ao conflito). Nem mesmo o Ministério Público tem condições para, mediante a sua atuação, alterar os limites da lide posta.

cia não obstar a que se conheça do mérito e se a decisão a proferir dever ser inteiramente favorável à parte em cujo interesse o pressuposto fora estabelecido, faculta-se ao juiz o imediato conhecimento do mérito da causa."

Cabe indagar se a questão alusiva à ilegitimidade ativa é efetivamente de interesse das partes, tendo em conta a natureza coletiva desse litígio (mesmo que não se trate de uma ação regulada pela LAP-pt).

[148] Miguel Teixeira de Sousa (*A legitimidade popular na tutela dos interesses difusos*, p. 230) parece não convergir com esse entendimento quando afirma que:

"A legitimidade popular é um pressuposto processual que não requer uma apreciação prévia quando o tribunal estiver em condições de proferir uma decisão de mérito absolutória. A legitimidade popular não só satisfaz as condições requeridas pelo art. 288º, n. 3, 2ª parte, CPC para a dispensa da apreciação prévia, como não deve ser apreciada quando o tribunal indefira a petição inicial por não considerar provável a procedência da acção popular (cfr. art. 13º LPPAP). Assim, aquela legitimidade só constitui um pressuposto de uma decisão de procedência da acção popular, pelo que, por exemplo, não se justifica discutir se a associação demandante possui legitimidade processual se não existe a pretensão à omissão que ela invoca em juízo e não importa verificar se ela reúne os requisitos formais para propor a acção popular que, por falta de fundamentação, deve ser julgada improcedente".

[149] Como alerta Antonio GIDI, *A class action como instrumento de tutela coletiva dos direitos*, 130, "é possível repropor a mesma ação coletiva com base em nova prova, mas não com base em uma melhor argumentação ou fundamentação".

Efetivamente, em face das características do processo coletivo, insiste-se na tese de que se deve emprestar rigor ao exame dos pressupostos processuais, considerando que a tolerância no exame dos pressupostos processuais se justifica apenas quando eles foram estabelecidos no interesse das partes, fundamento não disponível nas ações coletivas.

Mas o devido processo legal não deve ser examinado apenas na perspectiva do autor. Com efeito, deve-se evitar incorrer no viés que Cândido Rangel Dinamarco denominou como "*processo civil do autor*". Como bem lembra Dinamarco, "*a tutela jurisdicional é conferida ora ao autor e ora ao réu [...], ela é sempre conferida a pessoas e não a direitos*" [150]. E prossegue o processualista:

> "Essa conceituação de tutela jurisdicional e definição de seus destinatários são de primordial importância na processualística moderna, sobretudo porque trazem em si a afirmação de que o processo civil não é algo que se faça necessariamente em benefício do autor, mas sempre com vista à pacificação dos litigantes dando tutela a quem tiver razão. A ciência moderna repudia a falsa ideia de um processo civil do autor."[151]

No âmbito do direito constitucional, José Afonso da Silva, referindo-se ao princípio da proteção judicial efetiva (art. 5º, inciso XXXV, da CFRB), propõe nesse sentido um importante e ainda atual alerta:

> "O art. 5º, XXXV, consagra o direito de invocar a atividade jurisdicional como direito público subjetivo. Não se assegura, aí, apenas o direito de agir, o direito de ação. Invocar a jurisdição para a tutela de direito é também direito daquele contra quem se propõe a ação"[152].

Atento à posição do demandado, é preciso ter em conta o impacto que uma ação coletiva tem na sua esfera jurídica. Como se viu anteriormente, a União Europeia reconhece o risco que uma ação coletiva pode ter na reputação de uma empresa, ou mesmo a possibilidade de a ação ser um veículo para que um concorrente prejudique outro.

[150] Cândido Rangel Dinamarco, *Instituições de Direito Processual Civil*, I, 110.
[151] Cândido Rangel Dinamarco, *Instituições de Direito Processual Civil*, I, 110.
[152] José Afonso Silva, *Comentário contextual à Constituição*, 6ª ed., São Paulo: Malheiros, 2009, 132.

Assim, porque deve haver um mínimo de simetria no tratamento do processo, não parece adequado cogitar flexibilizar o exame dos pressupostos processuais apenas no interesse do demandante.

Por fim, a abrangência da tutela coletiva e a complexidade própria desses litígios – seja no âmbito da cognição dos fatos, seja no âmbito das teses jurídicas envolvidas – traz à baila a já referida ponderação de Lebre de Freitas e Isabel Alexandre, no sentido de que, devido à dinamicidade da relação processual, pode-se deixar de aplicar o princípio da primazia do julgamento do mérito por razões de celeridade processual.

Todas essas circunstâncias conduzem à conclusão de que – examinando justamente a função dos pressupostos processuais – faz mais sentido conceber a apreciação desses requisitos como indisponíveis para o juiz do que tentar assimilá-los à visão do processo individual de que podem eles tender à proteção da posição processual das partes.

Nesse quadro, a previsão contida na legislação brasileira, no art. 5º, §3º, da LACP-br (já transcrito, segundo o qual "*em caso de desistência infundada ou abandono da ação por associação legitimada, o Ministério Público ou outro legitimado assumirá a titularidade ativa*"), presume que o autor da ação coletiva seja considerado representante adequado, não sendo esse dispositivo suficiente para justificar leniência do juiz em relação ao exame dos pressupostos processuais.

Nas ações coletivas, os poderes do juiz na condução do processo ganham especial relevo e, à luz do que aqui se defende, possuem particular envergadura na apreciação dos pressupostos processuais.

2.4 Conclusões parciais

Portanto, é possível concluir que sustentar hoje que o controle da representação adequada das associações constitui etapa necessária e indispensável para a admissão da ação coletiva requer superar a visão corrente de que o compromisso do processo contemporâneo com o julgamento de mérito não é um dogma válido em qualquer circunstância.

Para demonstrar essa realidade, procurou-se aqui resgatar a profícua discussão sobre a função e o sentido dos pressupostos processuais, a partir da premissa de que a leitura constitucionalmente adequada do formalismo processual exige do intérprete interpelar a finalidade das formas e verificar em que medida elas prestam ou não serviço ao devido processo legal.

As especificidades próprias do processo coletivo justificam que sobre ele haja um juízo rigoroso sobre o preenchimento dos pressupostos processuais, seja para resguardar a esfera jurídica dos substituídos, seja para garantir o devido processo do réu.

3. O INSTITUTO DO ABUSO DO DIREITO COMO PRINCÍPIO PROCESSUAL

No Brasil, o instituto do abuso do direito encontra-se no art. 187, segundo o qual, "[t]*ambém comete ato ilícito o titular de um direito que, ao exercê-lo, excede manifestamente os limites impostos pelo seu fim econômico ou social, pela boa-fé ou pelos bons costumes*". De forma análoga, o Código Civil português, ao tratar do abuso do direito no art. 334º, estabelece que "é ilegítimo o exercício de um direito, quando o titular exceda manifestamente os limites impostos pela boa fé, pelos bons costumes ou pelo fim social ou económico desse direito".

No plano processual, o CPC-br de 2015, nos seus arts. 77 a 81, mantém texto análogo ao disposto nos arts. 14 a 18 do Código anterior, sendo, contudo, mais rigoroso no que se refere à aplicação das sanções pecuniárias, para coibir a litigância de má-fé. Não previu uma regra geral para coibir o abuso do direito, mas estabeleceu regras gerais de boa-fé e cooperação (Arts. 5º e 6º), o que tem justificado a conclusão de que o instituto do abuso do direito ganhou maior abrangência e estatura no plano processual. Em Portugal, o CPC-pt de 2013, de forma semelhante, estabelece, no seu art. 8º, o dever geral de boa-fé e, no art. 7º, o dever de cooperação, prevendo ainda, nos arts. 531º, 542º e 543º, regras específicas para coibir a litigância de má-fé.

Em síntese, observa-se que ambos os Códigos de Processo não dispõem de dispositivo legal expresso que preveja, na forma de princípio, uma cláusula geral para coibir o abuso do processo (a litigância abusiva).

A despeito disso, a doutrina e a jurisprudência têm considerado que o sistema processual prevê uma norma geral que veda o abuso do processo.

No Brasil, a doutrina processual encara o instituto do abuso do direito como expressão (concretização) do princípio da boa-fé processual[153]. Fredie Didier Jr., por exemplo, afirma que "*qualquer abuso do direito no processo é proibido pela incidência do princípio da boa-fé processual*"[154]. O processualista, após comentar acerca das regras processuais específicas que tratam do abuso de direito processual, assevera que "*o princípio da boa-fé, no entanto, proíbe atipicamente qualquer abuso de direito processual, que, assim, passa a ser um ilícito processual atípico*"[155].

Em Portugal, tem-se entendido que, nas situações não abrangidas pelas regras processuais específicas previstas na litigância de má-fé, teria lugar a aplicação da norma geral que coíbe o abuso de direito do processo[156]. De fato, na vigência do Código de Processo Civil de 1961, a Direção-Geral da Política de Justiça (DGPJ) em Portugal elaborou, em 2010, um relatório de avaliação do regime jurídico da litigância de má-fé, tendo constatado que, para além das regras previstas nos arts. 456 a 459, haveria outros institutos concebidos para combater a prática de atos que deturpassem as finalidades do processo. Sobre o abuso do direito, o aludido relatório sinaliza:

> "O abuso de direito perfila-se, assim, a par do regime jurídico da litigância de má fé, como mais um instrumento jurídico passível de ser utilizado para responsabilizar a prática culposa de actos processuais ou a violação de deveres adjectivos, transcendendo, porém, em muito, as margens estreitas da litigância de má fé, porquanto, em termos materiais, é potencialmente aplicável a qualquer violação da boa fé, dolosa ou negligente, desde que existam danos, quaisquer que eles sejam."[157]

[153] Cassio Bueno, *Manual de Direito Processual Civil,* 3ª ed., São Paulo: Saraiva, 2017, 100-101extrai a vedação ao abuso do processo do princípio da boa-fé objetiva previsto no art. 5º do CPC-br.

[154] Fredie Didier Jr, *Curso de Direito Processual Civil,* vol. 1, 17ª ed., Salvador: Ed. Jus Podivm, 2011, 111.

[155] Fredie Didier Jr, *Curso de Direito Processual Civil,* vol. 1, 111.

[156] Branco, Susana Antas Fernandes Videira et al. A avaliação do regime jurídico da litigância de má-fé em Portugal, Revista Direito GV, SÃO PAULO 10(1), pp. 347-364, jan-jun2014. P. 352.

[157] DIREÇÃO-GERAL DA POLÍTICA DE JUSTIÇA (DGPJ). Regime jurídico da litigância de má-fé: estudo de avaliação de impacto. Lisboa: Ministério da Justiça de Portugal,

Considerar a aplicação do instituto do abuso do direito no âmbito do processo não é, todavia, algo que se possa reputar natural ou evidente por si mesmo. Para além da autonomia do processo civil (campo do direito público) em relação ao direito civil (campo do direito privado), poder-se-ia objetar que a projeção do abuso do direito como princípio no campo processual representaria uma extrapolação não permitida pelo direito positivo e uma perigosa incursão do processo num caminho autoritário, em especial considerando a garantia constitucional do acesso à justiça, prevista no texto constitucional de ambos os países.

Essa objeção é, portanto, relevante e merece ser enfrentada, para avaliar-se se é possível conferir à norma que veda o abuso do direito no âmbito do processo civil estatura de princípio.

Para essa finalidade, a seguir se expõe brevemente o instituto do abuso do direito e da sua expressão imediata na ordem processual, na figura da litigância de má-fé, cabendo, ainda, enfrentar a discussão sobre a possibilidade de conceber, no plano da teoria do direito e da teoria do processo, o princípio que veda a litigância abusiva.

3.1 O abuso do direito: breve exposição sobre a origem e o sentido do instituto no Brasil e em Portugal

A teoria do abuso do direito tem sólida base dogmática e legislativa no direito moderno[158] e está intrinsecamente relacionada com a concepção

2010a, disponível em <https://dgpj.justica.gov.pt/Portals/31/Estudos%20AIN%20DGPJ/Litigancia_ma_fe_novembro_2010.pdf>, acesso em 14/11/2020.

Para identificar a forma como a litigância de má-fé é tratada em outros ordenamentos jurídicos, a DGPJ elaborou um relatório a partir de questionários respondidos por 11 Países, no âmbito da Rede e Cooperação Legislativa dos Ministérios da Justiça da União Europeia. Confira-se o documento:

DIREÇÃO-GERAL DA POLÍTICA DE JUSTIÇA (DGPJ). Anexo 2: mecanismos previstos noutros ordenamentos jurídicos. Regime jurídico da litigância de má-fé: estudo de avaliação de impacto. Lisboa: Ministério da Justiça de Portugal, 2010b. Disponível em <https://dgpj.justica.gov.pt/Portals/31/Estudos%20AIN%20DGPJ/Contributos_RCLUE.pdf>, acesso em 14/11/2020.

[158] Conforme percucientemente observado por Luis Alberto Warat, *Abuso del derecho y lagunas de la ley,* Argentina: Ediciones Olejnik, 2019, 35-36, o desenvolvimento da doutrina do abuso do direito exige, como pré-condição, a conformação dos direitos subjetivos e a separação entre legislação (ato de elaborar o direito) e jurisdição (ato de dizer o direito). No direito romano, por exemplo, não haveria espaço para o surgimento da teoria do abuso

de direito subjetivo, com antecedentes históricos no direito romano[159] e no direito medieval[160].

A teoria do abuso do direito surge e consolida-se, no âmbito do direito privado (juntamente com a teoria do desvio de poder, no domínio do direito público), no contexto histórico-social do liberalismo da segunda metade do século XIX[161]. A discussão do abuso do direito travou-se, inicialmente, no seio da responsabilidade civil[162], cujo campo ganhou grande fôlego a partir do século XIX e, principalmente, no primeiro quartel do século XX, no contexto de as relações sociais e eco-

do direito, como se estrutura hoje, porque a necessidade de adaptar o exercício de direitos às necessidades da vida social era mediada pelo juízo de equidade feito pelo pretor.
Manuel ATIENZA / Juan RUIZ MANERO, *Ilícitos atípicos: sobre o abuso de direito, fraude à lei e desvio de poder*, trad. Janaína Roland Matilda, São Paulo: Marcial Pons, 2014, 33, por seu turno, assinalam que o desenvolvimento do instituto do abuso do direito tem forte conexão com o direito continental europeu. No common law, apesar de a expressão *abuse of rights* ou *abuse of freedom* integrar o vocabulário jurídico (mais conectado com o âmbito da liberdade de expressão), as situações que tratamos como abuso do direito são resolvidas pela técnica do *distinguishing* que o common law confere a qualquer juiz. Para os autores, "essa faculdade de revisibilidade das regras à luz de suas justificações tornou desnecessária a figura do abuso no *common law* – de maneira análoga ao ocorrido no Direito Romano".

159 Embora seja frequente afirmar que o direito de propriedade romano era absoluto e ilimitado, anti-social e egoísta, foi no âmbito desse instituto que provavelmente surgiu o germe da noção de abuso de direito. De fato, na marcha evolutiva do direito romano – como acentua Adalício Coelho NOGUEIRA, *Introdução ao Direito Romano*, vol. 2, Rio-São Paulo: Forense, 1971, 59 – foi sendo abrandada a sua rigidez: "Não é pois incorreto dizer que, já entre os romanos a função social da propriedade começou a revelar-se." Álvaro D'ORS, *Derecho Privado Romano*. 2ª ed., Pamplona: Ediciones Universidad de Navarra, 1973, 174-177, enxerga uma reminiscência daquilo que hodiernamente é chamado de abuso de direito em certas limitações à propriedade decorrentes do interesse público.

160 A teoria moderna do abuso de direito encontra inspiração na doutrina da emulação, que bem vinha sintetizada na glosa "*quod aliis noceat et sibi non prosit non licet*" (o que prejudica os outros e não é útil para si não é lícito) e cuja elaboração deve ser atribuída aos juristas medievais (José Carlos Moreira ALVES, *Direito Romano*, Vol. 1., 10ª ed., Rio de Janeiro: Forense, 1996, 289).

161 Fernando Augusto Cunha de SÁ, *Abuso do Direito*, Coimbra: Almedina, 1997, 49-50.

162 Esta assertiva não desfigura o entendimento aqui defendido de que o abuso do direito é fonte de responsabilidade civil, mas não é uma espécie de responsabilidade civil. Sobre o assunto: Cunha de SÁ, *Abuso do Direito*, 496-514 e 625-650. Entre os nossos, parece que Antônio CHAVES, *Tratado de Direito Civil. Parte Geral*, t. 2, 3ª ed., São Paulo: RT, 1982, 1516, entende que o ato abusivo se fundamenta na responsabilidade civil.

nômicas oriundas do desenvolvimento industrial e mercantil já não serem satisfatoriamente reguladas pela noção clássica de ilícito[163].

Sua aplicação espalhou-se pelo direito de propriedade – valendo frisar-se o direito de vizinhança –, pelo direito das obrigações, especificamente negócios jurídicos (em todas as suas fases), pelo direito processual civil (na execução e no abuso do direito de ação) e, mais modernamente, pelo direito econômico, com o importante conceito do abuso de poder econômico.

Em síntese, concebe-se o ato abusivo como aquele que formalmente se apresenta como lícito, por ser um exercício abstratamente regular do direito, mas por força de alguma circunstância (intenção de prejudicar, por exemplo) é uma espécie de ilícito[164]. No entender de Cunha de Sá:

> "Com efeito, que o mesmo comportamento, como diz Giorgianni, seja juridicamente valorado ao mesmo tempo como permitido e como disforme de uma específica obrigação normativa é, na realidade, contraditório; todavia, se há incompatibilidade lógica em pensar que se tem direito a comportar-se de certo modo e que, simultâneamente, se está normativamente obrigado a não se comportar daquele mesmo modo, já não há certamente incompatibilidade lógica em pensar que um comportamento seja qualificado como 'possível' ou 'autorizado' e que se tenha ao mesmo tempo um limite inerente à qualificação normativa em termos de possibilidade ou de autorização."[165]

No Brasil, o instituto do abuso do direito ganhou destaque com sua positivação no Código Civil de 2002[166]. Imbuído "*do espírito de com-*

[163] Foi neste contexto, assim, que se incorporaram, como fontes da responsabilidade civil, a teoria do risco causado, da imprevisão e do abuso do direito Cf. Pedro Baptista MARTINS, *O Abuso do Direito e o Ato Ilícito*, 3ª ed., Rio de Janeiro: Forense, 1997, 157.

[164] Para Louis JOSSERAND, *De L'esprit des Droits et de leur Relativité: Theorie dite de l'Abus des Droits*, 2ª ed., Paris: Dalloz, 1939, 406-407, ocorreria abuso do direito sempre que o exercício do direito não estivesse pautado pelo legítimo motivo de sua existência.

[165] Cunha de SÁ, *Abuso do Direito*, 330-331.

[166] Não obstante a dogmática e a jurisprudência já tratassem do tema na vigência do Código Civil de 1916, a partir do disposto no seu art. 160 ("Art. 160. Não constituem atos ilícitos: I. Os praticados em legítima defesa ou no exercício regular de um direito reconhecido"), compreendendo o abuso do direito como fonte de responsabilidade civil.

preensão ética da realidade sócio-econômica"[167], assim foi regulado o assunto na legislação:

> "Art. 187. Também comete ato ilícito o titular de um direito que, ao exercê-lo, excede manifestamente os limites impostos pelo seu fim econômico ou social, pela boa-fé ou pelos bons costumes."

De forma análoga, o Código Civil português, ao tratar do abuso do direito no art. 334º, estabelece que "é ilegítimo o exercício de um direito, quando o titular exceda manifestamente os limites impostos pela boa fé, pelos bons costumes ou pelo fim social ou económico desse direito".

Enunciando o abuso do direito nos termos referidos, poder-se-ia restringir a incidência do instituto apenas no campo do direito subjetivo: o abuso do direito revela-se dentro do direito subjetivo, como resultado de uma contradição entre o exercício do direito e os elementos valorativos desse direito subjetivo (que são a legítima expressão do interesse social)[168]. Numa perspectiva mais ampla, no entanto, pode-se conceber, como faz Menezes Cordeiro referindo-se ao direito português, o abuso do direito não apenas como uma expressão do direito subjetivo, mas como "*exercício de posições jurídicas*". Para o jurista português, abuso do direito é "*uma mera designação tradicional para o que se poderia dizer 'exercício disfuncional de posições jurídicas*'"[169], sendo um instituto puramente objetivo (sem necessidade de apurar a intenção do agente)[170].

[167] Exposição de motivos do Código Civil do Brasil de 2002.

[168] Cunha de Sá, *Abuso do Direito*, 403.

[169] Nas palavras de Antonio Menezes Cordeiro, "Do abuso do direito: estado das questões e perspectivas", *Revista da Ordem dos Advogados* 65 (Setembro de 2005) 380:
"*'Abuso do direito' é, como temos repetido, uma mera designação tradicional, para o que se poderia dizer 'exercício disfuncional de posições jurídicas'. Por isso, ele pode reportar-se ao exercício de quaisquer situações e não, apenas, ao de direitos subjectivos. De facto e em boa hora, cada vez menos surgem afirmações de inaplicabilidade do regime do abuso do direito ... por não haver um direito subjectivo.*"
Assim explica o seu entendimento de "disfucionalidade" Menezes Cordeiro: "A conduta contrária ao sistema é disfuncional. A disfuncionalidade intra-subjectiva constitui a base ontológica do abuso do direito. Um sistema jurídico postula um conjunto de normas e princípios de Direito, ordenado em função de um ou mais pontos de vista. Esse conjunto projecta um sistema de acções jurídicas – portanto de comportamentos que, por se colocarem como actuações juridicamente permitidas ou impostas, relevam para o sistema. O não-acatamento das imposições e o ultrapassar do âmbito posto às permissões contraria o sistema: há disfunção [...]. O abuso do direito reside na disfuncionalidade de comportamentos jurídicos-

Anota Menezes Cordeiro que, na prática jurídica atual e à luz da legislação vigente[171], a proibição do abuso do direito se concretiza hoje mediante cinco subinstitutos: *venire contra factum proprium*, inalegabilidade formal, *suppressio*, *tu quoque* e desequilíbrio no exercício. Segundo o jurista português, todas essas expressões adensam o princípio da boa-fé[172].

Na perspectiva do "*venire*", é abusiva a conduta (omissiva ou comissiva) do agente que contradiz seu comportamento anterior[173], quando há uma quebra de confiança legítima gerada pela conduta anterior[174].

-subjectivos por, embora consentâneos com normas jurídicas permissivas concretamente em causa, não confluírem no sistema em que estas se integrem." (p. 377-378).

Menezes Cordeiro defende que o abuso do direito se desligue da ideia de direito subjetivo, para surgir como uma instância geral do controle dos exercícios jurídicos. Para ilustrar uma situação de abuso do direito para além do direito subjetivo, será abusiva a conduta do devedor que, a pretexto de cumprir a obrigação na residência do credor (invocando o art. 777º/1 do Código Civil Português), se apresenta às quatro da madrugada. Há abuso do direito de uma posição jurídica (p. 331.)

170 Antonio Menezes Cordeiro, *Litigância de má-fé, abuso do direito de ação e culpa 'in agendo'*, 3ª ed. Coimbra: Almedina, 2016, 132. O autor entende o abuso do direito ordinariamente como uma expressão da boa-fé, mas considera que "os grupos típicos de atuação abusiva usualmente referidos e os próprios princípios mediantes de concretização da boa-fé não esgotam as possibilidades criativas do sistema, nem, consequentemente, as possibilidades de abuso do direito" (p. 132). Também entendemos que o abuso do direito não se exaure no instituto da boa-fé.

171 Como bem destaca Menezes Cordeiro, "Do abuso do direito", 333, é importante, do ponto de vista metodológico, no tratamento do tema, observar a positividade do instituto. Em vista disso, o jurista português anota que é preciso ver com atenção a bibliografia (mesmo que clássica) e a jurisprudência (pontual) produzida em Portugal antes de 1966, quando o instituto ainda não havia sido positivado. Em Portugal, o abuso do direito teve dois grandes momentos: a partir de 1966, com o advento do art. 334º do Código Civil de Portugal (Código Vaz Serra), mas que teve escassa aplicação prática, e a partir de 1985, quando "a concretização do abuso do direito passa a fazer-se em um ritmo crescente" (*ibid.*, 344-348).

172 Menezes Cordeiro, "Do abuso do direito", 328-329.

173 "O primeiro e, porventura, mais impressivo tipo de actos abusivos organiza-se em torno da locução *venire contra factum proprium* ou, mais simplesmente, *venire* [...]. Estruturalmente, o *venire* postula duas condutas da mesma pessoa, lícitas em si, mas diferidas no tempo. Só que a primeira – o *factum proprium* – é contradita pela segunda – o *venire*. O óbice que justificaria a intervenção do sistema residiria na relação a de oposição que, entre ambas, se possa verificar." (Menezes Cordeiro, "Do abuso do direito", 350).

Paulo Mota Pinto, após expor que, na doutrina e na jurisprudência portuguesa, a proibição do *venire* tem sido localizada dentro dos quadros do abuso do direito, reconhece que "no nosso sistema jurídico o instrumento com maiores virtualidades para fundamentar legalmente a proibição de um *venire contra factum proprium* é o instituto do abuso de direito,

No que se refere à inalegabilidade formal, trata-se de uma espécie de *venire*, no plano das nulidades formais, para censurar, como abusiva, a sua invocação pela parte que lhe deu causa. Tendo em vista a gravidade de que se revestem as nulidades no sistema jurídico, o seu campo de aplicação seria bem mais restrito[175].

consagrado no artigo 334º do Código Civil" (p. 317). Mas, após apresentar as "zonas de intersecção" dos institutos do abuso do direito e da boa fé, pondera Paulo Mota Pinto, "Sobre a Proibição do Comportamento Contraditório *(Venire Contra Factum Proprium)* no Direito Civil", *Boletim da Faculdade de Direito* 75 (2003) 322 (na verdade, apresenta como hipótese de trabalho a ser tratada em investigações futuras) que "a boa fé constitui um padrão mais próximo e talvez mais adequado para proibir o *venire contra factum proprium* do que a simples e genérica invocação do abuso de direito – instituto com vocação específica para traduzir, como dissemos, um último e irrecusável nível de funcionalização dos direitos à realização dos interesses capazes de justificar o seu reconhecimento ao titular".

[174] Para Menezes Cordeiro, o princípio da confiança surge como uma mediação entre a boa-fé e o caso concreto. Adverte o jurista que a tutela da confiança, na falta de preceitos normativos específicos, só deve operar quando se mostrem presentes pressupostos especiais, para que não se criem restrições indevidas à liberdade e à inovação. Nesse sentido, enumera o jurista quatro proposições para a incidência da tutela da confiança, apoiada na boa-fé:
"1º. Uma situação de confiança conforme com o sistema e traduzida na boa-fé subjectiva e ética, própria da pessoa que, sem violar os deveres de cuidado que ao caso caibam, ignore estar a lesar posições alheias;
2º. Uma justificação para essa confiança, expressa na presença de elementos objetivos capazes de, em abstracto, provocar uma crença plausível;
3º. Um investimento de confiança consistente em, da parte do sujeito, ter havido um assentar efectivo de atividades jurídicas sobre a crença consubstanciada;
4º. A imputação da situação de confiança criada à pessoa que vai ser atingida pela proteção dada ao confiante: tal pessoa, por acção ou omissão, terá dado lugar à entrega do confiante em causa ou ao fator objetivo que a tanto conduziu."
Para Menezes Cordeiro, "Do abuso do direito", 351, não haveria hierarquia entre esses quatro pressupostos nem precisariam todos de estar presentes numa situação concreta, consoante a intensidade que surja num deles.

[175] Nos termos do Código Civil de Portugal (art. 220º), a não observância da formalidade legal conduz à nulidade, de modo que há dificuldade em cogitar que os efeitos dessa nulidade não sejam pronunciados em função do comportamento do agente (sendo mais fácil pensar no nível da responsabilização patrimonial). Menezes Cordeiro, no entanto, entende ser possível preterir exigências formais em situações extremas, com a demonstração de que incide na espécie (sujeito a ponderações), além dos 4 fundamentos do *venire*, os seguintes:
"1º Devem estar em jogo apenas os interesses das partes envolvidas; não, também, os de terceiros de boa fé;
2º. A situação de confiança deve ser censuravelmente imputável à pessoa a responsabilizar;
3º O investimento de confiança deve ser sensível, sendo dificilmente assegurado por outra via" (Menezes Cordeiro, "Do abuso do direito", 355).

A *suppressio* (supressão) é a forma de abuso do direito para impedir, em nome da boa-fé, o exercício de posição jurídica pelo agente que não a tenha exercido antes, por certo tempo e em certas circunstâncias. Nas palavras de Menezes Cordeiro, "*a suppressio é uma forma de tutela do beneficiário, confiante na inacção do agente*", uma "*espécie de venire, em que o factum proprium seria constituído por uma inacção*"[176].

Tu quoque seria a situação abusiva em que o agente viola uma norma jurídica e, posteriormente, busca tirar proveito dela para (i) fazer prevalecer a situação jurídica daí decorrente, (ii) exercer a posição jurídica que havia violado, ou (iii) exigir a outrem o acatamento da situação já violada. Para Menezes Cordeiro, essa expressão do abuso do direito e da boa-fé inspira diversas regras jurídicas positivadas na legislação civil (art. 126º. – o menor não pode invocar a nulidade do negócio jurídico que dolosamente firmou; art. 342º/2 – que consagra a inversão do ônus de provar quando a parte tiver culposamente tornado impossível a prova pela contraparte; art. 570º/1 – a culpa do lesado pode reduzir ou excluir a indenização[177]), sendo que o vetor mais promissor para o instituto está em regras específicas (devendo ter uma aplicação restrita no ordenamento jurídico).

O desequilíbrio no exercício das posições jurídicas constitui um tipo extenso e residual de atuação contrária à boa-fé e se qualifica como ato abusivo nas situações em que o titular, exercendo um direito formal, o faz atentando contra vetores fundamentais do sistema jurídico, observada a materialidade subjacente à posição jurídica[178]. Como exemplo, Menezes Cordeiro cita uma decisão que negou a possibilidade de a parte invocar (por reputar abusiva) a exceção do contrato não cumprido sem levar em conta a gravidade do descumprimento.

Pela dicção do disposto no art. 187 do CC-br e no art. 334º do CC-pt, pode-se entender que o abuso do direito é um ato ilícito, que se carac-

[176] Justamente por pressupor uma inação do agente, o modelo decisório, para tutelar a confiança legítima do beneficiário, é mais complexo, devendo passar pelas seguintes proposições, na visão de Menezes Cordeiro, "Do abuso do direito", 358:
"– um não-exercício prolongado; – uma situação de confiança, daí derivada; – uma justificação para essa confiança; – um investimento de confiança; – a imputação da confiança ao não-exercente".

[177] Menezes Cordeiro, "Do abuso do direito", 359-360.

[178] Menezes Cordeiro, "Do abuso do direito", 361.

teriza pela aparência de licitude porque a conduta é formalmente aceita pelo ordenamento jurídico, mas materialmente é desconforme ao direito pela afronta à boa-fé[179], aos bons costumes[180] e aos fins sociais ou econômicos do direito. Não obstante haja uma zona de intersecção entre o abuso do direito e a boa-fé (existência de condutas qualificadas como abusivas que possam ser consideradas também violadoras do princípio da boa-fé), deve-se reconhecer a diferenciação dos institutos[181].

Considerando o disposto na legislação, Jorge Manuel Coutinho de Abreu apresenta o seguinte critério para compreender o instituto do abuso do direito:

> "Há abuso de direito quando um comportamento [ação ou omissão], aparentando ser exercício de um direito, se traduz na não realização dos

[179] A doutrina distingue dois sentidos de boa-fé. A boa fé subjetiva, compreendida como "um estado ou situação de espírito que se traduz no convencimento da licitude de certo comportamento ou na ignorância da sua ilicitude, resultando de tal estado consequências favoráveis para o sujeito do comportamento", e a boa-fé objetiva, que "se apresenta como princípio (normativo e/ou geral de direito) de actuação", no sentido de que "as pessoas devem ter um comportamento honesto, correcto, leal, nomeadamente no exercício dos direitos e deveres, não defraudando a legítima confiança ou expectativa dos outros". A boa-fé objetiva e a subjetiva se revelam em diversos dispositivos específicos da legislação (Jorge Manuel Coutinho de Abreu. *Do abuso de direito.* Coimbra: Almedina, 1999, 55-59).

[180] Jorge Manuel Coutinho de Abreu qualifica "bons costumes" como "consciência moral dominante, revelando uma moral objetiva (sentido ético imperante na comunidade social), não se confundindo com a moral subjetiva, a religiosa ou filosófica. Para o autor, a afronta aos bons costumes representa uma violação grosseira à boa-fé, de modo que esse conceito poderia estar compreendido naquele, evitando-se operar com mais um conceito jurídico indeterminado (Coutinho de Abreu. *Do abuso de direito*, 63-67).

[181] Assim defende Coutinho de Abreu. *Do abuso de direito*, 62, a diferenciação entre os institutos, criticando a definição legal contida no art. 334º do CC-pt:

"[...] o abuso do direito, como o próprio nome indica e a experiência confirma, talhou-se para certos exercícios (embora aparentes) dos direitos (embora entendidos muito latamente). Por outro lado, o princípio da boa fé, apesar de se revelar principalmente em 'hipóteses típicas' relacionadas com o exercício de direitos, não deixa de actuar também no cumprimento das obrigações. Mais, este princípio vale para todo o comportamento juridicamente relevante das pessoas. Portanto, dadas as diferenças de conteúdo e extensão de ambos os princípios, melhor seria se o art. 334º tivesse nascido mais criterioso, e melhor será que, quando se esteja perante casos sitos na alçada da boa-fé, se façam as devidas discriminações – mesmo que se invoque (ou tenha de invocar-se) o referido artigo".

Em abono do seu entendimento, Coutinho de Abreu, *ibid.*, 62-63, n. 126, cita Vaz Serra, para quem preferível seria distinguir os dois institutos e, quando houvesse ofensa ao dever de boa-fé, não valeria a pena falar de abuso do direito..

interesses pessoais de que esse direito é instrumento e na negação de interesses sensíveis de outrem"[182].

No mesmo sentido de Menezes Cordeiro, Alexandre Dartanhan de Mello Guerra propõe que o abuso do direito, no contexto normativo brasileiro, seja compreendido como exercício disfuncional de uma situação jurídica. Em suas palavras, "é uma disfunção valorativa no processo de exercer um direito", que se manifesta quando são ultrapassados os limites da boa-fé, dos bons costumes e das próprias finalidades socioeconômicas do direito a ser exercido[183].

Configurada a ocorrência do abuso do direito, variadas consequências jurídicas podem surgir, destacando-se (na didática exposição de Menezes Cordeiro): (i) a supressão do direito [suppressio]; (ii) a cessação do concreto exercício abusivo; (iii) o dever de restituir (em espécie ou em equivalente pecuniário); e (iv) o dever de indenizar (quando se verifiquem os pressupostos da responsabilidade civil, com relevo para a culpa)[184].

É com essa visão abrangente que cabe examinar o instituto no plano do processo civil.

3.2 O abuso do direito no processo civil: uma mera projeção da litigância de má-fé?

Segundo Menezes Cordeiro, um exame dos antecedentes históricos do abuso do direito mostra que uma das linhas de desenvolvimento do instituto residiu na lide temerária:

> "Em várias concretizações, o Direito romano sancionaria práticas processuais abusivas: no sentido de prosseguirem fins supra ou extraprocessuais ou de procurarem provocar danos na contraparte ou em terceiros. Todas elas confluiriam, no período justinianeu, numa figura conjunta

[182] Coutinho de Abreu. *Do abuso de direito*, 43.

[183] Alexandre Dartanhan de Mello Guerra, "Responsabilidade civil por abuso do direito: ensaio por uma compreensão contemporânea do exercício disfuncional do direito, in Nelson Rosenvald / Marcelo Milagres, org., *Responsabilidade Civil: novas tendências*, São Paulo: Editora Foco, 2017, 115.

[184] Como o instituto do abuso do direito não dá lugar apenas ao dever de indenizar, não cabe situá-lo como um instituto de responsabilidade civil (Antonio Menezes Cordeiro, *Litigância de má-fé*, 133-134).

que, hoje, poderemos designar 'abuso do processo'. Mais tarde: litigância de má-fé."[185]

Todavia, é importante entender qual a expressão o abuso do direito encontra na ordem processual moderna e no estatuto processual vigente.

No Brasil, no plano processual, Humberto Theodoro Júnior relata que o abuso do direito processual procurou inicialmente apoio nos princípios do direito civil, dada a ausência de uma sistematização no âmbito do direito processual, até o advento do Código de Processo Civil Nacional de 1939 (Decreto-Lei 1.608, de 18.9.1939), que trouxe uma previsão específica sobre o instituto, nos seus arts. 3º e 63[186]. Conforme acentua Humberto Theodoro Júnior:

> "Embora com diversos traços comuns ao abuso de direito material, o abuso de direito processual, à luz do Código de 1939, merecia da doutrina análise que lhe destacava contornos e detalhes próprios. Catalogavam-se como modalidades do referido abuso em relação ao processo civil: I) o dolo, a respeito do qual se distinguia o dolo substancial e o instrumental; 2) a temeridade; 3) a fraude, sob as formas de processo aparente e simulado; 4) a emulação; 5) o capricho; 6) o erro grosseiro; 7) a violência; 8) a protelação do feito; 9) a falta ao dever de dizer a verdade; 10) o anormal uso do poder de disposição do processo"[187].

[185] Menezes CORDEIRO, "Do abuso do direito", 335-336.

[186] Confiram-se os seguintes dispositivos do CPC brasileiro de 1939:
"Art. 3º Responderá por perdas e danos a parte que intentar demanda por espírito de emulação, mero capricho, ou erro grosseiro. Parágrafo único. O abuso de direito verificar-se-á, por igual, no exercício dos meios de defesa, quando o réu opuzer, maliciosamente, resistência injustificada ao andamento do processo".
"Art. 63. Sem prejuízo do disposto no art. 3º, a parte vencida, que tiver alterado, intencionalmente, a verdade, ou se houver conduzido de modo temerário no curso da lide, provocando incidentes manifestamente infundados, será condenada a reembolsar à vencedora as custas do processo e os honorários do advogado. § 1º Quando, não obstante vencedora, a parte se tiver conduzido de modo temerário em qualquer incidente ou ato do processo, o juiz deverá condená-la a pagar à parte contrária as despesas a que houver dado causa. § 2º Quando a parte, vencedora ou vencida, tiver procedido com dolo, fraude, violência ou simulação, será condenada a pagar o décuplo das custas. § 3º Se a temeridade ou malícia for imputável ao procurador o juiz levará o caso ao conhecimento do Conselho local da Ordem dos Advogados do Brasil, sem prejuízo do disposto no parágrafo anterior."

[187] Humberto THEODORO JÚNIOR, "Abuso de direito processual no ordenamento jurídico brasileiro", in José Carlos Barbosa MOREIRA, coord., *Abuso dos direitos processuais*, Rio de Janeiro: Forense, 2000, 94.

No Código de Processo Civil de 1973, regulando-se a litigância de má-fé, evitou-se "*a invocação genérica dos vícios do ato processual à luz da nomenclatura do direito civil (dolo, coação, simulação, fraude, etc.)*", mas deu-se "*maior expressão ao dever de veracidade*" e ao "*dever de probidade*" aos que intervenham no processo (partes, juiz e todos aqueles que atuem no processo)[188], recaindo esse dever com maior intensidade sobre os atos das partes e seus procuradores[189]. Ainda segundo Humberto Theodoro Júnior, "*a sanção aplicável ao litigante temerário, ou de má-fé, não é necessariamente a sucumbência na demanda*", mas sim sanções pecuniárias: a imposição de responder por perdas e danos (Art. 16), honorários advocatícios e as despesas do prejudicado (art. 18)[190].

Conforme já antecipado, o Código de Processo Civil brasileiro de 2015, nos seus arts. 77 a 81, prescreve regras que tratam da litigância de má-fé, dispondo sobre situações processuais não toleradas pelo sistema processual das quais pode resultar a aplicação de sanções pecuniárias[191].

Com efeito, nos arts 77 e 78 do CPC-br, estipulam-se vários deveres para as partes, seus procuradores e todos os que participem no processo, tais como: expor os fatos em juízo conforme a verdade; não formular pretensão ou apresentar defesa quando estiverem cientes de que ambas essas situações são destituídas de fundamento; não praticar atos inúteis ou desnecessários. Nos arts. 79 e 80, o Código dispõe sobre a responsabilidade das partes que litigarem de má-fé e causarem dano processual, estabelecendo que o litigante de má-fé deverá pagar multa e indenizar a parte contrária pelos prejuízos sofridos com os honorários advocatícios e com as despesas efetuadas. Entre as condutas que constituem má-fé listam-se, por exemplo, usar o processo para conseguir um objetivo ilegal, opor resistência injustificada ao andamento do processo, proceder de modo temerário em qualquer incidente ou ato do processo, provocar

[188] Humberto THEODORO JÚNIOR, "Abuso de direito processual no ordenamento jurídico brasileiro", 97-100.

[189] A respeito do ponto, dispunha o art. 14 acerca dos deveres de veracidade e probidade impostos às partes e procuradores e o art. 16 sobre condutas que configuravam litigância de má-fé.

[190] Humberto THEODORO JÚNIOR, "Abuso de direito processual no ordenamento jurídico brasileiro", 101.

[191] João Alberto de ALMEIDA / Frederico Ribeiro LAMÊGO, "O papel do juiz no combate ao abuso do direito processual", *Rev. Fac. Direito UFMG* 71 (jul./dez. 2017) 313-339.

incidente manifestamente infundado e interpor recurso com intuito manifestamente protelatório.

Em Portugal, a caracterização da má-fé prevista no Código de Processo Civil de 1939 (art. 465) era no sentido de sancionar apenas as condutas dolosas e não as temerárias (culpa grave). Como anotam José Lebre de Freitas e Isabel Alexandre, a respeito do art. 465:

> "[...] era considerado litigante de má-fé, não só o que tivesse deduzido pretensão ou oposição cuja falta de fundamento não podia razoavelmente desconhecer, mas também o que tivesse conscientemente alterado a verdade dos factos ou omitido factos essenciais e o que tivesse feito do processo ou dos meios processuais um uso manifestamente reprovável, com o fim de conseguir um objetivo ilegal, entorpecer a ação da justiça ou impedir a descoberta da verdade. A primeira expressão, interpretada isoladamente, dir-se-ia sancionar a parte que tivesse proposto a ação, ou se tivesse defendido na ação contra si proposta, com um fundamento cuja falsidade, se procedesse diligentemente, não desconheceria, ainda que de facto lhe fosse desconhecido. Interpretada, porém, no contexto, tinha antes o sentido de referir o significante, que se manifestava ao juiz, em vez do significado, e este era a consciência da parte de não ter razão. Por isso, em 1961, passou a dizer-se 'cuja falta de fundamento não ignorava'".[192]

Na vigência do Código de Processo Civil de 1961, o art. 456 passou a sancionar a litigância dolosa e a litigância temerária (negligência grave), a partir da orientação tomada pelo DL320-A, de 1995. O CPC-pt de 2013, mantendo o que estava estabelecido no CPC-pt de 1961 (com alterações promovidas pelo DL 329-A/1995 e DL 180/1996), também sanciona a litigância de má-fé quando prevê, no artigo 542º, que a litigância de má-fé será repelida com o pagamento de multa[193] e de indenização (esta última, se a parte contrária pedir), qualificando como litigante de má-fé quem, com dolo ou negligência grave, tiver: a) "*deduzido pretensão ou oposição cuja falta de fundamento não devia ignorar*"; b) "*alterado a verdade dos factos ou omitido factos relevantes para a decisão da causa*"; c) "*praticado omissão grave do dever de cooperação*"; d) "*feito do processo ou dos meios proces-*

[192] José Lebre de FREITAS / Isabel ALEXANDRE, *Código de Processo Civil anotado*, 2, 456.

[193] A multa é fixada dentro dos limites estabelecidos pelo art. 27 do Regulamento de Custas.

suais um uso manifestamente reprovável, com o fim de conseguir um objetivo ilegal, impedir a descoberta da verdade, entorpecer a ação da justiça ou protelar, sem fundamento sério, o trânsito em julgado da decisão", sendo esta última hipótese uma cláusula aberta para sancionar condutas indevidas.

Como se pode observar, a consequência jurídica para as situações de abuso de direito processual (pelo prisma da violação da boa-fé processual) provocadas pelas partes e seus procuradores está ordinariamente no plano da condenação ao pagamento de multas e indenizações[194].

Deve-se mencionar ainda, como consequências processuais derivadas de situações de abuso de direito processual, pelo menos no Brasil, a concessão de tutelas provisórias de cunho antecipatório (em função do abuso de direito de defesa[195]), o julgamento abreviado do mérito da ação (rejeição liminar de pedidos manifestamente infundados[196]) ou a criação de entraves à interposição de recursos (recolhimento de multas e indenizações como condição para recorrer)[197].

Em Portugal, também merece menção o artigo 531º do CPC-pt, que estabelece que o juiz pode excecionalmente aplicar taxa sancionatória, "*quando a ação, oposição, requerimento, recurso, reclamação ou incidente seja manifestamente improcedente e a parte não tenha agido com a prudência ou diligência devida*"[198]. Interessante previsão consta nos artigos 618º e 670º do CPC-pt, por meio dos quais se busca inibir condutas protelatórias das partes em virtude dos provimentos jurisdicionais[199].

[194] No âmbito do processo civil português, esta é a conclusão de Luciana Ferreira Gomes Pinto, *O abuso do direito de demandar*, Faculdade de Direito da Universidade de Coimbra – Dezembro de 2018, Dissertação em Ciências Jurídico-Civilísticas – menção em Direito Processual Civil, 54-59.

[195] *Vide* art. 273 do CPC73 e o art. 311 do CPC 2015).

[196] Art. 332 do CPC de 2015, que trata da improcedência liminar do pedido. Vide ainda o art. 918 do CPC de 2015, que trata da rejeição liminar de embargos protelatórios.

[197] Art. 1021, §5º, e Art. 1.026, §6º, do CPC 2015.

[198] Conforme salientam Lebre de Freitas / Isabel Alexandre, *Código de Processo Civil anotado*, 2, 431, com apoio na jurisprudência, a taxa sancionatória excecional visa apenas o descumprimento do dever de cooperação e diligência das partes. Essa sanção e a multa de litigância de má-fé visam reprimir comportamentos equivalentes, embora a taxa sancionatória excecional possa ser aplicada em função simplesmente da negligência.

[199] Eis os termos dos dispositivos legais:
"**Artigo 618º** (Defesa contra as demoras abusivas)
Nos casos em que não seja admissível recurso da decisão, é aplicável, com as necessárias adaptações, o disposto no artigo 670º.

Entende-se que esse conjunto de regras, no entanto, não exaure a repressão de condutas abusivas no processo.

Primeiro porque, conceitualmente, o instituto do abuso do direito não se confunde com o instituto da boa-fé, do qual deve decorrer, no plano processual, a distinção entre abuso do processo (abuso do direito de litigar ou litigância abusiva) e litigância de má-fé, mesmo que haja uma zona de intersecção entre aquele e esta. Segundo, porque o instituto do abuso do direito de litigar encontra expressão própria na ordem processual brasileira e portuguesa.

Isso merece ser demonstrado.

3.3 Compreendendo o abuso do direito como princípio do processo civil: das regras que sancionam a litigância de má-fé ao princípio que veda a litigância abusiva

À visão de que a ordem processual prestigia, como princípio, o impedimento do abuso do processo, poder-se-ia opor a de que o legislador, no exercício das suas atribuições constitucionais, decidiu coibir as condutas abusivas no processo por meio de regras específicas, sem se valer do

Artigo 670º (Defesa contra as demoras abusivas)
1 – Se ao relator parecer manifesto que a parte pretende, com determinado requerimento, obstar ao cumprimento do julgado ou à baixa do processo ou à sua remessa para o tribunal competente, leva o requerimento à conferência, podendo esta ordenar, sem prejuízo do disposto no artigo 542º, que o respetivo incidente se processe em separado. 2 – O disposto no número anterior é também aplicável aos casos em que a parte procure obstar ao trânsito em julgado da decisão, através da suscitação de incidentes, a ela posteriores, manifestamente infundados.
3 – A decisão da conferência que qualifique como manifestamente infundado o incidente suscitado determina a imediata extração de traslado, prosseguindo os autos os seus termos no tribunal recorrido.
4 – No caso previsto no número anterior, apenas é proferida a decisão no traslado depois de, contadas as custas a final, o requerente as ter pago, bem como todas as multas e indemnizações que hajam sido fixadas pelo tribunal.
5 – A decisão impugnada através de incidente manifestamente infundado considera-se, para todos os efeitos, transitada em julgado.
6 – Sendo o processado anulado em consequência de provimento na decisão a proferir no traslado, não se aplica o disposto no número anterior."
Pelo disposto no art. 618, se por exemplo, o juiz concluir que a parte pretende obstar ao trânsito em julgado da decisão valendo-se de um incidente manifestamente infundado, são aplicáveis as sanções do art. 670 (Lebre de Freitas / Isabel Alexandre, *Código de Processo Civil anotado*, 2, 747).

recurso ao princípio geral que veda o abuso do direito (como fez o legislador no direito civil).

Sem ignorar a posição de destaque do texto na interpretação do direito positivo, é certo que o texto legal só pode ser corretamente compreendido se visto como integrante de um ordenamento jurídico, observando-se que a compreensão das normas que impõem condutas decorre da reconstituição de diversos materiais jurídicos que não se exaurem num sistema de regras. Isto é, o texto é um ponto de partida (uma referência indispensável e necessária) no direito positivo, mas nunca um ponto de chegada, não se podendo criar uma sinonímia entre texto e norma, porquanto normas de conduta se revelam mediante diversos enunciados jurídicos, como regras e princípios[200].

Por isso, constituiria uma descrição pobre e insuficiente do ordenamento jurídico, que não apreenderia todo o campo da argumentação jurídica, compreender que a ausência de texto no âmbito dos Códigos de Processo Civil estatuindo que "*o juiz deve coibir a litigância abusiva*" (como ocorre, por exemplo, com o princípio da primazia do julgamento de mérito, cf. art. 4º CPC-br e art. 2º CPC-pt) afasta a existência desse princípio na ordem processual, como expressão e forma de proteção do devido processo legal.

[200] Conforme propõe a teoria analítica do direito, é preciso compreender os tipos de enunciados jurídicos que decorrem da linguagem do legislador e das formas empregadas pelos juízes, advogados, juristas e demais operadores do direito. Atienza e Manero apresentam uma tipologia dos enunciados jurídicos que, ao tratar das normas que regulam condutas, parte da distinção entre regras e princípios, fundamental na teoria do direito moderno. Como lembram os autores, essa fundamental distinção decorre do trabalho de Dworkin, que demonstrou que o positivismo jurídico não poderia ser descrito corretamente como um sistema de regras, dado que a argumentação jurídica também exigiria o recurso a princípios, como evidenciava a análise do caso *Riggs versus Palmer* (Manuel Atienza / Juan Ruiz Manero, *Las piezas del Derecho: teoria de los enunciados jurídicos*, 4ª ed., Barcelona: Ariel, 2007, 19-24.). Sobre o texto de Dworkin, mencionado por Atienza e Manero, trata-se do clássico artigo "Modelo de Regras", publicado originalmente na *University of Chicago Law Review*, em 1967, e que integra a obra *Levando os direitos a sério,* São Paulo: Martins Fontes, 2007, Cap. 2.
É preciso destacar que a teoria analítica aponta outros tipos de enunciados jurídicos, para além de regras e princípios (por exemplo, no plano normativo ganham evidência as regras constitutivas e que conferem poder; há ainda enunciados jurídicos valorativos). Foge ao propósito do presente estudo avançar nesta rica tipologia (por ser suficiente aos propósitos da pesquisa enunciar que o ordenamento jurídico não se resume a um sistema de regras), remetendo o leitor interessado para a obra referenciada.

Mas a circunstância de ser possível, em tese, conceber a existência do princípio que veda a litigância abusiva não conduz necessariamente à conclusão de que esse princípio efetivamente exista na ordem processual brasileira e portuguesa. Para se chegar a essa última conclusão, cabe demonstrar que ele é necessário para descrever corretamente a ordem processual e que tem função regulativa própria, sendo uma referência importante na argumentação jurídica.

Em Portugal, o princípio é referido pela jurisprudência e pela dogmática. Como anota Francisco Manuel Lucas Ferreira de Almeida, "*o Supremo Tribunal de Justiça entendeu já, por diversas vezes, que a proibição do abuso do direito, cominada no art. 334 do CC, consubstancia um princípio geral do direito, 'aplicável por isso, e também, no domínio do processo civil'*"[201].

Ilustrativo desse entendimento é o acórdão proferido em 16/10/2001 pelo Supremo Tribunal de Justiça no processo 827/02, sob a relatoria do Conselheiro Ferreira de Almeida, que tem o seguinte sumário:

> "I – A invocação da falta de citação para a acção declarativa como fundamento de embargos de executado, quando foi o próprio executado-embargante que se colocou voluntariamente na situação de não poder ser pessoalmente citado, traduz um verdadeiro abuso de meios processuais, na modalidade de 'venire contra factum proprium' contendo ínsita uma verdadeira intenção de prémio à relapsidão e à falta de colaboração com a justiça, bem como uma real preocupação de 'benefício do infractor'.
> II – O direito de embargar com tal fundamento surge assim como manifestamente ultrapassante dos 'limites impostos pela boa-fé, pelos bons costumes e pelo fim social ou económico do direito' na terminologia do artº 334 do C. Civil, disposição esta consubstanciadora de um verdadeiro princípio geral de direito, aplicável pois, e também, no âmbito do processo civil"[202].

No julgamento do processo 1274/03, em acórdão sob a relatoria do Conselheiro Moitinho de Almeida, o Supremo Tribunal de Justiça assim consignou:

[201] Francisco Manuel Lucas Ferreira de Almeida, *Direito Processual Civil*, Vol. 1, 3ª ed., Coimbra: Almedina, 2019, 137.

[202] STJ-pt, Acórdão proferido no processo n. 02B827 (processo de recurso 827/02), de 16/10/2001, unânime, Rel. Conselheiro Ferreira de Almeida.

"A proibição do abuso de direito é, pois, um princípio geral do direito, aplicável também no processo civil e cujas consequências são determinadas caso a caso de modo a que, em obediência a outro princípio, o da proporcionalidade, seja garantida a boa marcha do processo"[203].

[203] STJ-pt. Acórdão proferido em 24/4/2003 no processo 1274/03 (processo 04B882), Relator Conselheiro Moitinho de Almeida. Eis o sumário do acórdão:
"I – O contraditório previsto no artigo 704º do C.P.C., no sentido de que, quando entenda não conhecer do recurso deve o Relator ouvir sobre o assunto as partes, deve, por identidade de razão, ser assegurado quando a questão da admissibilidade do recurso é apreciada pelo tribunal.
II – Constitui abuso de direito o comportamento da recorrente que, sem qualquer interesse e depois de ter confirmado a qualidade de sucessor de determinada pessoa, vem recorrer da decisão que a considerou habilitada."
Em sua fundamentação, o acórdão registrou:
" Importa observar a este respeito, que o contraditório previsto no artigo 704º, do Código de Processo Civil, no sentido de que, quando entenda não conhecer do recurso deve o Relator ouvir sobre o assunto as partes, deve, por identidade de razão ser assegurado quando a questão da admissibilidade do recurso é apreciada pela Secção.
Tendo a questão da ilegitimidade da Recorrente sido suscitada nas contra-alegações do agravo e pretendendo dar-se acolhimento, devia a Relação ter ouvido a Recorrente. Verifica-se, porém, que o direito que a recorrente agora pretende fazer valer de anulação do acórdão recorrido é manifestamente abusivo. Trata-se de um venire contra factum proprium, a que não corresponde qualquer interesse que não seja o de protelar a execução.
Ora, como este Tribunal tem entendido, o abuso de direito corresponde a um princípio geral que tem cabimento no processo civil (entre outros, os acórdãos de 1 de Outubro de 1991, processo n.. 81030, e de 5 de Abril de 2001, agravo n.. 846/01).
Como se observa neste último acórdão, o direito processual contém hoje disposições que, para além da repressão da má-fé (artigo 456º, do Código de Processo Civil) e da utilização do processo para fins ilícitos (artigo 665º) impõem às partes e aos seus mandatários que pautem a respectiva conduta pelo respeito de deveres éticos: assim, o princípio da cooperação (artigo 266º), o dever de boa-fé (artigo 266-A) e o dever de recíproca correcção (artigo 266º-B). Como já se observou, o processo civil é hoje orientado pelo respeito de deveres numa sociedade orientada pela concessão de direitos aos cidadãos (a duty-oriented procedure in a rights-oriented society).
Esta orientação do nosso direito processual, aliás imposta pelo artigo 2º da Constituição que visa a realização de uma democracia económica, social e cultural e o aprofundamento da democracia participativa, não se compadece com a tolerância de abusos de direito em situações não expressamente previstas.
Tais abusos afectam os direitos dos cidadãos a uma tutela jurisdicional efectiva e a um processo justo, direitos consagrados no artigo 20º da constituição.
A proibição do abuso de direito é, pois, um princípio geral do direito, aplicável também no processo civil e cujas consequências são determinadas caso a caso de modo a que, em obediência a outro princípio, o da proporcionalidade, seja garantida a boa marcha do processo.
No caso dos autos a Recorrente não pode arguir a nulidade do acórdão recorrido."

No Brasil, o princípio também tem sido utilizado como importante instrumento para qualificar e coibir condutas processuais ilícitas, no âmbito do direito processual civil, em todas as fases (de conhecimento[204] e de execução[205]) e instâncias do processo[206], indo além da aplicação do instituto da litigância de má-fé.

[204] Exemplo interessante da utilização do instituto do abuso do direito se observou no julgamento proferido pelo STJ-br, no RESP 1.520.422, no qual se discutia a impossibilidade de o autor desistir da ação sem o consentimento do réu (art. 267, § 4º, do CPC). No caso julgado, considerou-se inválida a recusa apresentada pelo réu ao pedido de desistência por se considerar que "a resistência pura e simples, destituída de pertinente fundamento, importa abuso de direito, o que não pode ser aceito". Eis a ementa do julgado:
"AGRAVO REGIMENTAL EM RECURSO ESPECIAL – AÇÃO DE COBRANÇA DE DIFERENÇAS DE BENEFÍCIO DE PREVIDÊNCIA PRIVADA [...] 1. Desistência da ação após decorrido o prazo para resposta (§ 4º do artigo 267 do CPC). Consoante cediço nesta Corte, após o oferecimento da resposta, o autor não pode desistir da ação sem o consentimento do réu, devendo eventual recusa, contudo, ser devidamente fundamentada, não bastando a simples discordância, a fim de se afastar inaceitável abuso de direito." (AgRg no REsp 1520422/DF, Rel. Ministro Marco Buzzi, Quarta Turma, julgado em 23/06/2015, DJe 01/07/2015)

[205] Há decisões do STJ-br afastando a impenhorabilidade de um bem de família, por se considerar que "a proteção prevista na Lei n. 8.009/1990 não pode ser utilizada com abuso de direito". Nesse sentido:
"AGRAVO REGIMENTAL NOS EMBARGOS DE DECLARAÇÃO NO RECURSO ESPECIAL.
EXECUÇÃO DE TÍTULO EXTRAJUDICIAL. IMPENHORABILIDADE DO BEM DE FAMÍLIA. ABUSO DE DIREITO. DOAÇÃO FRAUDULENTA. AFASTAMENTO DA PROTEÇÃO. NECESSIDADE. FATO NOVO INCAPAZ DE INFLUENCIAR NA PRESENTE DEMANDA. AGRAVO REGIMENTAL DESPROVIDO.
1. Esta Corte Superior tem conferido a mais ampla proteção ao bem de família, promovendo, sempre que possível, a interpretação do art. 3º da Lei 8.009/90 mais favorável à entidade familiar, inclusive entendendo que a questão é matéria de ordem pública, suscetível de análise a qualquer tempo e grau de jurisdição.
2. A proteção, todavia, não pode ser utilizada para abarcar atos diversos daqueles previstos na Lei 8.009/1990, afastando-se a proteção quando verificada a existência de atos fraudulentos ou constatado o abuso de direito pelo devedor que se furta ao adimplemento da sua dívida, sendo inviável a interpretação da norma sem a observância do princípio da boa-fé, como ocorreu na presente hipótese. Precedentes [...]" (STJ-br, AgRg nos EDcl no REsp 1494394/SP, Rel. Ministro Marco Aurélio Bellizze, Terceira Turma, julgado em 16/06/2016, DJe 23/06/2016. No mesmo sentido: STJ-br, AgRg no REsp 1373654/RS, Rel. Ministro Ricardo Villas Bôas Cueva, Terceira Turma, julgado em 06/03/2018, DJe 12/03/2018)

[206] A Corte Especial do Superior Tribunal de Justiça, por exemplo, decidiu não conhecer de embargos de declaração, que era uma mera reiteração de recursos anteriores, por entender que havia abuso de direito. Confira-se a ementa do julgado:

Paradigmático, a respeito, o julgamento proferido pelo Superior Tribunal de Justiça, nos autos do RESP 1.817.845, no qual se reconheceu o instituto do abuso de direito de litigar "*não apenas em hipóteses previamente tipificadas na legislação, mas também quando configurada a má utilização dos direitos fundamentais processuais*", fixando-se indenização por dano moral em favor daqueles que sofreram os efeitos da litigância abusiva. A ementa do acórdão sintetiza bem a controvérsia e a solução jurídica dada ao caso:

> CIVIL E PROCESSUAL CIVIL. AÇÃO DE REPARAÇÃO DE DANOS MATERIAIS E MORAIS. [...] ABUSO DO DIREITO DE AÇÃO E DE DEFESA. RECONHECIMENTO COMO ATO ILÍCITO. [...].
> 1 – Ação ajuizada em 08/11/2011. Recursos especiais interpostos em 15/08/2014 e 19/08/2014.
> 2 – Os propósitos recursais consistem em definir: (i) se houve omissão ou obscuridade relevante no acórdão recorrido; (ii) se o ajuizamento de sucessivas ações judiciais pode configurar o ato ilícito de abuso do direito de ação ou de defesa; (iii) se o abuso processual pode acarretar

EMBARGOS DE DECLARAÇÃO NOS EMBARGOS DE DECLARAÇÃO NO AGRAVO INTERNO NO RECURSO EXTRAORDINÁRIO. INEXISTÊNCIA DE VÍCIO NO JULGADO. REDISCUSSÃO. IMPOSSIBILIDADE. ACLARATÓRIOS NÃO CONHECIDOS COM APLICAÇÃO DE MULTA.
1. A ausência, no acórdão, de quaisquer dos vícios previstos no art. 1.022 do Código de Processo Civil, torna inviável o acolhimento dos embargos declaratórios.
2. A insistência do embargante diante das sucessivas oposições de embargos de declaração contra o acórdão impugnado, revela não só o exagerado inconformismo, mas o seu nítido caráter protelatório, constituindo abuso de direito, em razão da violação dos deveres de lealdade processual e comportamento ético no processo, bem como do desvirtuamento do próprio postulado da ampla defesa, circunstâncias que autorizam a imposição de multa.
3. Embargos não conhecidos, com imposição de multa de 1% sobre o valor atualizado da causa." (STJ-br, EDcl nos EDcl no AgInt no RE nos EDcl no AgInt nos EAREsp 1248636/SP, Rel. Ministro Jorge Mussi, Corte Especial, julgado em 9/2/2021, DJe 17/02/2021).
Ao reconhecer na conduta do recorrente abuso do direito de recorrer, o Superior Tribunal de Justiça tem decidido em casos excepcionais pelo não conhecimento de petições posteriores, certificando-se o trânsito em julgado, com baixa dos autos ao Juízo de origem. Nesse sentido, por exemplo: AgInt no MS 25.247/DF, Rel. Ministro Napoleão Nunes Maia Filho, Corte Especial, julgado em 08/10/2019, DJe 17/10/2019; EDcl no AgRg no AREsp 1584234/SP, Rel. Ministro Joel Ilan Paciornik, Quinta Turma, julgado em 05/05/2020, DJe 14/05/2020; EDcl nos EDcl nos EDcl no AgInt nos EAREsp 1073431/SP, Rel. Ministra Laurita Vaz, Corte Especial, julgado em 26/11/2019, DJe 10/12/2019.

danos de natureza patrimonial ou moral; (iv) o termo inicial do prazo prescricional da ação de reparação de danos fundada em abuso processual.

[...]

4 – Embora não seja da tradição do direito processual civil brasileiro, é admissível o reconhecimento da existência do ato ilícito de abuso processual, tais como o abuso do direito fundamental de ação ou de defesa, não apenas em hipóteses previamente tipificadas na legislação, mas também quando configurada a má utilização dos direitos fundamentais processuais.

5 – O ardil, não raro, é camuflado e obscuro, de modo a embaralhar as vistas de quem precisa encontrá-lo. O chicaneiro nunca se apresenta como tal, mas, ao revés, age alegadamente sob o manto dos princípios mais caros, como o acesso à justiça, o devido processo legal e a ampla defesa, para cometer e ocultar as suas vilezas. O abuso se configura não pelo que se revela, mas pelo que se esconde. Por esses motivos, é preciso repensar o processo à luz dos mais basilares cânones do próprio direito, não para frustrar o regular exercício dos direitos fundamentais pelo litigante sério e probo, mas para refrear aqueles que abusam dos direitos fundamentais por mero capricho, por espírito emulativo, por dolo ou que, em ações ou incidentes temerários, veiculem pretensões ou defesas frívolas, aptas a tornar o processo um simulacro de processo ao nobre albergue do direito fundamental de acesso à justiça.

6 – Hipótese em que, nos quase 39 anos de litígio envolvendo as terras que haviam sido herdadas pelos autores e de cujo uso e fruição foram privados por intermédio de procuração falsa datada do ano de 1970, foram ajuizadas, a pretexto de defender uma propriedade sabidamente inexistente, quase 10 ações ou procedimentos administrativos desprovidos de fundamentação minimamente plausível, sendo que 04 destas ações foram ajuizadas em um ínfimo espaço de tempo – 03 meses, entre setembro e novembro de 2011 –, justamente à época da ordem judicial que determinou a restituição da área e a imissão na posse aos autores.

7 – O uso exclusivo da área alheia para o cultivo agrícola pelos 14 anos subsequentes ao trânsito em julgado da sentença proferida na primeira fase da ação divisória não pode ser qualificado como lícito e de boa-fé nesse contexto, de modo que é correto afirmar que, a partir da coisa julgada formada na primeira fase, os usurpadores assumiram o risco de

> reparar os danos causados pela demora na efetivação da tutela específica de imissão na posse dos legítimos proprietários.
> 8 – Dado que a área usurpada por quem se valeu do abuso processual para retardar a imissão na posse dos legítimos proprietários era de natureza agrícola e considerando que o plantio ocorrido na referida área evidentemente gerou lucros aos réus, deve ser reconhecido o dever de reparar os danos de natureza patrimonial, a serem liquidados por arbitramento, observado o período dos 03 últimos anos anteriores ao ajuizamento da presente ação, excluídas da condenação a pretensão de recomposição pela alegada retirada ilegal de madeira e pela recomposição de supostos danos ambientais, que não foram suficientemente comprovados.
> 9 – Considerando a relação familiar existente entre os proprietários originários das terras usurpadas e os autores da ação, o longo período de que foram privados do bem que sempre lhes pertenceu, inclusive durante tenra idade, mediante o uso desenfreado de sucessivos estratagemas processuais fundados na má-fé, no dolo e na fraude, configura-se igualmente a existência do dever de reparar os danos de natureza extrapatrimonial que do ato ilícito de abuso processual decorrem, restabelecendo-se, quanto ao ponto, a sentença de procedência.
> [...]
> 12 – Recursos especiais conhecidos e parcialmente providos."[207]

É certo, portanto, que o abuso do direito processual (a litigância abusiva) é reconhecido na prática jurídica brasileira e portuguesa como instituto com expressão normativa própria.

Poder-se-ia argumentar, como faz Michelle Taruffo, que essa prática constituiria um "abuso" no uso do "abuso do direito", sendo uma manifestação que não guarda respeito pelo devido processo legal. Nesta visão, a aspiração de ter a litigância abusiva como princípio na ordem processual seria uma anomalia, uma perversão do processo.

Nessa linha de entendimento, uma das dificuldades que se apresenta – ao considerar o abuso do processo como categoria geral no processo – é a de atentar contra a liberdade das partes e forjar um processo civil

[207] STJ-br, REsp 1817845/MS, Rel. p/ acórdão Ministra Nancy Andrighi, 3ª Turma, julgado em 10/10/2019, DJe 17/10/2019.

autoritário. A respeito do ponto, Michele Taruffo tem visto com apreensão o uso da categoria abuso de direito no processo, que, sob a aparência de uma onda moralizadora e ética do processo, tem derivado para uma prática autoritária do processo, criando um poder de controle arbitrário do juiz sobre as partes em situações em que elas se conduzem no âmbito do que a lei processual permite[208].

Não se olvida que possa haver o mau uso do instituto do abuso do direito. No entanto, cumpre reconhecer que o abuso do direito é instituto inerente aos sistemas jurídicos modernos, formados por regras e princípios, e caracteriza-se por ofender princípios jurídicos.

Diferentemente dos ilícitos típicos – condutas que contrariam regras que estatuem proibições ou obrigações –, o abuso do direito (ao lado da fraude à lei e do desvio de poder) constitui ilícito atípico, assim qualificado como ação tida por ilícita por contrariar princípios.

Nos ilícitos atípicos, ações que *prima facie* seriam permitidas se tornam ilícitas (por contrariarem uma norma mandato, que impõe uma obrigação ou uma proibição), em razão de afrontarem princípios jurídicos. É dizer, nos ilícitos atípicos, uma conduta que aparentemente estaria abrangida por uma regra permissiva é tida como ilícita porque, considerados todos os fatores, se verifica que as razões subjacentes à regra (razões que dão sentido à regra) não se fazem presentes. Os ilícitos atípicos são, portanto, condutas ilícitas que, mantendo um aparente respeito às regras correspondentes, são deslegitimadas por desrespeitarem os princípios que inspiram essas mesmas regras.

Nas palavras de Atienza e Manero:

> "Os ilícitos atípicos são ações que, *prima facie*, estão permitidas por uma regra mas que, uma vez consideradas todas as circunstâncias, devem ser consideradas proibidas.
>
> [...]
>
> A existência de ilícitos atípicos obedece a uma necessidade de coerência (coerência valorativa ou justificativa) do sistema jurídico: trata-se de que produza um ajuste entre a dimensão diretiva e a justificativa do Direito, entre as regras e os princípios"[209].

[208] Michele Taruffo, "Abuso del proceso", *Revista de la Maestría en Derecho Procesal* 6/2 (agosto-diciembre 2016) 25.

[209] Manuel Atienza / Juan Ruiz Manero, *Ilícitos atípicos*, 100-101.

A estrutura do abuso do direito e a de outros lícitos atípicos podem assim ser enunciada:

> "a) a existência, *prima facie,* de uma ação permitida por uma regra; b) a produção de um dano como consequência, intencional ou não, dessa ação; c) o caráter injustificado desse dano à luz do *balance* entre os princípios relevantes do sistema; d) a geração, a partir desse *balance,* de uma nova regra que limita o alcance da primeira, ao qualificar como proibidos comportamentos que, de acordo com aquela, aparentavam estar permitidos"[210]

Concebendo o direito para além de um sistema de regras (porque engloba, no plano regulativo, regras e princípios[211]), o instituto do abuso do direito configura, por assim dizer, um mecanismo de autocorreção do Direito, ou seja:

> "de correção do alcance de regras jurídicas permissivas que têm como destinatário o titular de um certo direito subjetivo, quando a aplicabilidade das regras se estende a casos nos quais sua aplicação resulta injustificada ao considerar os princípios jurídicos os quais determinam o alcance justificado das próprias regras"[212].

[210] Manuel Atienza / Juan Ruiz Manero, *Ilícitos atípicos*, 101.

[211] Conforme explicam Manuel Atienza / Juan Ruiz Manero, *Ilícitos atípicos*, 99-100: "Enquanto os princípios expressam diretamente os valores incorporados ao sistema jurídico e as diretivas que prima facie se derivam dos mesmos, as regras expressam, por meio de concretizações, as circunstâncias genéricas que constituem suas condições de aplicação, derivadas do balance entre os princípios relevantes em ditas circunstâncias. Essas concretizações contidas nas regras pretendem ser conclusivas e excluir, como base para adotar um curso de ação, a deliberação do destinatário acerca do balance de razões aplicáveis ao caso. Essa pretensão, contudo, resulta em ocasiões fracassada: quando aplicar a regra traz resultados inaceitáveis à luz dos princípios do sistema, os quais determinam a justificação e alcance da própria regra. Em tais casos, a pretensão conclusiva e excludente das regras fracassa e o ordenado ou permitido por elas alcança apenas um valor prima facie que se vê finalmente, uma vez consideradas todas as circunstâncias, deslocado. Regras e princípios, dessa forma, não constituem entidades que pertencem a mundos separados, senão que são elementos de uma mesma realidade: o Direito considerado em seu conjunto, ou cada uma de suas instituições. Assim, pode-se dizer que o que dá sentido às regras são os princípios que lhes servem de justificação; e, por outro lado, que os princípios não podem ser aplicados diretamente para a resolução de um caso, necessitando antes darem lugar a regras."

[212] Manuel Atienza / Juan Ruiz Manero, *Ilícitos atípicos*, 50.

A configuração dos ilícitos atípicos exige um processo argumentativo próprio da interpretação hermenêutica, que demanda reconstituir o sentido do direito para encontrar a regra jurídica aplicável ao caso[213].

Nos ilícitos atípicos:

> "o processo argumentativo que leva a considerar como proibida uma ação prima facie permitida tem um caráter interpretativo, entendida a interpretação como uma operação que não consiste simplesmente em aclarar o significado de uma expressão duvidosa, senão que conforma o Direito de maneira que possa apresentar-se como um todo coerente."[214]

A importância prática dos ilícitos atípicos decorre da constatação de que, no Estado Democrático de Direito (no paradigma constitucional vigente), os princípios jurídicos adquirem importância singular, porquanto, no Estado Constitucional, o Direito é concebido como um sistema normativo que tem uma função não apenas diretiva, mas também

[213] Numa concepção tradicional de interpretação (interpretação analítica), interpretar seria uma operação consistente em: "aclarar uma dúvida que surge acerca de uma determinada formulação linguística; a interpretação que se dá sobre uma formulação linguística (uma disposição) buscando seu significado (à norma) e isso se consegue mediante a utilização de uma determinada regra semântica (que atribui a um termo ou a um conjunto de termos um significado)" (Manuel Atienza / Juan Ruiz Manero, *Ilícitos atípicos*, 70).
Numa concepção hermenêutica, interpretação "é o que permite que a prática social em que o Direito consiste possa se apresentar na forma mais coerente possível" (p. 70). Prosseguem Atienza e Manero, *ibid.*, 71:
"E é assim porque para Dworkin (e, em geral, para os hermenêuticos), para poder interpretar há que se adotar uma determinada atitude – a atitude interpretativa – que, por sua vez, requer a presença de dois requisitos: que a prática existe e tenha um sentido, isto é, que existam propósitos e valores (princípios) que deem sentido às regras; e que o exigido ou justificado pela prática seja sensível ao seu sentido, isto é, que os valores tenham primazia sobre as regras e, até certo ponto, contribuam a lhes dar forma. Dworkin distingue várias etapas na realização da atividade interpretativa: a pré-interpretativa, em que se identifica a prática; a interpretativa, na qual se mostra quais são os objetivos e os valores (os princípios) da prática, o que exige construir uma teoria (ou mais de uma teoria) que dê conta da mesma e a pós-interpretativa ou reformadora, na qual se trata de ver do que a prática necessita (de que forma deve ser reformada) para que se logre uma realização máxima de seus valores. O intérprete, por isso, deve considerar que sua interpretação apresenta o objeto interpretado, um determinado Direito, como o melhor exemplo possível dessa prática".
A configuração dos ilícitos atípicos exige essa postura pós-interpretativa, para, considerando o Direito como prática jurídica, conformar as regras no momento de sua aplicação.

[214] Manuel Atienza / Juan Ruiz Manero, *Ilícitos atípicos*, 102.

valorativa, a qual precede a função diretiva. O direito, além de orientar condutas, também define o que é bom e correto. Isto é, há um elemento de justificação no direito, que oferece razões para agir[215].

No âmbito da teoria do direito, Manero e Atienza defendem, por isso, que o ordenamento jurídico é formado também por atos ilíticos atípicos.

Poder-se-ia objetar, ainda, contra a existência do princípio na esfera processual, com o argumento de que a prática de atos processuais abusivos é sancionada no processo pelo princípio da boa-fé objetiva ou da cooperação, explicitamente positivados nos Códigos de Processo Civil do Brasil[216] e Portugal.

Na verdade, o dever de conduzir-se com boa-fé e lealdade, cooperando para a justa solução do litígio – dever esse previsto com clareza nos Códigos – constitui uma das importantes referências para justificar o instituto do abuso processual, que configura ilícito atípico na medida em que contraria princípios. Contudo, as referências à boa-fé e à cooperação não são suficientes para descrever o alcance da vedação à litigância abusiva, que pode decorrer da violação de outros princípios jurídicos, como o do devido processo legal em seu sentido formal e material (de proporcionalidade).

[215] Manuel Atienza / Juan Ruiz Manero, *Ilícitos atípicos*, 22, concebem dois elementos nas normas: um elemento diretivo (sua função de dirigir a conduta) e o elemento justificativo ou valorativo: o que faz com que a conduta proibida pareça desvaliosa, a obrigação como valiosa e a permissão como indiferente). Nas palavras dos autores:
"Há pois uma relação intrínseca entre as normas e os valores, posto que o estabelecer, por exemplo, a obrigatoriedade de uma ação implica necessariamente atribuir a essa ação um valor positivo. Mas, ademais disso, considerávamos existir uma premência do aspecto justificativo ou valorativo sobre o diretivo".
"Ademais, ambos os tipos de normas [regras e princípios] não têm apenas uma dimensão diretiva, mas também uma dimensão valorativa: não pretendem apenas dirigir a conduta, mas também proporcionar critérios de valoração (de justificação e de crítica) da mesma. Essa dimensão valorativa tem, por assim dizer, certa prioridade lógica sobre a dimensão diretiva: por limitar o exemplo das proibições, certas ações ou estados de coisas não são desvaliosos porque estejam proibidos; é ao contrário, são proibidos porque são desvaliosos" (*ibid.*, 99).

[216] Dispõem os arts. 5º e 6º do CPC-br de 2015: "Art. 5º Aquele que de qualquer forma participa do processo deve comportar-se de acordo com a boa-fé. Art. 6º Todos os sujeitos do processo devem cooperar entre si para que se obtenha, em tempo razoável, decisão de mérito justa e efetiva."

Como visto anteriormente, não obstante possa haver condutas que transitem entre os dois institutos – do abuso do direito e da boa-fé –, há uma distinção legal e conceitual, que também deve projetar-se no âmbito do processo civil.

No campo processual, é expressa e abrangente a disciplina sobre a boa-fé processual, como já referido (seja no âmbito do princípio, seja no âmbito das regras que repelem a litigância de má-fé). Já a litigância abusiva (abuso de direito processual) constitui uma espécie de abuso de direito, no plano processual, com a relevante distinção de que coibir a litigância abusiva constitui interesse público (de evitar o desvio do processo), o que justifica conferir certas faculdades ao juiz para reprimir e prevenir de ofício a patologia[217].

É importante destacar, nesse sentido, que, como acentua Francisco Ferreira de Almeida, o abuso do direito processual não se circunscreve ao instituto da litigância de má-fé. Nas palavras do autor:

> "Mas não é legítimo afirmar que o abuso do direito (processual) será pura e simplesmente absorvido pela litigância de má-fé. Sem embargo da afinidade entre os dois institutos, ao nível das consequências jurídico-processuais e jurídico-substantivas, a litigância de má-fé prevalece como instituto especial relativamente ao instituto do abuso do direito."[218]

Esse também é o entendimento de Paula Costa e Silva. Questionando-se se seria "*a litigância de má fé, simultaneamente, a projecção e a concretização exaustiva do abuso do direito de acção*"[219], assim responde:

> "as situações de abuso de direito são mais extensas do que aquelas que o art. 456 [do CPC-pt 1961] reconduz à litigância de má fé já que esta, pressupondo comportamentos típicos, não abarca todos os grupos de casos que vêm sendo reconduzidos a situações de abuso de direito."[220]

[217] Arturo Muñoz Aranguren, *La litigación abusiva: delimitación, análisis y remedios,* Madrid: Marcial Pons, 2018, 102.

[218] Ferreira de Almeida. *Direito Processual Civil,* 1, 138.

[219] Paula Costa e Silva, *A litigância de má fé,* Coimbra: Coimbra Editora, 2008, 618.

[220] Paula Costa e Silva, *A litigância de má fé,* 621.

Para Paula Costa e Silva, é preciso ter presente que:

> "a litigância de má fé desencadeia dois efeitos, a saber, a aplicação de uma pena e a constituição do dever de indemnizar. Porque assim é, uma e outra dependem da verificação de um elemento subjectivo no tipo: a parte há de ter litigado com dolo ou com negligência grave. Inversamente, o abuso desprendeu-se de elementos subjectivos: a sua base é puramente objectiva. A lei quer travar um exercício que possa considerar-se abusivo, sendo-lhe irrelevante, perante a abusividade da conduta, qual a colocação de fins do agente. O que importa, *prima facie*, é impedir a contrariedade da actuação à boa fé e aos bons costumes. Se, eventualmente, a actuação abusiva provocar danos, então poderão intervir outras figuras, destinadas a repará-los."[221]

Afirma, portanto, a autonomia do abuso de direito (de litigar) frente à litigância de má-fé, concluindo que esse não absorve aquele na ordem processual. E fazendo uma correlação com o direito civil, aduz Paula Costa e Silva:

> "A litigância, porque assenta em ilícitos culposos, desencadeia a aplicação de uma pena civil e determina a obrigação de indemnizar os danos provocados por aquela actuação. O tipo que lhe é paralelo não é o art. 334 do CC, é o art. 483[222] do mesmo diploma legal."[223]

Helena Najjar Abdo vê nas regras processuais que sancionam a litigância de má-fé uma modalidade de regulação do abuso do processo (ou seja, entende que o abuso do processo é mais amplo do que a litigância de má-fé)[224].

[221] Paula Costa e SILVA, *A litigância de má fé*, 620.

[222] Tratando do princípio geral a respeito da "responsabilidade por factos lícitos", eis o que dispõe o art. 483 do CC-pt: "ARTIGO 483º (Princípio geral) 1. Aquele que, com dolo ou mera culpa, violar ilicitamente o direito de outrem ou qualquer disposição legal destinada a proteger interesses alheios fica obrigado a indemnizar o lesado pelos danos resultantes da violação. 2. Só existe obrigação de indemnizar independentemente de culpa nos casos especificados na lei.".

[223] Paula Costa e SILVA, *A litigância de má fé*, 622.

[224] Helena Najjar ABDO. *O abuso do processo*, São Paulo: Editora Revista dos Tribunais, 2007, 127-164.

Numa perspectiva distinta, Arturo Muñoz Aranguren também compreende o abuso do processo (litigância abusiva) como um instituto distinto da litigância de má-fé. Para ele, a má-fé processual implica a prática de um ato processual determinado que afronte uma regra processual específica[225], enquanto a litigância abusiva é uma conduta processual formalmente aderente às normas processuais, mas é intrinsecamente uma subversão ilícita dos princípios que orientam o procedimento[226]. A boa-fé, assim, tem como referência as condutas intraprocessuais (que têm lugar dentro do processo), enquanto o abuso do processo contempla o processo externamente, considerado em sua totalidade[227].

Disso resulta que a litigância abusiva constitui um abuso do processo em si mesmo, considerado por parte de quaisquer dos litigantes (e não simples atuação abusiva dentro do processo), seja porque a ação foi iniciada sem "*iusta causa litigandi*" ou "*probable cause*", seja porque houve uma oposição injustificada à pretensão. A falta de justa causa de litigar ocorre quando se utiliza o processo contra seus próprios fins ou para obter fins ilegítimos[228]. Ainda segundo Aranguren, o abuso do processo se apresenta tanto na situação de a ação (ou defesa) ser exercida de forma abertamente maliciosa, com a deliberada intenção de causar danos ilegitimamente a um terceiro, quanto na situação de haver o ajuizamento de ações (ou o exercício de defesa) manifestamente infundadas, ainda que não se prove o *animus nocendi*[229].

É rica de sentido a definição de Aranguren para a litigância abusiva (ou abuso do processo). Para ele, a litigância abusiva se caracteriza pelo uso injustificado – seja pelo autor, seja pelo réu – do direito à tutela judicial efetiva, materializado no exercício de ações ou de oposição a elas, sem causa razoável (*reasonable cause*), por carecer de um fundamento minimamente sólido (ausência de *iusta causa litigandi* ou ausência de razão direta para litigar, entendida como exercício jurisdicional de uma ação ou de defesa sem uma base jurídica e/ou fática, minimamente razoável). Ainda segundo Aranguren, a falta de razoabilidade deve ser

[225] Aranguren faz referência ao contexto normativo espanhol: o art. 11.1da Lei Orgánica del Poder Judicial (LOPJ) e o art. 247.1 da Ley de Enjuiciamiento Civil (LEC).

[226] Arturo Muñoz Aranguren, *La litigación abusiva*, 103.

[227] Arturo Muñoz Aranguren, *La litigación abusiva*, 104-105.

[228] Arturo Muñoz Aranguren, *La litigación abusiva*, 23.

[229] Arturo Muñoz Aranguren, *La litigación abusiva*, 30.

avaliada na perspectiva objetiva (sem prejuízo de também se considerar o aspecto subjetivo), a partir de um juízo sobre o entendimento que deveria ter uma pessoa com razoável compreensão dos fatos e circunstâncias do tema[230].

Enfim, o processo pode ser encarado não como um fim em si mesmo, mas como um instrumento para a realização de direitos substantivos (para a tutela de direitos). Em sendo assim, a litigância abusiva, conquanto seja uma faculdade formalmente regular do direito de litigar (constitui um comportamento *prima facie* permitido), qualifica-se materialmente, devido às finalidades do processo, como ato ilícito. Por isso, Aranguren vê na figura do abuso do direito do processo um importante mecanismo de autocorreção do direito[231].

Conceitualmente, a perspectiva de Aranguren traz para o debate nuances relevantes a este estudo.

Cabe, primeiramente, reconhecer a diferença conceitual dos institutos da boa-fé processual e do abuso do direito processual. Se, para Paula Costa e Silva, várias condutas processuais abusivas não podem ser reduzidas à litigância de má-fé, a indicar um espaço autônomo para o instituto do abuso de direitos processuais, para Aranguren, é necessário focalizar o abuso do direito processual numa perspectiva global, indicando que o espaço mais propício para o instituto é o de examinar o fenômeno da litigância abusiva.

Do ponto de vista conceitual e classificatório, podem-se antever então duas possibilidades: i) distinguir o instituto do abuso do direito processual do instituto da boa-fé processual, identificando no primeiro uma classe (gênero) que tem como categoria (espécie) o instituto da litigância abusiva (abuso do direito de litigar); ou ii) distinguir o instituto do abuso do direito de litigar (litigância abusiva) do instituto da boa-fé processual, concebendo-se que o fenômeno do abuso do direito só tem expressão autônoma (em relação à boa-fé) no que se refere à avaliação da justa causa para litigar.

Foge ao propósito desta obra avançar nessa investigação, na medida em que o fenômeno processual relevante ao exame de parâmetros normativos para o controle da representatividade adequada das associa-

[230] Arturo Muñoz Aranguren, *La litigación abusiva*, 35.

[231] Arturo Muñoz Aranguren, *La litigación abusiva*, 37.

ções se relaciona com a litigância abusiva (sendo indiferente, por isso, perquirir se a litigância abusiva é a expressão do abuso do direito no âmbito processual ou se é uma espécie do gênero abuso de direitos processuais). Os termos "abuso do processo", "abuso do direito processual", "abuso do direito de litigar" ou "litigância abusiva" aparecem de forma indiscriminada neste estudo, expressando uma relação de sinonímia ou de metonímia entre eles, consoante a visão conceitual que se adote.

No Brasil, a expressão normativa da vedação à litigância abusiva deriva inicialmente da compreensão de que o princípio que veda o abuso do direito é um princípio geral do direito, que se extrai do art. 4º e, em especial, do art. 5º da Lei de Introdução às Normas do Direito Brasileiro (LINDB, Decreto-Lei 4.657, de 1942), transcritos a seguir:

> Art. 4º Quando a lei for omissa, o juiz decidirá o caso de acordo com a analogia, os costumes e os princípios gerais de direito.
> Art. 5º Na aplicação da lei, o juiz atenderá aos fins sociais a que ela se dirige e às exigências do bem comum.

Olhando para o tema em Portugal, Menezes Cordeiro entende que "*a aplicação geral do instituto do abuso do direito no campo do Direito processual civil surge, hoje, indiscutível*"[232]. Nesse sentido, prossegue Menezes Cordeiro:

> "Nenhuma posição jurídico-subjetiva está imune a uma sindicância, no momento do seu exercício, feita à luz dos valores fundamentais do ordenamento em causa. Não há alternativa: o direito subjetivo imune ao sistema – e, como tal, suscetível de um exercício ilimitado – acabaria por se colocar fora do próprio ordenamento, tornando-se irreconhecível"[233].

Conforme já indicado, a jurisprudência tem igualmente assimilado o instituto do abuso do processo como princípio geral do direito português.

A imposição de aferir as condutas à luz dos fins sociais a que se dirige o direito e às exigências do bem comum, expressões contidas na LINDB, traduz e explica o sentido do abuso do direito, aqui conceituado, com auxílio de Menezes Cordeiro, como exercício disfuncional de posições jurídicas.

[232] Antonio Menezes Cordeiro, *Litigância de má-fé*, 141.

[233] Antonio Menezes Cordeiro, *Litigância de má-fé*, 141.

A referência feita por Jorge Peyrano ao abuso do direito como princípio geral do direito justifica a introdução do instituto no âmbito processual (com referência à realidade da Argentina). Efetivamente, na Argentina, defende Peyrano que o abuso do direito, previsto no Código Civil argentino, não alude apenas ao direito civil, mas também à teoria geral do direito[234], tendo por isso alcance operativo dilatado para além do espectro do direito civil. Segundo o jurista, o legislador – ao referir-se aos deveres processuais de atuar com lealdade, probidade e boa-fé – atribui aos juízes o poder-dever (a função) de prevenir e sancionar os atos abusivos praticados no processo[235].

Nesta compreensão, a vedação ao abuso do direito é entendida como instituto que avalia as condutas processuais não apenas no plano subjetivo da culpa ou do dolo do agente (analisando a intenção de prejudicar pela parte), mas também do ponto de vista objetivo – observando o ato processual praticado *vis-à-vis* à finalidade a que se orienta a faculdade processual conferida pelo ordenamento jurídico[236]. Em sentido análogo, Francisco Ferreira de Almeida destaca que a configuração do abuso do direito não exige necessariamente a demonstração de dolo ou culpa (como se exige na litigância de má-fé) [237].

Com essa visão, que justifica o abuso do processo como expressão do princípio geral que veda o abuso do direito e da função de o juiz conduzir o processo com o fim a que se preordena (a justa composição do litígio em tempo razoável), o instituto ganha autonomia em face da litigância de má-fé e de outras regras específicas que estipulam ilícitos processuais típicos.

Admitindo-se essa autonomia do abuso do direito processual em face da litigância de má-fé e do princípio da boa-fé, pode-se conceber, por exemplo, que haverá casos (de abuso de direito) que, mesmo não

[234] Interessante observar a anotação de J. Peyrano, "El abuso del derecho en el ambito del proceso civil", Themis Revista de Derecho 27-28 (1994) 19-2, recuperado a partir de <http://revistas.pucp.edu.pe/index.php/themis/article/view/11116>, acesso em 19/11/2020, no sentido de que (tal como ocorre no Brasil e em Portugal), o Código de Processo Civil argentino não incluiu um artigo específico no capítulo das regras gerais do processo civil.

[235] J. Peyrano, "El abuso del derecho en el ambito del proceso civil", 18-19 e 21.

[236] J. Peyrano, "El abuso del derecho en el ambito del proceso civil", 22-23.

[237] Ferreira de Almeida, *Direito Processual Civil,* 1, 138.

constituindo hipótese de responsabilidade civil, sempre originarão a obrigação de cessar o abuso[238].

Sob a denominação de abuso do processo[239] – que representa, na verdade, um abuso de posições jurídicas – está a repressão de condutas que configuram a litigância de má-fé, a simulação, o abuso da personalidade jurídica, a falta de justa causa para litigar, a imposição de ônus desproporcionais às partes ou a criação de embaraços incabíveis para o desenvolvimento ou o desfecho da lide.

Situações como essa encontram censura no sistema jurídico, cabendo ao juiz (que tem a função de dirigir o processo[240]) sancionar de forma adequada[241]. Por assim dizer, o adequado desenvolvimento do processo pode ser inviabilizado caso a consequência jurídica da conduta proces-

[238] Ferreira de ALMEIDA, *Direito Processual Civil,* 1, 139.

[239] Como bem observam Manuel ATIENZA / Juan RUIZ MANERO, *Ilícitos atípicos*, 71-72, no âmbito do processo civil há uma sobreposição entre o abuso do direito e a fraude à lei (dois institutos que configuram ilícitos atípicos):
"a diferença essencial entre o abuso do direito e a fraude à lei se deve ao fato de que o abuso é relativo a ações que constituem casos de exercício de um direito subjetivo, enquanto a fraude é relativa a ações que supõem casos de uso de um poder normativo (de uma regra que confere poder) [...]. "Do conjunto de posições normativas em que se manifesta um direito subjetivo em sentido amplo, podem formar partes poderes normativos Essa é a razão de que possa haver ações as quais se deva qualificar, simultaneamente, como abusivas e como fraudulentas. Abusivas por afetarem negativamente interesses de terceiros de forma injustificável; fraudulentas porque essa interferência negativa ser posta em prática mediante o uso de um poder normativo [...]. Os supostos 'abusos do processo' (Taruffo, 1997) nos proporcionam, igualmente, um bom banco de exemplos de ações que cabem ser qualificadas ao mesmo tempo como abusivas e fraudulentas. Se entendemos que o processo tem como finalidade a tutela efetiva e tempestiva do direito das partes, diríamos que o abuso do processo é produzido sempre que uma das partes usa seus poderes normativos processuais – isto é, aquelas faculdades em que se concretiza o direito de defesa – sem outra finalidade distinguível que não a de causar um dano extraprocessual a outra parte, ou de danificar o próprio desenvolvimento do processo [...]. A qualificação de atitudes processuais como abusivas aponta para a hipótese de que se tenha ido além do alcance justificado do direito de defesa (o qual não inclui levar adiante ações sem outra finalidade distinguível da de prejudicar extraprocessualmente a parte contrária ou procedimentos dilatórios); sua qualificação como fraudulentas se deve a que este dano extraprocessual causado à outra parte ou ao próprio desenvolvimento do processo foi realizado usando algum dos poderes normativos que as partes têm no processo."

[240] Assim dispõem o art. 6º do CPC-Pt 2013 e o art. 139 do CPC-Br 2015.

[241] Conforme bem posto por Paula Costa e SILVA, *A litigância de má fé*, 628: "[...] o sistema processual conhece formas peculiares de reacção a comportamentos abusivos. Entre estas,

sual abusiva se restrinja à condenação ao pagamento de multas e indenizações[242].

É precisa, neste ponto, a observação de Jorge Peyrano, assinalando que as consequências do abuso do direito se operam em duas direções, quais sejam: da responsabilidade do agente e do dever de reparação que daí decorre; e do restabelecimento da ordem jurídica com a paralisação da conduta desviante. Nesse segundo aspecto, destaca o jurista:

> "La declaración judicial de que se registre un 'abuso processal' puede alternativa o acumulativamente- generar las siguientes ulterioridades: a) declaración acerca de que una facultad o prerrogativa no puede ser ejercida en el caso o, a lo menos del modo que lo pretende el postulante; y también acerca de que, consiguientemente, la contraria de éste no puede quedar incursa en una situación procesal desventajosa como consecuencia del accionar abusivo en cuestión; b) reputar nulo el acto o actuación procesal correspondiente; e) hacer pasible al autor del 'abuso procesal' correspondiente, del pago de la indemnización aquiliana del caso y lo de la satisfacción de las sanciones disciplinarías pertinentes."[243]

Para coibir o ato abusivo, pode-se trabalhar tanto no plano das nulidades quanto no da ineficácia. O importante é retirar a possibilidade de o ato abusivo provocar a situação não tolerada pelo ordenamento jurídico.

Concebendo a possibilidade de o juiz, dentro de seus poderes de gestão do processo, examinar se houve ou não uso disfuncional de uma posição jurídica e, constatada a situação, retirar do mundo jurídico o ato ou seus efeitos, Peyrano opina pela possibilidade de, excepcionalmente, o juiz apreciar de ofício a ocorrência ou não da conduta processual abusiva, devendo, em todo caso, conferir ao agente a presunção de legitimidade e conformidade do ato[244].

conta-se o poderosíssimo meio traduzido pelo poder geral de direcção do processo, em que é investido o juiz".

242 No âmbito do processo civil português, essa é a conclusão de Luciana Ferreira Gomes Pinto, *O abuso do direito de demandar,* 54-59: após vasta pesquisa bibliográfica, o abuso do direito de litigar encontra como principal sanção a responsabilidade pelo pagamento das custas judiciais (art. 535º do CPC).

243 J. Peyrano, "El abuso del derecho en el ambito del proceso civil", 26.

244 Nas palavras de J. Peyrano, "El abuso del derecho en el ambito del proceso civil", 25, "resulta especialmente convincente aquél conforme al cual corresponde declarar oficiosa-

Com amparo nessas razões, entende-se que o abuso do direito encontra expressão na ordem processual e tem densidade normativa para regular condutas, impondo sanções que podem não se reduzir a condenações pecuniárias, com a aplicação de multas ou com o dever de reparação (como ocorre geralmente no âmbito estrito da litigância de má-fé). Na verdade, compete ao juiz sancionar o ato com as consequências jurídicas necessárias a inibir que produza os seus efeitos, fazendo isso no plano da validade (reconhecendo a nulidade da conduta) ou da eficácia (retirando os efeitos do ato).

Tudo quanto exposto aponta para a necessidade de identificar-se na ordem processual uma expressão do princípio que veda a litigância abusiva. Trata-se, pois, não da transposição artificial do instituto do abuso do direito do âmbito do direito privado para a esfera do processo (que se situa no plano do direito público), mas de compreender a existência de uma norma geral que veda o abuso do direito que encontra expressão na ordem processual, com as mediações que foram referidas, suscetível de gerar várias consequências processuais, voltadas não apenas à reparação de danos, mas também a evitar que o ato abusivo produza efeitos.

3.4 Conclusões parciais

O princípio que veda o abuso do direito – entendido como a vedação de um uso disfuncional de posições jurídicas – encontra ampla projeção no Direito. No âmbito da dogmática processual, para além das regras legais que sancionam a litigância de má-fé, procurou-se demonstrar que devem ser superadas as objeções que se opõem à possibilidade de coibir condutas processuais ilícitas por meio de princípio.

mente un abuso procesal en función de textos legales que, expresa o implícitamente, mandan que los órganos judiciales no sólo sino también que prevengan todo tipo de abusos." Porém, pondera logo em seguida que declarar um ato como abusivo exige "extrema circunspecção" do juiz, devendo presumir-se (presunção *juris tantum*) de que não houve a prática de ato abusivo. Fazendo referência à doutrina de Gelsi Bidart, Peyrano observa que a presunção de legitimidade é "un instrumento (alude al proceso) eminentemente jurídico, en su programación, en los elementos constitutivos, en el objeto que trata, en las finalidades que persigue, por tanto, debe presumirse, en principio, la regularidad, la adecuación de su uso, que es menester destruir, en cada caso concreto, para que pueda, en él, funcionar la teoría del abuso del proceso. Aquí también se subraya la ya aludida especialidad y excepcionalidad del abuso del processo".

No Brasil e em Portugal, a referida objeção deve ser examinada à luz da compreensão corrente de que o abuso do direito constitui não propriamente um instituto de direito civil, mas um princípio geral do direito, com projeção direta no processo civil.

Deve-se ainda considerar que os Códigos de Processo Civil do Brasil e de Portugal fixaram normas gerais de boa-fé e cooperação[245], elementos normativos que, como se viu, conduzem a pensar o abuso do direito como instituto processual de maior abrangência e estatura no plano processual, muito para lá das regras que vedam a litigância de má-fé e que são sancionadas por meio de multas, indenizações ou da imposição de pagamento de custas.

Em Portugal, além da ponderação sobre o lugar do abuso do direito como princípio geral do direito, a reflexão sobre essa crítica deve considerar que o abuso do direito processual (ou litigância abusiva) é uma expressão normativa importante no âmbito da União Europeia, em especial no que se refere ao processo coletivo.

A questão que se coloca à pesquisa, atinente à configuração de abuso do direito de ação, em ações coletivas, pretende verificar a repercussão do abuso do direito de litigar no plano da legitimidade, do interesse de agir da associação ou de outro pressuposto processual.

Caberá examinar, a partir do estudo da dogmática processual brasileira e portuguesa e de decisões judiciais relevantes de ambos os países (em especial aquelas oriundas dos Tribunais Superiores), se todas as consequências jurídicas comumente associadas ao abuso de direito, em especial a supressão do direito ou a cessação do concreto exercício abusivo, podem ter aplicação no âmbito do processo, afetando a legitimidade, o interesse de agir ou outro pressuposto processual.

[245] Dispõem os arts. 5º e 6º do CPC-br: "Art. 5º Aquele que de qualquer forma participa do processo deve comportar-se de acordo com a boa-fé. Art. 6º Todos os sujeitos do processo devem cooperar entre si para que se obtenha, em tempo razoável, decisão de mérito justa e efetiva."

4. O CONTROLE DA REPRESENTAÇÃO ADEQUADA DAS ASSOCIAÇÕES EM AÇÕES COLETIVAS POR MEIO DO INSTITUTO DO ABUSO DO DIREITO DE LITIGAR

Neste derradeiro capítulo, procura-se responder de forma direta à indagação, posta no início do estudo, sobre a possibilidade de se realizar o controle da representação adequada das associações por meio do instituto do abuso do direito, no âmbito do processo coletivo, à luz das normas processuais vigentes no Brasil e em Portugal.

O desenvolvimento dos trabalhos nos capítulos anteriores aponta para essa possibilidade. A bem da sistematização, é conveniente retomar fundamentos que justificaram conclusões parciais relevantes da pesquisa, antes de avançar as considerações finais e indicar linhas de aplicação da tese proposta.

Do Capítulo 1, cabe recordar que a definição do representante adequado para a tutela dos interesses coletivos em juízo constitui um dos aspectos mais importantes na estruturação do processo coletivo, seja do ponto de vista da lógica jurídica – porque a formação do processo coletivo, superando o padrão da legitimidade ordinária do processo individual, se faz no âmbito da legitimação extraordinária –, seja do ponto de vista da efetividade do processo coletivo – que demanda que a defesa dos interesses coletivos em juízo esteja em mãos seguras.

Em vista da centralidade que a questão do representante adequado ocupa no processo coletivo, entende-se que o juiz tem o dever de avaliar a adequada representação dos interesses coletivos pelas entidades legitimadas, não sendo uma resposta constitucionalmente admitida conceber que há presunção absoluta da adequação do representante pela circunstância de ostentar, em tese, legitimidade ativa para agir.

Efetivamente, deve-se admitir que, quanto maior for o possível impacto da atuação do ente legitimado na esfera jurídica da coletividade, mais importante se torna o controle judicial da adequação do representante com o propósito de coibir a atuação de representantes inidôneos e inibir o desvio do processo coletivo para fins alheios àqueles a que se destina. Atenta a essa realidade, a diretriz que tem orientado o desenvolvimento do processo coletivo europeu é no sentido de reconhecer que se mostra fundamental conferir elevada discricionariedade ao juiz para o controle da legitimidade e da admissibilidade da ação coletiva.

Já no Capítulo 2, buscando-se fazer o primeiro delineamento do espaço em que se realiza o controle da representação adequada no processo, à luz dos institutos que caracterizam a teoria do processo no Brasil e em Portugal, examinou-se a conformação jurídica atual a respeito do exame dos pressupostos processuais, por entender-se que o controle da representação adequada se realiza nesse plano. Analisando-se a função e o sentido dos pressupostos processuais no processo individual e no processo coletivo, constatou-se que não se deve substituir o dogma da apreciação prévia dos pressupostos processuais pelo dogma da primazia do julgamento de mérito. No processo coletivo, em especial, por sua natureza de litígio de interesse público, não deve ser negligenciada a importância de certificar-se a presença dos pressupostos processuais antes de o julgador emitir juízo de mérito.

No Capítulo 3, por sua vez, chegou-se à conclusão de que o princípio que veda o abuso do direito tem expressão e aplicação no processo civil, sendo instrumento relevante para reprimir a litigância abusiva.

Cabe, agora, mostrar que o instituto tem aptidão para regular o ajuizamento de ações coletivas (em especial das associações civis), na perspectiva de que, em situações nas quais se identifique litigância abusiva, o juiz pode e deve evitar que o ato jurídico produza efeitos não desejados pela ordem processual. Em seguida, cumprirá expor como se opera o controle da representação adequada, no âmbito dos pressupostos processuais, tendo como parâmetro o abuso do direito.

4.1 A litigância abusiva no processo coletivo: um parâmetro necessário para avaliação da representação adequada

Neste ponto da pesquisa, claro está que o instituto do abuso do direito tem expressão e relevância na ordem processual, a fim de qualificar e coibir condutas processuais ilícitas por meio de princípios (ilícitos atípicos), indo além, portanto, da visão de que, no particular, o regime processual das ilicitudes se exaure em regras que sancionam a litigância de má-fé.

Apesar dessa constatação, reconheceram-se os riscos associados à má-aplicação do princípio que veda o abuso do direito processual, visto que há de resguardar-se o espaço do exercício regular dos direitos pelos jurisdicionados, mas a componente ética existente no ordenamento jurídico revela que não podem ser admitidos comportamentos caprichosos e autoritários no exercício de posições jurídicas. Como recorda Menezes Cordeiro, "*o direito subjetivo é, visceralmente, um espaço concreto de liberdade*"[246], e, como tal, encontra limites e não é absoluto.

Há, no entanto, uma peculiaridade no processo coletivo que é digna de destaque: se no processo individual o abuso do direito acarreta uma limitação ao exercício da liberdade do jurisdicionado, esse antagonismo é atenuado no processo coletivo, sendo correto até mesmo sustentar que o instituto do abuso do direito bem pode servir à tutela da liberdade dos jurisdicionados.

Deveras, no âmbito do processo coletivo, compreender o abuso do processo como uma categoria geral para avaliação dos atos processuais mostra-se ainda mais pertinente, em especial no que se refere à aferição da representatividade adequada, e mostra-se instrumento valioso para resguardar o "*espaço concreto de liberdade*" dos jurisdicionados, destinatários últimos da prestação jurisdicional.

Efetivamente, como se sabe, a ação coletiva, por definição, exige a participação de uma entidade que, em nome próprio, atua na defesa de interesses da coletividade. Em especial nos países que adotam o modelo *opt-out*, cria-se uma ficção jurídica de que toda uma coletividade está sendo adequadamente defendida em juízo pelo autor da demanda.

Aferir se a atuação do ente em tese legitimado se amolda às finalidades às quais o processo coletivo se destina é, portanto, uma forma de proteger a liberdade, seja dos cidadãos que se fazem presentes no

[246] Menezes Cordeiro, "Do abuso do direito", 365.

processo mediante a atuação da entidade em tese legitimada, seja do próprio demandado, além de constituir juízo necessário para assegurar que se observem os princípios da boa administração da justiça.

Como já referido anteriormente, justamente porque a parte da relação processual não coincide com a parte da relação de direito material (no polo ativo da ação), não parece próprio privilegiar o julgamento do mérito nos processos de índole coletiva em detrimento do exame rigoroso dos pressupostos processuais, especialmente no que concerne à apreciação da idoneidade da entidade (análise da representação adequada) e da existência de justa causa para litigar.

Lebre de Freitas já teve oportunidade de expor seu desconforto com o regime da coisa julgada na ação popular, previsto na Lei n. 83/1995, a respeito da vinculação dos titulares dos direitos discutidos aos efeitos da sentença coletiva de improcedência ("*ver o seu direito ou interesse pessoal atingido pela formação dum caso julgado desfavorável em acção em que não tomou parte*"[247]), e uma das razões que refere para sua irresignação estaria na suposta impossibilidade de controle judicial da legitimidade do autor da ação popular. Confira-se:

> "Note-se, aliás, que, diversamente do que tem sido a prática jurisprudencial norte-americana, a lei portuguesa não prevê qualquer controlo judicial da legitimidade do autor da acção popular enquanto representante, do que possa resultar a negação dessa legitimidade por haver o receio de que os interesses dos representados silenciosos possam vir a ser prejudicados. O simples facto de não só pessoas colectivas (associações e fundações) poderem propor a acção, mas também o poder fazer qualquer cidadão, constitui um risco acrescido de prejuízo de terceiros que não se tenham excluído da acção."[248]

[247] Como observa Lebre de FREITAS, "A acção popular no direito português", 20-21, as cautelas previstas na Lei n. 83/95 para garantir que o processo coletivo não prejudique a coletividade (como por exemplo, a atuação do Ministério Público, enquanto órgão de fiscalização da legalidade, o poder de o juiz recolher provas oficiosamente e mesmo a possibilidade de o juiz afastar os efeitos *erga omnes* da sentença de improcedência por "motivações próprias do caso concreto", na expressão do art. 19º, n. 1, da Lei n. 83/1995) "podem não ser actuadas ou revelarem-se insuficientes, não constituindo garantia satisfatória de tutela dos interesses em jogo").

[248] José Lebre de FREITAS, "A acção popular no direito português", 20.

Até o presente momento, não parece estar disponível o afastamento *tout court* do regime da coisa julgada coletiva previsto na legislação (não se divisa vício de inconstitucionalidade e não parece ser possível, pelo recurso da interpretação, suprimir os efeitos do regime legal no tema[249]), não obstante a existência de mecanismos processuais para atenuar ou mitigar em certas situações os seus efeitos (em especial, a fórmula contida no art. 19º, n. 1, da Lei 83/1995, segundo a qual os efeitos das sentenças transitadas em julgado não abrangerão os titulares dos direitos que tiverem exercido o *opt-out*, se a improcedência for por insuficiência de provas ou "quando o julgador deva decidir por forma diversa fundado em motivações próprias do caso concreto").

Por isso mesmo, defende-se que é não apenas possível, mas também necessário realizar rigoroso controle judicial da legitimidade do autor da ação popular enquanto representante adequado.

Foi com esse espírito que o legislador europeu atuou, no seu longo e consistente movimento de regulação das ações coletivas, merecendo especial destaque, conforme exposto no Capítulo 1, a Diretiva 2020/1828, do Conselho da União Europeia e do Parlamento Europeu, e a Recomendação da Comissão Europeia de 11 de junho de 2013, que estabelecem um marco horizontal europeu para a ação coletiva destinada à proteção do consumidor e apresentam princípios comuns aplicáveis ao processo coletivo, destinado a tutelar pedidos não apenas de cessação de condutas, mas também indenizatórios, ao mesmo tempo em que fixam garantias processuais para evitar a litigância abusiva. Nesses documentos, a litigância abusiva é indicada como parâmetro de aferição da representação adequada dos autores de ações coletivas e também do cabimento da ação coletiva.

[249] Esse também é o entendimento de José Eduardo de Oliveira Figueiredo Dias, para quem o art. 19 da LAP-pt de forma clara afastou-se do regime da coisa julgada *secundum eventum litis* (José Eduardo Figueiredo DIAS, "Os Efeitos da Sentença na Lei da Acção Popular", 53). Reforça essa leitura a verificação de que o legislador português estabeleceu, no processo coletivo relativo às ações inibitórias do uso de cláusulas contratuais gerais, o regime de coisa julgada material *secundum eventum litis* (art. 32º, n 2, DL 446/85; DL 220/95. Ou seja, já estava disponível para o legislador português um regime distinto no momento em que veio a lume a lei da ação popular, tendo havido uma decisão deliberada do legislador. Sobre o regime da coisa julgada nas ações inibitórias de que cuidam o DL 446/1985 e DL 220/1995, vide: José Lebre de FREITAS, "A acção popular no direito português", 24.

De acordo com o marco normativo europeu, a tutela coletiva, de um lado, deve ser instrumento de facilitação de acesso à justiça e, de outro, não pode constituir mecanismo de "*litigância abusiva*".

Em vários momentos, como já visto no Capítulo 1, apresenta-se a preocupação de criar salvaguardas contra a litigância abusiva. Já na Recomendação de 2013 se observam importantes orientações para os Estados-Membros: a) os Estados-Membros devem garantir que haja uma fase de admissibilidade da ação coletiva, para que não se dê seguimento àquelas "*que sejam manifestamente infundadas*" (item 8); b) apesar da importância de se dar ampla divulgação às ações coletivas para os potenciais interessados, deve-se evitar que se prejudique de forma indevida a reputação da parte demandada, respeitando a "*presunção de inocência*" do réu, as normas que regulam o abuso de informação privilegiada e a manipulação do mercado (itens 10 a 12); c) nas ações coletivas financiadas por terceiros, cabe coibir situações de conflito de interesses (entre financiador e entidade representativa) ou que a ação coletiva seja veículo para prejudicar concorrentes (na relação entre financiador e demandado) (item 16).

Segue na mesma linha, como já exposto anteriormente, a Diretiva 2020/1828, amplamente descrita no Capítulo 1. Enfim, a visão consagrada na Diretiva 2020/1828, para as ações coletivas de consumo, constitui relevante fundamento para sustentar a necessidade de um escrutínio judicial rigoroso da representação adequada da entidade que se apresenta como autora nas ações coletivas.

O rigor a que se alude não implica presumir que a ação é temerária ou que o demandante não tem legitimidade para ajuizá-la, mas sim esperar do magistrado uma postura diligente e atenta a respeito da idoneidade do pleito deduzido e de quem o formula, para prevenir o abuso processual[250].

[250] Osvaldo Alfredo Gozaíni, *Derecho Procesal Constitucional*, 139, assim trata da questão: "Estamos de acuerdo en que el servicio efectivo de la justicia, a través de una magistatura atenta, conlleva la facultad de contrarrestar todo ejercicio abusivo del derecho, que mostrado en apariencia ajustado a principios sustantivos, en realidad somete una aspiración absolutamente alejada de resguardo normativo y carente de tutela jurisdiccional.
Empero, el derecho a la jurisdicción y a la audiencia le impone al juez la regla de fundamentar la decisión, demonstrar objetivamente el vicio que hace inadmisible la pretensión expuesta y justificar en derecho la causa normativa que obstaculiza el andamiento.

No Brasil, não há regramento processual explícito prevendo uma fase específica para certificação do processo coletivo (um juízo prévio de admissibilidade, como ocorre no artigo 13º da LAP-pt[251]) nem normas específicas para repelir a litigância abusiva no processo coletivo (como o fez a Diretiva 2020/1828). Todavia, vale recordar que, sob o rito do procedimento comum previsto no Código de Processo Civil[252] (aplicado subsidiariamente ao processo coletivo), a boa prática processual recomenda que o juiz faça um juízo prévio a respeito da higidez da ação e do processo, e que os parâmetros normativos da Diretriz 2020/1828 têm aptidão de expressar, no Brasil, uma visão compatível com a garantia do devido processo legal e exemplificam situações qualificáveis como litigância abusiva, reprimidas pela ordem processual, como visto no capítulo anterior, de forma distinta da litigância de má-fé[253].

Sin embargo, la duda, la apariencia formal del derecho y todo motivo de prevención que tenga el juez para operar de oficio la repulsa jurisdiccional, orientan la gestión procesal y el deber de proveer abriendo la instancia, dejando para el tiempo de dictar sentencia los problemas de legitimación."

[251] "Artigo 13º (Regime especial de indeferimento da petição inicial). A petição deve ser indeferida quando o julgador entenda que é manifestamente improvável a procedência do pedido, ouvido o Ministério Público e feitas preliminarmente as averiguações que o julgador tenha por justificadas ou que o autor ou o Ministério Público requeiram".

[252] Nos termos do art. 139, inciso IX, do CPC, "O juiz dirigirá o processo conforme as disposições deste Código, incumbindo-lhe (...) determinar o suprimento de pressupostos processuais e o saneamento de outros vícios processuais". O art. 321, de seu turno, estipula que "o juiz, ao verificar que a petição inicial não preenche os requisitos dos arts. 319 e 320 ou que apresenta defeitos e irregularidades capazes de dificultar o julgamento de mérito, determinará que o autor, no prazo de 15 (quinze) dias, a emende ou a complete, indicando com precisão o que deve ser corrigido ou completado".

[253] No processo coletivo brasileiro, o autor da ação não responderá, em princípio, pelos custos do processo nem pelos ônus sucumbenciais. Só se for reconhecida a litigância de má-fé é que caberá a condenação do autor ao pagamento dessas verbas. Confira-se, a propósito, o art. 87 do CDC-br:

"Art. 87. Nas ações coletivas de que trata este código não haverá adiantamento de custas, emolumentos, honorários periciais e quaisquer outras despesas, nem condenação da associação autora, salvo comprovada má-fé, em honorários de advogados, custas e despesas processuais.

Parágrafo único. Em caso de litigância de má-fé, a associação autora e os diretores responsáveis pela propositura da ação serão solidariamente condenados em honorários advocatícios e ao décuplo das custas, sem prejuízo da responsabilidade por perdas e danos".

Nesta ordem de ideias, Susana Henriques Costa defende que, "*sendo a efetividade o móvel do processo civil moderno, não há por que negar a possibilidade de o juiz apreciar a aptidão do legitimado coletivo em representar os membros ausentes da relação jurídica processual*"[254]. Para demonstrar a propriedade de seu argumento, a autora propõe pertinentes considerações:

> "Nesse sentido, o controle judicial da representatividade adequada aprimora o sistema, pois o magistrado terá condições de selecionar as demandas propostas por entes realmente vocacionados e preparados para a defesa dos interesses objeto do litígio. Aquelas demandas propostas por representantes não adequados serão imediatamente rechaçadas, abrindo-se a possibilidade de repropositura por outros legitimados. Essa alternativa certamente trará maior probabilidade de que o processo seja julgado procedente e tornará desnecessária a propositura de demandas individuais (uma vez que já estará assegurada a proteção coletiva). Minimiza-se, assim, o risco de decisões contraditórias e evita-se a propositura de inúmeras demandas individuais.
> Sob o enfoque dos argumentos de qualidade, também parece ser mais efetiva a solução que permite o controle judicial da representatividade adequada. Isso porque solução da coisa julgada *secundum eventum litis* e *secundum probationem* resolve o problema da improcedência da demanda nos casos em que o autor não realize de forma satisfatória a sua atividade probatória. Não lida, contudo, com os casos em que o problema da demanda decorra da má redação da peça inicial ou da falta de uma argumentação sólida e coerente. Nesses casos, a falta de um representante adequado poderá vir a comprometer definitivamente o resultado da demanda, não só em termos de procedência e improcedência, mas também no tocante à consecução de uma tutela jurisdicional ideal e apta a resolver da melhor forma a crise de direito material trazida no processo.
> A ausência do controle jurisdicional da representatividade do autor poderá levar a um resultado incapaz a dar proteção integral ao interesse metaindividual." [255]

[254] Susana Henriques da Costa, "O controle judicial da representatividade adequada: uma análise dos sistemas norte-americanos e brasileiro", in Carlos Alberto de Salles coord., *As grandes transformações do processo civil brasileiro*, São Paulo: Quartier Latin, 2009, 975.

[255] Susana Henriques da Costa, "O controle judicial da representatividade adequada", 974-975.

Essa perspectiva também se mostra compatível com decisões do Superior Tribunal de Justiça. No julgamento do RESP 1.213.614, por exemplo, o Min. Luis Felipe Salomão (Relator) recorda que o anteprojeto da Lei n. 7.347/1985 previa de forma expressa a verificação da representatitivade adequada das associações, não tendo o texto legal, contudo, incorporado essa previsão expressa, já que o legislador optou por indicar apenas requisitos objetivos (constituição da associação por pelo menos um ano e incluir, entre suas finalidades institucionais, a proteção do interesse coletivo compatível com a questão deduzida em juízo). Todavia, ainda segundo o entendimento do Min. Salomão (seguido por unanimidade pela 4ª Turma do STJ-br), o cumprimento desses requisitos pela associação não atrai uma presunção absoluta de qual entidade é a representante adequada, cabendo ao juiz fazer esse controle, a partir dos poderes que possui de gestão do processo, para coibir comportamentos abusivos. *In verbis:*

> No entanto, é bem de ver que, muito embora a presunção *iuris et de iure seja* inatacável – nenhuma prova em contrário é admitida –, no caso das presunções legais relativas ordinárias se admite prova em contrário, apreciadas segundo o critério ou sistema de provas das leis processuais. Por isso, de regra, toda presunção legal permite prova contrária. É dizer, 'qualquer regra jurídica pode pôr a presunção e há de entender-se relativa, se a regra, que a criou, não diz que é absoluta, isto é, se, explícita ou implicitamente, não exclui a prova em contrário'. (Miranda, Francisco Cavalcante Pontes de. *Tratado de direito privado.* Campinas: Bookseller, 2000, tomo 3, ps. 496-499)
> Por isso mesmo, vêm bem a calhar as ponderações do em. Ministro Celso de Mello, em seu voto condutor proferido no julgamento, pelo STF, do AI 207808 AgR-ED-ED, no qual Sua Excelência consignou que deve o magistrado repelir situações que culminem por afetar – ausente a necessária base de credibilidade institucional – o próprio coeficiente de legitimidade político-social do Poder Judiciário.
>
> Nesse mencionado precedente, Sua Excelência arrematou:
>
> > 'O processo não pode ser manipulado para viabilizar o abuso de direito, pois essa é uma idéia que se revela frontalmente contrária ao dever de probidade que se impõe à observância das partes. O litigante de má-fé – trate-se de parte pública ou de parte privada – deve

> ter a sua conduta sumariamente repelida pela atuação jurisdicional dos juízes e dos tribunais, que não podem tolerar o abuso processual como prática descaracterizadora da essência ética do processo.'
>
> [...]
>
> Em verdade, o art. 125, III, do CPC [correspondente ao art. 139, III, do novo CPC] estabelece que é poder-dever do juiz, na direção do processo, prevenir ou reprimir qualquer ato contrário à dignidade da Justiça.
>
> Dessarte, segundo entendo, contanto que não seja exercido de modo a ferir a necessária imparcialidade inerente à magistratura, e sem que decorra de análise eminentemente subjetiva do juiz, ou mesmo de óbice meramente procedimental, é plenamente possível que, excepcionalmente, de modo devidamente fundamentado, o magistrado exerça, mesmo que de ofício, o controle de idoneidade (adequação da representatividade) para aferir/afastar a legitimação *ad causam* de associação."[256]

Essas circunstâncias permitem concluir que o abuso do direito processual – no âmbito do processo coletivo – é parâmetro relevante para garantir o respeito pela liberdade dos jurisdicionados e prevenir o uso indevido do processo para fins iníquos, como ocorreria se fosse admitida a tramitação de um processo por iniciativa de uma entidade em tese legítima, mas em detrimento dos interesses dos jurisdicionados (os consumidores e a empresa, por exemplo, numa relação de consumo).

Tratando especificamente de litigância abusiva, a doutrina de Arturo Muñoz Aranguren bem dialoga com os termos do marco normativo europeu (em especial a recém-aprovada Diretiva 2020/1828) e com a visão que se propugna para a ordem processual brasileira.

Para Aranguren, como visto no Capítulo 3, a litigância abusiva ou o abuso do processo não cuida de examinar condutas intraprocessuais específicas, contemplando, em verdade, o processo externamente, considerado em sua totalidade, para repelir conduta processual que, apesar de formalmente aderente às normas processuais, constitui uma subversão ilícita dos princípios que orientam o procedimento[257].

Ainda segundo Aranguren, como já visto, a litigância abusiva constitui um abuso do processo em si mesmo considerado (e não uma simples

[256] STJ-br, REsp 1213614/RJ, Rel. Ministro Luis Felipe Salomão, 4ª Turma, julgado em 1/10/2015, DJe 26/10/2015.

[257] Arturo Muñoz Aranguren, *La litigación abusiva*, 103-105.

atuação abusiva dentro do processo), isto é, o processo é utilizado para obter fins ilegítimos[258], seja porque o direito de ação foi exercido maliciosamente (com a deliberada intenção de causar danos ilegitimamente a terceiro), seja porque a pretensão deduzida na ação é manifestamente infundada, ainda que não se prove o *animus nocendi*[259]. Com esse entendimento, Aranguren enxerga, na figura do abuso do direito do processo, um importante mecanismo de autocorreção do direito[260].

Do ponto de vista conceitual, a perspectiva de Aranguren contribui para delinear os parâmetros normativos para o controle da representatividade adequada das associações, no âmbito da litigância abusiva, englobando todas as situações descritas na Diretiva 2020/1828 como caracterizadoras de abuso processual. Confiram-se (uma vez mais) as referências normativas (da Diretiva 2020/1828).

Quanto ao objeto e à finalidade das ações coletivas de consumo, o considerando 10 e o art. 1º da Diretiva estabelecem que a defesa efetiva dos consumidores não convive com "*a litigância de má-fé que prejudique injustificadamente a capacidade das empresas*" (expressão do Considerando 10) e, ainda nos termos do Considerando 10, afirma:

> "[p]ara prevenir o recurso abusivo às ações coletivas, a concessão de indemnizações punitivas deverá ser evitada e deverão ser estabelecidas regras para determinados aspetos processuais, nomeadamente a designação e o financiamento das entidades qualificadas".

No que tange à tramitação do feito, o considerando 39 e o art. 7º, n. 7, da Diretiva 2020/1828 estipulam a necessidade de haver a possibilidade de "*indeferir processos manifestamente infundados na fase o mais inicial possível do processo*" (expressão do artigo 7º). É didática a explicação do Considerando 39:

> "A fim de evitar a litigância de má-fé, os Estados-Membros deverão adotar novas regras de direito nacional ou aplicar as existentes de modo que o tribunal ou a autoridade administrativa possam decidir indeferir os processos manifestamente infundados, logo que o tribunal ou a autori-

[258] Arturo Muñoz Aranguren, *La litigación abusiva*, 23.

[259] Arturo Muñoz Aranguren, *La litigación abusiva*, 30-35.

[260] Arturo Muñoz Aranguren, *La litigación abusiva*, 37.

> dade administrativa tenham obtido as informações necessárias para justificar essa decisão. Os Estados-Membros não deverão ser obrigados a introduzir regras especiais aplicáveis a ações coletivas e deverão poder aplicar regras processuais gerais, caso essas regras cumpram o objetivo de evitar a litigância de má-fé".

Ainda preocupada com a existência de justa causa para litigar, a Diretiva preceitua que a legislação deve conceber mecanismos efetivos para aferir as fontes de financiamento das entidades que ajuízem ações coletivas. No particular, eis o que dispõem o Considerando 52 e o artigo 10º da Diretiva 2020/1828:

> "(52) As entidades qualificadas deverão ser totalmente transparentes perante o tribunal ou as autoridades administrativas quanto à fonte de financiamento das suas atividades em geral e quanto à origem das verbas que sustentam uma ação coletiva específica para medidas de reparação. Isto é necessário para permitir que os tribunais ou as autoridades administrativas avaliem se o financiamento por terceiros, na medida em que o direito nacional o permita, cumpre as condições previstas na presente diretiva, se existem eventuais conflitos de interesses entre o terceiro que está a financiar e a entidade qualificada, a fim de evitar o risco de litigância de má-fé, e se o financiamento por um terceiro que tenha um interesse económico em que a ação coletiva para medidas de reparação seja intentada ou no seu resultado não desvia a ação coletiva da proteção dos interesses coletivos dos consumidores (...)."
>
> "Artigo 10º.
> Financiamento de ações coletivas para medidas de reparação
> 1.Os Estados-Membros asseguram que, caso uma ação coletiva para medidas de reparação seja financiada por um terceiro, na medida em que o direito nacional o permita, se evitem conflitos de interesses e que o financiamento por terceiros que tenham um interesse económico na proposição ou no resultado da ação coletiva para medidas de reparação não desvie a ação coletiva da proteção dos interesses coletivos dos consumidores.
> 2. Para efeitos do n. 1, os Estados-Membros asseguram, em particular, que:

> a) As decisões tomadas pelas entidades qualificadas no contexto de uma ação coletiva, incluindo decisões relativas a acordos de indemnização, não sejam indevidamente influenciadas por um terceiro, de uma forma que prejudique os interesses coletivos dos consumidores abrangidos pela ação coletiva;
> b) A ação coletiva não seja intentada contra um demandado que seja concorrente do financiador ou contra um demandado de quem o financiador dependa.
> 3. Os Estados-Membros asseguram que os tribunais e as autoridades administrativas tenham, no âmbito de uma ação coletiva para medidas de reparação, poderes para avaliar o cumprimento do disposto nos nºs 1 e 2, caso surjam dúvidas justificadas a esse respeito. Para o efeito, as entidades qualificadas apresentam ao tribunal ou à autoridade administrativa uma síntese financeira que enumere as fontes de financiamento utilizadas para apoiar a ação coletiva.
> 4. Os Estados-Membros asseguram que, para efeitos dos nºs 1 e 2, os tribunais ou as autoridades administrativas tenham poderes para adotar as medidas adequadas, como exigir à entidade qualificada que recuse ou faça alterações ao financiamento em causa e, se for caso disso, rejeitar a legitimidade da entidade qualificada numa determinada ação coletiva. Se a legitimidade da entidade qualificada for rejeitada numa determinada ação coletiva, essa rejeição não afeta os direitos dos consumidores abrangidos por essa ação coletiva."

É nesses termos que parece adequada a caracterização feita por Aranguren para o fenômeno de litigância abusiva por parte do autor da ação, no sentido de que ocorre a litigância abusiva quando há uso injustificado do direito à tutela judicial efetiva, materializado no exercício de ações, sem causa razoável (*reasonable cause*), por carecer de um fundamento minimamente sólido (ausência de *iusta causa litigandi* ou ausência de razão direta para litigar, entendida como exercício jurisdicional de ação sem base jurídica e/ou fática, minimamente razoável). Ainda consoante Aranguren, a falta de razoabilidade deve ser avaliada na perspectiva objetiva (sem prejuízo de também se considerar o aspecto subjetivo), a partir de um juízo sobre o entendimento que deveria ter uma pessoa com razoável compreensão dos fatos e circunstâncias do tema[261].

[261] Arturo Muñoz Aranguren, *La litigación abusiva*, 35.

Constatada a ocorrência do ajuizamento abusivo da ação coletiva, sem prejuízo de que fique configurada a litigância de má-fé (atraindo as sanções pecuniárias e eventualmente o dever de indenizar)[262], a interpretação da Diretiva 2020/1828, como se vê, orienta no sentido de que a ação não deve produzir os efeitos ilegítimos pretendidos.

Para tanto, deverá o juiz valer-se do seu poder geral de direção do processo. Nesse aspecto, como acentua Paula Costa e Silva, o "*poderosíssimo*" (a expressão é da jurista) poder geral de direção de que é investido o juiz constitui forma peculiar de reação a comportamentos abusivos, para reprimir o comportamento arbitrário, imoderado ou desviado das partes[263] (e aqui vale a referência aos art. 6º CPC-pt e art. 139 CPC-br, que dispõem sobre os poderes gerais de gestão processual do juiz)[264].

As especificidades próprias da relação processual admitem que a repressão do ato abusivo se faça no plano da admissibilidade da conduta processual da parte. Essa singularidade do comportamento processual (em contraposição ao comportamento extraprocessual) é bem explorada por Paula Costa e Silva, que se vale da doutrina de Henckel:

> "Este [o comportamento processual], uma vez praticado, desencadeia de imediato um efeito típico: necessidade de exercício da função jurisdicional. Praticado um acto no processo, sobre ele se pronunciará, regra geral e com a exceção agora aqui não relevante dos actos que se devem ter por prejudicados por decisão dada a outras pretensões, o tribunal. Mas o acto postulativo, para desencadear o efeito último pretendido pelo seu autor necessita de uma dupla valoração: a da sua respectiva admissibilidade e a da sua procedência."[265]

[262] Paula Costa e Silva, *A litigância de má fé*, 620.

[263] Paula Costa e Silva, *A litigância de má fé*, 628.

[264] Miguel Teixeira de Sousa, *A legitimidade popular na tutela dos interesses difusos*, 240-241, defende que a apreciação da adequação da representação do autor popular (em relação a uma parte que em tese tem legitimidade), pode ser feita pelo juiz e pelo Ministério Público, enfatizando que nem sempre podem eles se valer dos mesmos elementos, haja vista que o juiz está sujeito a certos parâmetros de imparcialidade que não valem para o Ministério Público.

[265] Paula Costa e Silva, *A litigância de má fé*, 630. A jurista destaca que a necessidade de dupla valoração admissibilidade e procedência é afastada na hipótese do art. 288/3 do CPC,

Considerando que a litigância abusiva se manifesta no exercício da ação, são pertinentes as observações de Paula Costa e Silva, com apoio no pensamento de Goldschmidt, sobre a vocação de qualquer ato postulativo reclamar um ato de heteronomia do Estado-Juiz[266], reforçando a ideia de que a litigância abusiva pode ser repelida pela categoria da inadmissibilidade.

Para Paula Costa e Silva, a categoria da inadmissibilidade não é suficiente para bloquear todo e qualquer efeito negativo do ato processual abusivo, podendo haver danos que a estrutura processual não conseguiu bloquear, o que justificaria outras formas de censura[267] (com o que estamos de acordo). Não obstante, para os fins da presente pesquisa, a compreensão de que o poder de direção do processo constitui campo propício para reprimir a conduta abusiva, a partir da categoria da inadmissibilidade do comportamento abusivo no âmbito do processo. É quanto basta.

Por outras palavras, constatada a litigância abusiva no ajuizamento da ação, o sistema jurídico deve dar resposta que iniba a produção de efeitos ilegítimos decorrentes da ação ou do processo. Isso deve ser feito a partir de um juízo de admissibilidade, o que, na generalidade das situações, resulta na extinção do feito sem resolução de mérito, sem prejuízo de se reconhecer o dever de indenizar e de se aplicarem sanções pecuniárias, se a litigância for caracterizada como de má-fé[268].

É útil, neste momento, avançar numa abordagem casuística que examine a manifestação do fenômeno da litigância abusiva nos institutos

que trata da prevalência do julgamento de mérito, mas sem tecer considerações se a prevalência do julgamento do mérito vale em situações nas quais há comportamento abusivo.

266 Nas palavras de Paula Costa e Silva, *A litigância de má fé*, 630-631: "Retomando o pensamento de Goldschmidt, o acto postulativo, porque dirigido à obtenção de um acto de heteronomia conforme aos interesses do seu autor, caracteriza-se por visar a persuasão do tribunal e assim se distinguindo do acto não postulativo. A postulação não vive sem heteronomia, ou seja, o acto não produz, de imediato, o efeito pretendido pelo autor: carece da interposição de um título judicial, de uma decisão".

267 Paula Costa e Silva, *A litigância de má fé*, 631-632. Nas palavras da autora, a litigância de má-fé "*intervém quando a inadmissibilidade não é suficiente para efeitos do acto processual desconforme. Inadmissibilidade e ilicitude não são valorações reciprocamente excludentes, podendo um acto ser simultaneamente inadmissível e desencadear os efeitos típicos da má-fé*" (p. 632-633).

268 A litigância abusiva, como visto, é uma categoria autônoma e mais ampla em relação à litigância de má-fé. Disso resulta que constatar a litigância abusiva não necessariamente implica reconhecer litigância de má-fé.

processuais com impacto nos pressupostos processuais, mostrando as potencialidades da tese proposta.

4.2 Uma abordagem casuística a respeito do controle da representação adequada das associações no processo coletivo

A categoria "representação adequada", própria do processo coletivo (inspirado na matriz norte-americana[269]), carrega a ideia de que aquele que maneja a ação coletiva, atuando em nome próprio, mas defendendo o interesse de uma coletividade, deve ter aptidão técnica, idoneidade, seriedade e eficiência na sua atuação processual[270]. É dizer, para que uma ação seja aceita como coletiva, o candidato a representante deve demonstrar sua capacidade de proteger adequadamente os interesses do grupo em juízo.

Antonio Gidi pontua que o requisito da adequação da representação, na *class action* norte-americana, é constituído por dois elementos, que são avaliados em relação ao representante e ao advogado: a possibilidade de assegurar a vigorosa tutela dos interesses dos membros do grupo ausentes e a inexistência de antagonismo ou conflito de interesses com o grupo[271]. Destaca ainda o processualista tratar-se de um requisito

[269] Nos Estados Unidos, a conhecida Regra 23 (*Rule 23 of the Federal Rules of Civil Procedure*) estipula que, para a certificação de uma ação como coletiva, devem ser cumpridos quatro requisitos: "numerosity" (não é exequível reunir os interessados no mesmo processo), "commonality (questões de fato e de direito são comuns à classe), "typicality" (o representante tem o mesmo interesse e sofreu o mesmo ilícito que os demais membros do grupo, ou seja, o representante é um membro típico do grupo) e "adequacy of representation" (o representante pode proteger de forma correta e adequada os interesses coletivos). Os dois primeiros requisitos dizem respeito à situação controvertida entre as partes (aos fatos que autorizam o julgamento coletivo da controvérsia); os dos últimos tratam dos atributos que devem ter os representantes do grupo. A respeito do assunto, Antonio GIDI (*A class action como instrumento de tutela coletiva dos direitos*, 70-71) alerta que "a linha que delimita a esfera de abrangência conceitual dos requisitos é obscura". E prossegue: "Nem sempre é fácil distinguir onde termina um e começa o outro. Esse fenômeno é mais marcante principalmente entre os requisitos da quetão comum e da tipicidade, e entre os da titpicidade e da representação adequada".

[270] Débora Chaves Martines FERNANDES, *Controle judicial da representatividade adequada das associações civis*, São Paulo, 2013 Dissertação de Mestrado em Direito Processual apresentada à Faculdade de Direito da Universidade de São Paulo, 187.

[271] Antonio GIDI, *A class action como instrumento de tutela coletiva dos direitos*, 104-105.

que deve ser cumprido durante todo o processo coletivo, podendo ser (re)avaliado mesmo depois da certificação[272].

Devido à indeterminação de conceitos que impregna os requisitos de certificação da ação coletiva, há também nos Estados Unidos enorme esforço da doutrina e da jurisprudência para bem caracterizar um "representante adequado". À luz da Regra 23 e da jurisprudência que se formou sobre o assunto, Jay Tidmarsh propõe, por exemplo, uma forma alternativa para definir o instituto:

> "a doutrina da representação adequada deve ser reformulada para se chegar a uma única métrica facilmente enunciada: Representação por representantes de classe e conselho é adequada se, e somente se, a representação não colocar os membros da classe em situação pior do que estariam se eles houvessem optado por litígios individuais"[273]

Para Tidmarsh, esta (re)definição seria suficiente e descreveria melhor a ausência de representação adequada para coibir situações de conflito de interesses, colusão entre partes, celebração de acordos brandos, etc.

As nuances que envolvem a formulação da categoria "representante adequado" são também identificadas por Teixeira de Sousa, examinando o regime da ação popular. Ao tratar do controle da legitimidade popular (na ação popular), Teixeira de Sousa destaca que este controle se faz em duas etapas: uma de caráter formal (saber se o autor popular preenche as condições definidas no art. 2º. da LAP-pt), e outra de caráter substancial (para verificar se o autor popular exerce a representação inerente à legitimidade popular). Nessa última dimensão, sustenta que há de aferir-se se a representação do autor popular permite que todos os titulares do interesse difuso se beneficiem do resultado da ação (conflito endógeno) e também se a ausência dos titulares do interesse em litígio pode trazer prejuízos à adequada tutela destes interesses (conflito exógeno)[274].

[272] Antonio Gidi, *A class action como instrumento de tutela coletiva dos direitos*, 99-102.

[273] Tradução livre do seguinte fragmento: "the doctrine of adequacy of representation should be recast to achieve a single, easily determined metric: Representation by class representatives and counsel is adequate if, and only if, the representation makes class members no worse off than they would have been if they had engaged in individual litigation". Jay Tidmarsh, "Rethinking Adequacy of Representation", Tex. L. Rev. 87 1137 (2008-2009) 4, disponível em <https://scholarship.law.nd.edu/law_faculty_scholarship/531>.

[274] Miguel Teixeira de Sousa, *A legitimidade popular na tutela dos interesses difusos*, 232.

Para aferir se há ou não conflito endógeno e assegurar a representação adequada, deve-se examinar se as posições assumidas pelo autor popular correspondem aos interesses dos titulares dos interesses difusos. Em concreto, isso significa o preenchimento de dois requisitos, assim descritos por Teixeira de Sousa:

> "– um deles, de carácter negativo, é a ausência de qualquer conflito de interesses entre o autor popular e os titulares do interesse difuso; – o outro requisito, de carácter positivo, é a garantia de que a actuação do demandante permite substituir a presença dos titulares do interesse difuso na acção popular."[275]

Exemplificando o requisito de caráter negativo, Teixeira de Sousa aduz que é por isso "*que não se concebe que uma acção popular para a defesa dos interesses dos consumidores possa ser proposta por um produtor, ou vice-versa*". Igual conflito há se "*a satisfação dos interesses do autor popular dificulta ou impede a satisfação dos interesses dos demais titulares do interesse difuso*", o que pode ocorrer "*quando não existe uma suficiente homogeneidade entre a posição do autor popular e a dos demais titulares do interesse difuso*", situação na qual o autor popular, se incluindo na categoria de um dos tipos de lesados, pode descurar dos interesses de outro grupo abrangido na ação. No que tange ao requisito de caráter positivo, reconhece Teixeira de Sousa a dificuldade de verificação, mas ela passa por verificar se a atuação do autor popular é "*razoavelmente hábil, suficientemente financiada e apropriadamente zelosa*"[276]. Ainda no plano dos conflitos endógenos, Teixeira de Sousa alude à possibilidade de conflito entre o autor popular e os titulares do interesse difuso em razão de um conluio entre o autor popular e o réu, com o intuito de prejudicar os titulares do interesse difuso, tratando o processualista esta hipótese como simulação processual[277].

Ao tratar dos conflitos exógenos (entre os titulares do interesse difuso e outros sujeitos), especial atenção é dada por Teixeira de Sousa ao possível conflito entre os titulares dos interesses difusos e o mandatário judicial. Nesse aspecto, acentua que o advogado de uma ação coletiva atua não apenas como representante do autor popular, mas de todos

[275] Miguel Teixeira de Sousa, *A legitimidade popular na tutela dos interesses difusos,* 235.

[276] Miguel Teixeira de Sousa, *A legitimidade popular na tutela dos interesses difusos,* 235-236.

[277] Miguel Teixeira de Sousa, *A legitimidade popular na tutela dos interesses difusos,* 242-243.

os titulares do interesse difuso, sendo chamado muitas vezes a assumir "*uma atitude empresarial, controlando e financiando a acção, e remetendo os autores para uma atitude mais ou menos desinteressada*"[278], a revelar o cuidado que se deve dedicar à questão. Também se enquadraria na situação de conflito exógeno a hipótese de conflito exacerbado entre os titulares dos interesses difusos e o réu da ação popular (ou seja, conflito patológico que exceda à litigiosidade inerente a qualquer ação judicial). Nesse particular, Teixeira de Sousa se refere ao uso abusivo da ação popular (pelo autor popular ou pelo seu advogado) como um meio para criar dificuldades ou prejuízos ao réu. Isso pode ocorrer quando, por exemplo, a ação popular é ajuizada com o propósito de forçar o réu a realizar uma transação para obstar dano à sua imagem. Também se mostra abusiva a propositura concertada de várias ações coletivas contra o mesmo réu "*com o objetivo específico de lhe aumentar as despesas e os incômodos*" [279]. Para além da configuração da litigância de má-fé, anota Teixeira de Sousa que "*O regime legal procura prevenir o uso injustificado da acção popular, já que permite o indeferimento liminar da petição inicial quando se mostrar que a procedência do pedido nela formulado é manifestamente improvável (cfr. artº 13º LPPAP)*"[280].

De tudo o que se expôs, fácil perceber que a categoria processual da "representação adequada" não encontra equivalente perfeita nas categorias processuais clássicas próprias da dogmática processual do Brasil e de Portugal, nada obstante seja comumente associada ao instituto da legitimidade.

Em outras palavras, a representação adequada é instituto mais amplo do que a legitimidade, porque examina a idoneidade do autor e avalia o

[278] Miguel Teixeira de Sousa, *A legitimidade popular na tutela dos interesses difusos*, 244-245.

[279] Miguel Teixeira de Sousa, *A legitimidade popular na tutela dos interesses difusos*, 255-257. Nessa específica situação de ajuizamento de múltiplas ações coletivas, assim se manifesta Teixeira de Sousa:

"Também nesta situação se verifica um abuso da legitimidade popular, dado que esta é utilizada, não para a prossecução dos interesses difusos defendidos pelos vários autores populares, mas para multiplicar os custos inerentes à defesa do demandado. Assim, independentemente de algumas dessas acções deverem terminar com a absolvição do réu da instância pela verificação da excepção de litispendência (cfr. arts. 497º, 498º, 494, al. i), e 493º, n. 2, CPC), os autores de todas essas acções devem ser condenados como litigantes de má-fé" (p. 257).

[280] Miguel Teixeira de Sousa, *A legitimidade popular na tutela dos interesses difusos*, 256.

seu interesse (inclusive à luz da pretensão deduzida e de sua atuação no processo), bem como a sua relação com a coletividade titular do interesse e com a contraparte, tudo para garantir a higidez da tutela dos interesses coletivos.

Significa dizer que, sendo o autor da ação coletiva uma associação, o juízo sobre a qualidade técnica do trabalho desenvolvido no processo coletivo pela entidade, a possibilidade de conluio entre as partes, a ausência de verdadeiro vínculo de representação entre associação e coletividade, a falta de preparo do advogado *etc.* Estravazam a noção de legitimidade, merecendo por isso ser examinada a questão num plano mais amplo.

No Brasil, é possível identificar controvérsia se o juízo sobre a representação adequada se situaria no âmbito dos pressupostos processuais[281], ou das condições da ação (em especial, legitimidade *ad causam*[282]), considerando que o CPC-br 73, cujo anteprojeto foi redigido pelo Prof. Alfredo Buzaid, se fixou na concepção de Liebman para contemplar no texto normativo a controvertida categoria processual das "condições da ação"[283].

281 Nesse sentido, a opinião de Hugo Nigro Mazzilli, *A defesa dos interesses difusos em juízo*, 276: "Os requisitos de representatividade adequada e pertinência temática são verdadeiros pressupostos processuais, não se confundindo com as condições da ação (legitimidade de partes, interesse processual e possibilidade jurídica). Uma associação pode estar constituída há menos de um ano e ter interesse processual (o juiz pode dispensar o pressuposto processual da pré-constituição, mas não pode dispensar uma condição da ação), ou, ao contrário, pode ter finalidade institucional para defender o meio ambiente e pode estar constituída há vários anos, mas, em concreto, não ter interesse processual."

282 Nesse sentido, confira-se a opinião de Fredie Didier Jr. / Hermes Zaneti Jr., *Curso de Direito Processual Civil*, vol. 4: *Processo Coletivo*, 2ª ed., Salvador: Jus Podivm, 2007, 210-215: "A análise da legitimação coletiva (e, por consequência, da representação adequada) dar-se-ia em duas fases. Primeiramente, verifica-se se há autorização legal para que determinado ente possa substituir os titulares coletivo do direito afirmado e conduzir o processo coletivo. A seguir, o juiz faz o controle in concreto da adequação da legitimidade para aferir, sempre motivadamente, se estão presentes os elementos que asseguram a representatividade adequada dos direitos em tela."

283 Como bem pontuado por Joel Dias Figueira Júnior, o Código de Processo Civil foi concebido à luz do trinômio processual constituído pelos pressupostos processuais, as condições da ação e o mérito da causa, sendo que "*os pressupostos processuais e as condições da ação reúnem-se na categoria de requisitos de admissibilidade do julgamento do mérito*".
Nesta concepção, os pressupostos processuais são requisitos da relação jurídica processual que têm de estar preenchidos para que essa relação seja válida, capaz de produzir efeitos e

Cabe reconhecer, no entanto, que, no Brasil, a discussão perdeu atualidade na vigência do Código de Processo Civil de 2015, que não mais utiliza a categoria das condições da ação, preferindo referir-se apenas a *"pressupostos de constituição e de desenvolvimento válido e regular do processo"* (art. 485, inciso IV), e menciona, sem qualificar como condução da ação, a *"legitimidade ou interesse processual"*, litispendência, coisa julgada (art. 485, incisos V e VI).

Fredie Didier Júnior, ao comentar a ausência no Projeto de Código que veio a ser aprovado pelo legislador brasileiro da expressão "condições da ação", assinalou que isso configuraria um silêncio eloquente de

permitir uma sentença de mérito. Dividindo os pressupostos processuais entre subjetivos e objetivos (sendo esses extrínsecos e intrínsecos), o processualista, no contexto do CPC-br 73, explica de forma didática:
"Os pressupostos processuais subjetivos referentes ao Juiz são: a) competência (arts. 86/114; 307/311); b) imparcialidade (arts. 134/136; 312/314). Com relação às partes: a) capacidade ou legitimidade processual (ad processum), ou seja, para estarem em Juízo por si sós ou representadas por quem de direito (arts. 7º/13); c) capacidade postulatória da própria parte ou de seu advogado (arts. 36/37).
Os pressupostos processuais objetivos extrínsecos à relação processual são: a) litispendência (art. 301, 1º CPC); b) coisa julgada (arts. 301, § 1º, e 467 e ss., CPC): c) o compromisso arbitral (arts. 301, IX, e 1.072 e ss., CPC); d) perempção (art. 268, Parágrafo único, CPC); e) falta de caução ou de outra prestação, que a lei exige como preliminar (art. 301, XI; art. 826 e ss., especialmente o art. 835, CPC); f) pagamento prévio da sucumbência em que incidiu o autor em processo anterior extinto na forma do § 2º do art. 267 (arts. 28 e 268, CPC).
Os pressupostos processuais objetivos intrínsecos são: a) o pagamento das custas processuais iniciais no prazo legal (arts. 19 e 257, CPC); b) aptidão da peça inaugural (art. 282, excluída a hipótese do inc. III do art. 295, CPC); c) citação válida (arts. 214 e 219, CPC); d) instrumento de mandato (art. 37 e Parágrafo único, CPC); e) adequação do tipo de procedimento à natureza da causa (art. 295, V, CPC)."
As condições da ação (possibilidade jurídica do pedido, legitimação para agir em juízo e interesse de agir), por seu turno, seriam os requisitos de existência da ação válida, destinada à obtenção de uma sentença de mérito, sendo certo que *"esses requisitos não se confundem com os pressupostos processuais, que pertinem aos elementos de formação e desenvolvimento regular do processo, ou seja, da relação processual (pressupostos de um processo válido)"*. Destaca o processualista que *"as condições da ação devem ser consideradas na hipótese figurada na inicial pelo autor, levando-se em conta a situação fáctica e o direito alegado, em tese"*. Joel Dias FIGUEIRA JUNIOR, "A metodologia no exame do trinômio processual: pressupostos processuais, condições da ação e mérito da causa – o pensamento do prof. Alfredo Buzaid", *Revista de Processo* 72 (Out-Dez / 1993) 335-347. Em sentido semelhante, confira-se: Humberto THEODORO JÚNIOR, "Pressupostos processuais, condições da ação e mérito da causa", *Revistas de Processo* 17 (jan./mar. 1980) 41-49.

rejeição dessa categoria processual, autorizando a conclusão de que a legitimidade de uma parte e o interesse de agir poderiam ser inseridos na categoria "pressupostos processuais" (o interesse de agir seria um pressuposto de validade objetivo intrínseco e a legitimidade seria um pressuposto subjetivo relativo às partes)[284]. Entendimento semelhante é expresso por Leonardo Carneiro da Cunha, para quem, "*não havendo mais a categoria 'condição da ação', a legitimidade e o interesse passam a integrar o juízo de admissibilidade do processo, havendo apenas pressupostos processuais e mérito*"[285].

Pertinentes, ainda, os comentários de Wambier e Talamini:

> "O CPC/2015 não alude mais ao termo 'condições da ação' – embora continue a referir-se, nos arts. 17 e 485, VI, a duas hipóteses que tradicionalmente sempre foram inseridas nessa categoria (legitimidade para a causa e interesse de agir – tratando-se destacadamente em relação aos pressupostos processuais positivos (Art. 485, IV) e negativos (art. 485, V). Em certa medida, adotou-se a concepção teórica que não vê maior relevância em distinguir os 'pressupostos processuais' das 'condições da ação', chamando-os todos de 'pressupostos de admissibilidade da tutela jurisdicional'. Do ponto de vista pragmático, essa parece ser uma solução adequada"[286].

[284] E a impossibilidade jurídica do pedido atrairia, por seu turno, uma sentença de mérito (de improcedência do pedido). Cf. Fredie DIDIER JR., "Será o fim da categoria "condição da ação"? Um elogio ao projeto do novo Código de Processo Civil", in Luiz Rodrigues WAMBIER / Teresa Arruda Alvim WAMBIER, *Doutrinas Essenciais de Processo Civil*, vol. 2, São Paulo: Revista dos Tribunais, 2011, 323-328.

[285] Assim defende seu argumento Leonardo Carneiro da CUNHA, "Será o fim da categoria condições da ação? Uma intromissão no debate travado entre Fredie Didier Jr. e Alexandre Freitas Câmara", *Revista de Processo* 198 (ago/2011) 227-236:
"A circunstância de a ação e o processo serem institutos autônomos não impõe que haja necessariamente, como categorias autônomas, as condições da ação e os pressupostos processuais. O processo surge com a propositura da demanda. Esta constitui um ato jurídico que acarreta a formação do processo. Para que o processo tenha desenvolvimento válido, é preciso já que a própria demanda seja validamente exercida, de sorte que os requisitos de validade da demanda podem ser requisitos de validade dos demais atos processuais, pois viciado o ato jurídico de demandar, haverá contaminação aos demais atos, salvo se não resultar prejuízo ou se o resultado de mérito puder ser favorável ao réu".

[286] Luiz Rodrigues WAMBIER / Eduardo TALAMINI, *Curso Avançado de Processo Civil*, vol. 1, 16ª ed., São Paulo: Revista dos Tribunais, 2016, 219.

Na dogmática processual portuguesa, encontra-se a distinção entre condições de ação – "*os requisitos indispensáveis para que se possa ser concedida (deferida ou julgada procedente uma qualquer providência judiciária solicitada em juízo*") – e pressupostos processuais – "*para que o tribunal possa chegar a pronunciar-se sobre o mérito da causa, concedendo ou denegando a providência requerida pelo autor ou demandante, exige-se a verificação de determinados requisitos de ordem formal/processual*"[287]. Mas, considerando-se os termos da legislação processual portuguesa, esta distinção não parece ser normativamente obrigatória (situação análoga à do Brasil).

Por outro lado, trabalhar apenas com a distinção entre pressupostos processuais e de mérito tem a virtude de conferir, do ponto de vista lógico, simetria à dogmática processual, associando os dois juízos que podem ser feitos pelo juiz no processo (de admissibilidade e de mérito) às questões que podem ser submetidas à apreciação judicial (processuais e de mérito)[288].

Nesse contexto, mostra-se possível e pertinente tratar da representação adequada no plano dos pressupostos processuais (em sentido amplo), também porque, no Capítulo 2, os pressupostos processuais foram examinados nessa perspectiva, em função do diálogo com o pensamento de Teixeira de Sousa[289] (sem desconhecer que há requisitos formais que se aplicam à ação e outros que se aplicam ao processo).

Os pressupostos processuais funcionam, assim, como condições necessárias para uma decisão de mérito. A sua verificação demanda uma investigação no plano processual e não do direito substantivo, todavia – dada a natureza instrumental do processo – pode haver relação entre direito processual e direito material (entre forma e conteúdo) no exame dos pressupostos. E essa situação gera complexidade e controvérsia na apreciação dos pressupostos, o que não retira, como se viu, a sua funcionalidade para a adequada prestação jurisdicional (se não bastasse referir que são requisitos legais).

Para os fins da presente pesquisa, recebem especial atenção os pressupostos processuais que poderão repercutir-se no exame da representação adequada das associações, razão pela qual serão examinados

[287] Neste sentido: Ferreira de Almeida, *Direito Processual Civil*, 1, 390-391.

[288] Neste sentido, Fredie Didier Jr., "Será o fim da categoria "condição da ação"?", 323.

[289] Miguel Teixeira de Sousa, "Sobre o sentido e a função dos pressupostos processuais", 85-125.

os pressupostos processuais relativos (i) à personalidade judiciária, (ii) à legitimidade ativa e (iv) ao interesse de agir. Antes, faz-se uma breve incursão sobre a possibilidade de pensar o controle da representação adequada como uma exceção dilatória inominada, quando menos numa perspectiva processual portuguesa.

4.2.1 *Representatividade adequada como exceção dilatória inominada?*

Em Portugal, o Código de Processo Civil contempla expressamente o instituto processual da exceção, prevendo os conceitos de exceções dilatórias e peremptórias, para estabelecer que "as exceções dilatórias obstam a que o tribunal conheça do mérito da causa e dão lugar à absolvição da instância ou à remessa do processo para outro tribunal" e que "as exceções perentórias importam a absolvição total ou parcial do pedido e consistem na invocação de factos que impedem, modificam ou extinguem o efeito jurídico dos factos articulados pelo autor" (art. 576º do CPC-Pt, equivalente ao art. 493 do CPC-Pt de 1961).

Traduzindo essa realidade, Rafael Alexandria de Oliveira explica:

> "Ou seja, lá, o direito positivo dispõe que exceções dilatórias são aquelas que veiculam defesas processuais, enquanto que as exceções peremptórias são aquelas que veiculam defesas indiretas de mérito (invocação de fatos impeditivos, modificativos ou extintivos do direito afirmado pelo autor)"[290].

Em relação às exceções dilatórias, o Código de Proceso Civil Português estabelece um rol exemplificativo, ao dispor, no artigo 577º, que "são dilatórias, **entre outras**, as exceções seguintes", passando a elencar diversas hipóteses (incompetência absoluta e relativa, nulidade de todo o processo, falta de personalidade ou de capacidade judiciária de alguma das partes, falta de autorização ou deliberação que o autor devesse obter, ilegitimidade de alguma das partes, coligação de autores ou réus [quando entre os pedidos não existe a conexão exigida no artigo 36º], pluralidade subjetiva subsidiária [fora dos casos previstos no artigo 39º], falta de constituição de advogado por parte do autor [nos

[290] Rafael Alexandria de Oliveira, *Aspectos Processuais da exceção de contrto não cumprido*, Salvador: Editora JusPodivm, 2012, 57.

processos a que se refere o nº 1 do artigo 40º] e falta, insuficiência ou irregularidade de mandato judicial por parte do mandatário que propôs a ação, litispendência ou caso julgado).

Para Lebre de Freitas e Isabel Vaz, "*o elenco das exceções dilatórias não é exaustivo; mas é extenso e abarca as principais exceções dilatórias*"[291].

A categoria "exceção dilatória inominada", portanto, ganha espaço na persperctiva de que o CPC-pt traz um rol exemplificativo. Luciana Ferreira Gomes Pinto, por exemplo, compreende o interesse de agir como uma exceção dilatória inominada, considerando a falta de previsão expressa na legislação portuguesa para essa categoria[292].

No Brasil, não havendo opção legislativa expressa, a classificação acerca do regime das exceções ganha enorme complexidade, dada a falta de consenso na prática forense e na doutrina.

Dinamarco, Badaró e Lopes identificam o termo "exceção", em sentido amplo, como sinônimo de defesa, separando as exceções processuais (que se dirigem contra o processo e contra a admissibilidade da ação) e as exceções substanciais (que são de mérito, subdividindo-as em diretas, quando atacam a própria pretensão do autor ou o fundamento de seu pedido, e indiretas, quando opõem fatos impeditivos, modificativos e extintivos do direito alegado pelo autor)[293].

Por outro lado, a expressão "dilatória e peremptória" ganha outro sentido na doutrina brasileira, sendo uma classificação que se baseia na avaliação dos efeitos das exceções na relação processual. São dilatórias as exceções que buscam distender o curso do processo (exceção de incompetência relativa ou de suspeição). São peremptórias aquelas que buscam extinguir a relação processual (coisa julgada ou litispendência, por exemplo).

Na mesma linha, Rafael Alexandria de Oliveira também alerta sobre a polissemia do termo "exceção" na dogmática processual brasileira, o que gera confusões conceituais significativas[294].

[291] José Lebre de Freitas / Isabel Alexandre, *Código de Processo Civil anotado*, vol. 2, 4ª ed., Coimbra: Almedina, 2019, 579.

[292] Luciana Ferreira Gomes Pinto, *O abuso do direito de demandar*, 95-96.

[293] Cândido Rangel Dinamarco, Gustavo Henrique Righi Ivahy Badaró, Bruno Vasconcelos Carillho Lopes, *Teoria Geral do Processo*, 33ed., São Paulo: Malheiros, 2021, 337.

[294] Rafael Alexandria de Oliveira, *Aspectos Processuais da exceção de contrato não cumprido*, Salvador: Editora JusPodivm, 2012, 25-33. Como bem sintetiza o autor, o termo exceção possui

Cleanto Guimarães Siqueira, igualmente, identifica os diversos significados para o termo, preferindo adotar a seguinte terminologia: i) defesa contra o processo e o direito de ação (que podem ser objeções ou defesa instrumental/formal); e ii) defesa de mérito (direta ou indireta [essa última como sendo exceções *strito sensu*][295].

Na leitura de Cleanto Guimarães Siqueira, tratando especificamente das exceções em sentido estrito:

> "fatos há nos quais o réu afirma residir a eficácia de extinguir, modificar ou impedir os efeitos que o autor pretende retirar dos fatos narrados. Para boa parte da doutrina, estas são as *exceções strictu sensu*. As verdadeiras, e assim historicamente consideradas, exceções substanciais."[296]

Aquilo que o CPC-pt trata como exceções dilatórias, como se vê, encontra sentido totalmente diverso no Brasil, sendo nomeado aqui muitas vezes como defesa indireta ou formal, por meio da qual o réu dirige-se contra os pressupostos processuais[297].

A conclusão que se extrai dessa breve incursão é que tratar do controle da representatividade adequada no âmbito das exceção dilatória inominada pode fazer sentido em Portugal, mas não parece ser uma opção disponível no Brasil.

três grandes sentidos: i) defesa, em sentido amplo e abstrato, assim compreendido como o direito pré-processual (constitucional) que assiste ao réu de resistir à postulação que lhe é dirigida; ii) defesa, num sentido concreto, de exercício do direito de defesa exercido pelo réu no processo (exceção processual); e iii) um determinado tipo de defesa exercido pelo réu no processo. Dentro desse sentido mais restrito (descrito em (iii), o termo exceção é também polissêmico, ora podendo significar (iii.1) argumento de defesa por meio do qual a parte não nega os fatos constitutivos do direito do autor, mas suscita vícios processuais; (iii.2) o argumento de defesa de mérito consistente em por fatos novos aptos a extinguir ou impedir a pretensão afirmada pelo autor; ou (iii.3) argumento de defesa pelo qual o réu não nega o direito afirmado pelo autor, mas contrapõe a ele um outro direito (visando extinguir, impedir ou retardar os efeitos da pretensão, como ocorre na tese da compensação ou da retenção).

295 Cleanto Guimarães Siqueira, *A defesa no processo civil: as exceções substanciais no processo de conhecimento*. 3ª. ed. São Paulo, Saraiva, 2008, 272.

296 Cleanto Guimarães Siqueira, *A defesa no processo civil: as exceções substanciais no processo de conhecimento*. 3ª. ed. São Paulo, Saraiva, 2008, 275.

297 Cleanto Guimarães Siqueira, *A defesa no processo civil: as exceções substanciais no processo de conhecimento*. 3ª. ed. São Paulo, Saraiva, 2008, 275.

É o que parece decorrer da constatação relativa à ausência dessa categoria processual na legislação brasileira e também por considerar-se que a cogitação de uma "defesa processual indireta inominada" não parece contribuir para oferecer uma orientação normativa consistente para a prática processual no Brasil.

4.2.2 *A personalidade judiciária (ou capacidade de ser parte)*

O CPC-pt define personalidade judiciária como a suscetibilidade de ser parte, dispondo, como regra geral, a coincidência entre a personalidade jurídica e a personalidade judiciária (art. 11), e estendendo a personalidade judiciária, de forma excepcional, a certas entidades que não são pessoas, mas coisas (herança ou patrimônios autônomos) ou às entidades coletivas (associações sem personalidade jurídica) ou projeções de entidades coletivas desprovidas de personalidade jurídica (sucursais, filiais, delegações ou representações), conforme artigos 12º e 13º[298].

No que se refere ao Código de Processo Civil brasileiro, não é tratada de forma direta a capacidade de ser parte, mas a doutrina a relaciona, tal como ocorre no processo civil português, com a capacidade de ter direitos[299].

[298] Como bem elucida Paula Costa e Silva, "O manto diáfano da personalidade judiciária", *O Direito* 140/3 (2008) 584, a personalidade judiciária precede a legitimidade:
"Não obstante a distinção entre os dois pressupostos – personalidade judiciária e legitimidade –, certo é que, entre eles, se verifica uma relação de implicância inversa. Se é verdade que a parte só pode ser legítima se, antes disso, se puder constituir como parte, ou seja, se antes disso se concluir que ela tem personalidade judiciária, verdade é, também, que quando a lei atribui legitimidade processual a uma entidade destituída de personalidade jurídica para acionar determinadas situações jurídicas, esta legitimidade implica a sua possibilidade de efetivamente as accionar. Ora, se a sua constituição como parte não for admitida, a sua legitimidade não tem projecção".

[299] Na vigência do Código de Processo Civil brasileiro de 1973, Celso Agrícola Barbi, comentando o art. 7º (correspondente ao atual art. 70 do CPC-br), pontuava que:
"Na órbita civil diferem a capacidade de ter direitos e a capacidade de exercê-los. Assim é que, v.g., o menor pode ter direitos, mas não pode exercê-los pessoalmente. O mesmo princípio se aplica no direito processual, em que se distinguem a capacidade de ser parte e a capacidade de estar em juízo, que correspondem, aproximadamente, àquela distinção feita na ordem civil. Assim, têm capacidade de ser parte toda pessoa natural [...], bem como as pessoas jurídicas, além de outras figuras a que a lei atribui essa capacidade, como o nascituro, espólio etc. Mas a capacidade de estar em juízo, também chamada legitimidade, ou legitimação para o processo, ou 'legitimatio ad processum', só é atribuída aos que estiverem

Como observa Paula Costa e Silva, "*a personalidade judiciária não decorrente da personalidade jurídica implica a concessão do estatuto de parte a quem não é o titular das situações litigiosas*"[300]. Isso significa que as entidades despersonalizadas acabam por, em nome próprio, atuar em juízo na defesa de um direito material que não lhe pertence, manifestando-se substituição processual[301].

A falta de personalidade judiciária do autor cria, para o julgador, o dever de abstenção de conhecimento de mérito e de absolvição do réu da instância[302]. A falta de personalidade judiciária do réu atrai os efeitos da revelia. Para Paula Costa e Silva, o sistema processual acaba por prever consequências processuais distintas, para autor e réu, advindas da irregularidade[303], cabendo facultar sempre que possível o saneamento do vício[304].

no exercício dos seus direitos [...]" (Celso Agrícola Barbi, *Comentários ao Código de Processo Civil*, Vol. I, 10ª ed., Rio de Janeiro: Forense, 1998, 83).

300 Paula Costa e Silva, "O manto diáfano da personalidade judiciária", 576-577.

301 Bem elucida a questão Paula Costa e Silva, "O manto diáfano da personalidade judiciária", 587:

"Comecemos por perguntar em que situação se encontra a litigar a parte processual, que é destituída de personalidade judiciária. Ela actua processualmente em nome próprio, sendo, assim, parte. Por outro lado, ela actua por uma situação jurídica que é alheia já que, ela própria, é destituída de personalidade jurídica. A lei confere-lhe, não apenas personalidade judiciária, mas legitimidade (extraordinária e indirecta) para litigar por situação jurídica alheia. Se as afirmações antecedentes correspondem aos dados do sistema, então a parte judiciária actua enquanto substituto processual. E actua em substituição da pessoa jurídica que, em concreto, não é parte no processo. A aceitação desta legitimidade extraordinária e indirecta é o corolário da personificação judiciária [...]. Nesta linha se afirma que a substituição processual é a situação em que alguém, o substituto, litiga em nome próprio por direito alheio, ou seja, por direito do substituído, com vinculação necessária desta parte - apenas material e não processual - aos efeitos da decisão proferida no confronto da parte processual".

302 Paula Costa e Silva, "O manto diáfano da personalidade judiciária", 576-577.

303 Anota Paula Costa e Silva, "O manto diáfano da personalidade judiciária", 600, que a jurisprudência do STJ-pt tem admitido a sanação da falta de personalidade judiciária para além das hipóteses restritas da personalidade judiciária das sucursais, agências, filiais e delegações ou representações, hoje prevista no artigo 14º do CPC-pt.

304 Nos casos de saneamento da personalidade judiciária das sucursais, agências, filiais ou representações, isso passa pela intervenção da pessoa jurídica, que deve ser citada e ratificar ou repetir os atos processuais praticados pela sucursal, agência, filial, delegação ou representação. Se o vício atinge o réu, "a sanação não pode depender de uma efectiva intervenção da sociedade sob penas de manipulação da regulação da instância", ocorrendo o saneamento

No âmbito do controle da representatividade adequada, a categoria da personalidade judiciária (capacidade de ser parte) mostra-se relevante em situações nas quais se divisa o abuso da personalidade jurídica da associação formalmente legitimada para o ajuizamento da ação coletiva, o que qualifica uma situação de ausência de justa causa para litigar.

Bem pode ilustrar essa hipótese uma situação, já vivenciada na prática forense brasileira, de ações coletivas ajuizadas por associações "de fachada" – assim compreendidas aquelas associações que formalmente cumprem os requisitos legais, mas não possuem vida associativa, porque funcionam apenas como escritórios de advocacia[305], os quais se propõem servir-se dos benefícios outorgados pelo regime de processo coletivo à entidade autora da ação.

Sobre esse tipo de ocorrência, o Superior Tribunal de Justiça já teve oportunidade de fazer a seguinte observação, em *obiter dictum*, no julgamento do ERESP 1.554.821, que teve como relator o Min. Herman Benjamin:

> "Contudo, em *obiter dictum*, pertinente salientar, em tese, que o julgador deve estar alerta para a camuflagem de escritórios de advocacia em associações de tutela de interesses coletivos, sobretudo quando membros do corpo diretivo da entidade compõem ou são parentes dos Advogados.

do vício "simplesmente com a sua citação", de modo que, mantendo-se inerte a pessoa coletiva, uma vez citada, "entrará como qualquer réu, em situação de revelia" – Paula Costa e Silva, "O manto diáfano da personalidade judiciária", 602.

305 No direito brasileiro, são atividades privativas de advocacia "a postulação a órgão do Poder Judiciária e aos juizados especiais a atividade" e "as atividades de consultoria, assessoria e direção jurídicas" (art. 1º da Lei n. 8.906, de 1994). Além disso, "os advogados podem reunir-se em sociedade civil de prestação de serviço de advocacia, na forma disciplinada nesta lei e no regulamento geral" (art. 15), que deve ter seu registro necessariamente aprovado no Conselho Seccional da Ordem dos Advogados do Brasil (§ 1º do art. 15). O § 3º do art. 16 estipula ainda que "é proibido o registro, nos cartórios de registro civil de pessoas jurídicas e nas juntas comerciais, de sociedade que inclua, entre outras finalidades, a atividade de advocacia". Significa dizer que uma associação civil constituída com a única finalidade de ajuizar ações e prestar assessoria jurídica, beneficiando-se do regime das ações coletivas, pode ter sua atuação questionada, inclusive com a possibilidade de o Ministério requerer judicialmente a sua dissolução (com fundamento, por exemplo, nos arts. 2º do Dec-Lei n. 41, de 1966; arts. 51 e 61 do Código Civil). Não obstante essa possiblidade de dissolução da pessoa jurídica, por meio de ação própria, a questão que se põe na presente pesquisa é saber se o desvio de finalidade da associação pode trazer consequências processuais para a apreciação da representatividade adequada numa ação coletiva ajuizada.

> Importa, pois, analisar, caso a caso, a realidade de Ações Coletivas propostas por "associações de fachada", para que tal patologia não venha a se confundir com o escopo virtuoso da Lei 7.347/1985 e do Código de Defesa do Consumidor. Ora, ainda que desnecessária a autorização expressa dos associados para legitimar a propositura da Ação Coletiva em apreço, impende considerar o poder-dever do Magistrado de prevenir, ou reprimir, atos contrários à dignidade da Justiça.
> Ocorre, felizmente de modo excepcional, de associações surgirem como biombo jurídico para esquemas de arrecadação financeira. Despreocupadas com eventual risco de sucumbência, buscam somente indenizações milionárias, sem autorização dos legítimos interessados, de quem, depois, são cobrados honorários. Nesses casos, a associação afasta-se da finalidade social maior da lei, precisamente estimular o associativismo e a solidariedade."[306]

Sob esse prisma, Débora Chaves Martines Fernandes, em sua dissertação[307], identificou algumas decisões que rechaçam ações coletivas ajuizadas por associações que, sob o manto de uma associação, camuflavam apenas uma sociedade de advogados.

No Tribunal de Justiça do Estado do Mato Grosso, constatou-se que a associação que havia ajuizado uma ação coletiva se tratava, "*na realidade, de uma sociedade de advogados, com a roupagem de uma associação, o que se revela como desvio de finalidade*"[308]. No Tribunal de Justiça do Estado de

[306] STJ, EREsp 1554821/RS, Rel. Ministro Herman Benjamin, Corte Especial, julgado em 6/11/2019, DJe 18/12/2020.

[307] Débora Chaves Martines FERNANDES, *Controle judicial da representatividade*, 223-229.

[308] TJMS. Apelação Cível n. 0020675-64.2006.8.12.0001, Campo Grande, 4ª Câmara Cível, Rel. Des. Atapoã da Costa Feliz, rel. Designado: Dorival Renato Pavan, julgado em 9/6/2009, publicado em 28/8/2009. Eis a fundamentação trazida pelo Des. Dorival Renato Pavan, no voto que prevaleceu nesse julgamento:
Tenho conhecimento de que o SUPERIOR TRIBUNAL DE JUSTIÇA já definiu a orientação jurisprudencial no sentido de que as associações fundadas para defesa do consumidor podem propor ações como a presente, sendo detentoras de legitimidade ativa [...].
A espécie dos autos, entrementes, **é peculiar**, e tal peculiaridade decorre do exame do estatuto associativo juntado com a inicial, às f. 17-22, que leva à adoção de um entendimento diametralmente oposto, fundado na prova dos autos.
Examinando-se detidamente referido Estatuto, constata-se que não há, ali, a especificação de quais são os requisitos para a admissão, demissão e exclusão de associados, exigência

Santa Catarina, há uma decisão no sentido de negar representatividade adequada a uma associação porque havia indícios de que não se passava de uma fachada para a atuação de um escritório de advocacia (o corpo dirigente da associação era composto por advogados e seus parentes, havia coincidência entre o endereço do escritório e o da associação e a atuação da associação aparentemente se restringia ao ajuizamento de ações coletivas)[309].

Conquanto tratado ordinariamente no plano da "ilegitimidade ativa" pela jurisprudência, esse tipo de juízo de inadmissibilidade da ação coletiva, pela falta de idoneidade da associação, melhor se compreende como hipótese de rejeitar a personalidade judiciária da associação (capacidade de ser parte), ante a constatação do uso abusivo da personalidade jurídica (abuso da personalidade jurídica). Assim examinada a questão, esse juízo a ser feito sobre a inidoneidade do representante adequado pode e deve se beneficiar da sólida dogmática jurídica construída para tratar da desconsideração da personalidade jurídica[310].

clara e rigorosa do artigo 54, II, do Código Civil, fulminando de nulidade o Estatuto Social que assim não dispor.

[...]

Nem de longe, então, os dispositivos do Estatuto Social da associação autora atendem ao comando inserto nos artigos 54, II, e 57, do Código Civil de 2002, sob cuja égide já houve sua fundação, transparecendo que a entidade autora trata-se, na realidade, de uma sociedade de advogados, com a roupagem de uma associação, o que se revela como desvio de finalidade.

O caráter *social* é muito mais *eminente* do que o caráter *associativo* da entidade autora, não importando, no caso, a denominação que se lhe emprestou o estatuto ou mesmo a descrição de suas finalidades.

O que importa é aferir se as disposições estatutárias se afinam com a lei e, no caso, tal não ocorre, revela, portanto, a ilegitimidade ativa da entidade autora, em que pese o fato de se autodenominar *associação* quando, em realidade, é muito mais *sociedade de pessoas*, constituída para fins determinados e que por isso mesmo não se encontram ao albergue do artigo 5º, V, da Lei 7.347, de 24.07.85."

[309] TJSC, Apelação Cível n. 2005.017940-3, Rel. Des. Nicanor da Silveira, Primeira Câmara de Direito Público, j. 13-10-2005.

[310] Examinando a questão da "desconsideração da personalidade jurídica", para fins de responsabilização patrimonial dos sócios, o Superior Tribunal de Justiça considera que caracteriza o abuso da personalidade jurídica o desvio de finalidade da pessoa jurídica (caracterizado pelo ato intencional dos sócios em defraudar terceiros com o uso abusivo da personalidade jurídica). Nesse sentido: EREsp 1306553/SC, Relatora Ministra Maria Isabel

Em Portugal, a lei de ação popular (Lei 83/1995), que criou um sistema de processos coletivos em Portugal, com o desiderato de regulamentar o art. 52 da CRP estabelece, quanto às associações e fundações (art. 3º), os requisitos para a legitimidade ativa: a) a personalidade jurídica; b) incluírem entre suas atribuições ou objetivos estatutários a defesa dos interesses em causa (pertinência temática); e c) não exercerem qualquer tipo de atividade profissional concorrente com empresas ou profissionais liberais. A partir da interpretação do requisito "c", pode-se conceber uma regra proibitiva inspirada no princípio que veda o abuso da personalidade jurídica[311].

4.2.3 *A legitimidade (legitimidade ad causam)*

Para Maria José Capelo, "[*a*] *legitimidade é um pressuposto relativo às partes, enquanto a necessidade de tutela judiciária é um pressuposto relativo ao objeto da acção*"[312].

Enquanto o interesse processual realiza a intercepção entre direito substantivo e direito processual (dando relevo à natureza instrumental do processo), a legitimidade, como se pressupõe, só pode adquirir força enquanto não se tornar questão substantiva, para responder à indagação de quem deve estar no processo, não obstante a necessidade de se identificar a ligação aos parâmetros do direito substantivo sobre as condições de fato e de direito que conferem legitimidade processual[313].

Gallotti, 2ª Seção, julgado em 10/12/2014, DJe 12/12/2014; AgInt no AREsp 1565590/SP, Rel. Ministro Marco Aurélio Bellizze, 3ª Turma, julgado em 23/3/2020, DJe 30/3/2020.

311 A vedação de que as associações e fundações exercem qualquer tipo de atividade profissional concorrente com empresas ou profissionais liberiais expressa, para Miguel Teixeira de Sousa (*A legitimidade popular na tutela dos interesses difusos*), "*que estas pessoas colectivas não podem visar quaisquer fins lucrativos*" (p. 188), pretendendo, com tal vedação, atingir vários objetivos: "*O mais evidente é certamente o de obstar a que a associação ou a fundação assuma a defesa dos interesses difusos como uma atividade empresarial ou, numa visão mais optismista, o de possibilitar que os 'ideological entrepreneurs' (na expressão utilizada por S. Rose-Ackerman) possam desenvolver uma actuação altruísta sem terem de prestar contas da sua atividade perante investidores que procuram o lucro. Além disso, a finalidade não lucrativa da associação ou fundação aumenta a confiança que terceiros – designadamente os próprios titulares do interesse difuso ou doadores dispostos a subsidiar a sua atividade – podem depositar naquela organização*" (p. 189).

312 Maria José de Oliveira Capelo, *Interesse Processual e legitimidade singular nas acções de filiação*. Coimbra: Universidade de Coimbra, 1996, (Studia Iuridica 15), 51.

313 Maria José de Oliveira Capelo, *Interesse Processual*, 151-152.

A legitimidade é um pressuposto "*que funciona como salvo-conduto concedido a certas pessoas ou entidades, titulares de relações sociais juridicamente relevantes, permitindo que estes acionem o Poder Judiciário*[314].

Em análise que bem descreve a ordem processual do CPC-pt e do CPC-br vigentes, explica Maria José Capelo que:

> "Na área da gestão processual a nossa lei, como acima referimos, consagrou a regra da identidade entre os sujeitos titulares da relação material controvertida e o sujeito que requer a tutela judiciária e aquele contra quem é requerida a mesma.
> Ressalvou, porém, aqueles casos em que a lei tenha permitido a actuação em nome próprio sobre situação jurídica alheia, repercutindo-se os efeitos da decisão judicial na esfera jurídica do titular do direito. Estamos perante a figura, na expressão de Kohler, da substituição processual"[315].

Essas duas realidades tão distintas (legitimidade singular ou ordinária e legitimidade extraordinária ou substituição processual) descrevem o mesmo fenômeno da legitimidade processual se se entender (em nível conceitual) que:

> "É parte em sentido formal – qualidade adquirida por apresentação da demanda – o sujeito da relação processual que age em nome próprio (por si só, ou através de representante). É relativamente a esta parte formal, sem alusão à sua posição efectiva na situação factual acarretada à juízo, que se averigua a personalidade e capacidade judiciária"[316].

Dentro desse conceito, "*bastará a invocação de uma forma concludente, da pertinência subjectiva da situação fáctica controvertida para que o sujeito preencha a qualidade de parte legítima*"[317].

[314] Maria José de Oliveira Capelo, *Interesse Processual*, 32.

[315] Maria José de Oliveira Capelo, *Interesse Processual*, 157-158.

[316] Maria José de Oliveira Capelo, *Interesse Processual*, 159-160. Para Capelo, "Delineada a legitimidade como posição de um sujeito perante o objeto litigado, postulamos a sua concretização processual na referência a uma situação legitimante, tendo este conceito capacidade para abranger tanto a situação de legitimidade directa como indirecta (e aqui estamos a referir-nos a casos de legitimidade extraordinária). Esta noção terá também o mérito, já acentuado, de postergar uma visão interdependente da legitimidade activa e passiva" (p. 177).

[317] Maria José de Oliveira Capelo, *Interesse Processual*, 164.

Essa visão é compatível com a dogmática processual brasileira, que concebe a legitimidade para agir (legitimação para a causa, *legitimatio ad causam*) como requisito de admissibilidade da ação[318] relativa à pertinência subjetiva da demanda, ou seja, à situação prevista em lei que permite a um determinado sujeito propor a demanda judicial e a um determinado sujeito formar o polo passivo dessa demanda[319].

Considerando a relação entre o direito material pretendido e a parte processual que o invoca (ou seja, a relação entre o legitimado e o objeto litigioso), tem-se a legitimação ordinária ou extraordinária (substituição processual).

No plano da legitimidade ordinária (legitimidade singular), a situação legitimante diz respeito a uma alegada titularidade da relação material controvertida (legitimidade ativa) em face de quem tem, por força dessa mesma relação material, o suposto dever jurídico de atender à pretensão do autor (legitimidade passiva).

Na legitimação ordinária, que constitui a regra geral, a pertinência subjetiva da demanda apura-se a partir da relação de direito material alegada pela parte: reclama quem é o suposto titular do direito material contra quem supostamente é o devedor ou responsável (confira-se, por exemplo, o art. 18 CPC-br). A parte processual defende um interesse próprio em nome próprio.

Na legitimação extraordinária (anômala ou substituição processual), tem-se uma situação em que a parte processual legitimada defende um interesse alheio em nome próprio. Há, portanto, a separação entre a parte processual (assumida pelo substituto processual) e o interesse defendido (substituído processual)[320].

[318] Fredie Didier Jr, *Curso de Direito Processual Civil*, vol. 1, 343.

[319] Daniel Assumpção Neves, *Manual de Direito Processual Civil*, 7ª ed., São Paulo: Gen/Método, 2015, 126.

[320] Nas palavras de Fredie Didier Jr., "Fonte normativa da legitimação extraordinária no novo Código de Processo Civil: a legitimação extraordinária de origem negocial", *Revista de Processo* 232 (jun.2014) 69-76: "Há legitimação extraordinária (legitimação anômala ou substituição processual) quando não houver correspondência total entre a situação legitimante e as situações jurídicas submetidas à apreciação do magistrado. Legitimado extraordinário é aquele que defende em nome próprio interesse de outro sujeito de direito. É possível que, nestes casos, o objeto litigioso também lhe diga respeito, quando então o legitimado reunirá as situações jurídicas de legitimado ordinário (defende direito também seu) e extraordinário (defende direito também de outro)".

Apesar de se mostrar cética sobre a utilidade de ver a legitimidade como pressuposto processual, Capelo reconhece que, nos casos de substituição processual (alguém litiga em nome próprio sobre uma situação jurídica alheia), "*a averiguação da legitimidade extraordinária está, de forma clara, dissociada da fundamentação da causa. Estaríamos, deste modo, perante casos de legitimidade pura*"[321].

Visão semelhante manifestou Fredie Didier Júnior, para quem a legitimação extraordinária merece genuinamente ser examinada como pressuposto processual, não se apresentando aqui a crítica que se costuma endereçar à legitimação ordinária (que o próprio autor faz), segundo a qual melhor seria tratá-la como questão de mérito[322].

Se nas situações de legitimação ordinária (singular) pode fazer sentido a afirmação de que a legitimidade tem um papel muito restrito (devendo o juiz preferir o julgamento de mérito), essa categoria processual ganha envergadura no processo coletivo, pois, nesses casos, a legitimação se coloca no âmbito da substituição processual, devendo ser examinadas com rigor as irregularidades, naquelas hipóteses em que alguém litiga sobre uma situação jurídica alheia, sem para isso estar legitimado[323].

Como já antecipado, no exame da legitimidade extraordinária, em especial nas ações coletivas[324], entende-se que o julgamento de mérito não consome o da apreciação desse pressuposto.

Trazendo à reflexão situações de ausência de representação adequada, em razão de uma litigância abusiva, no plano da legitimidade para ação, à luz da Diretiva 2020/1828, é relevante considerar o regime de controle estabelecido para tratar da relação entre o sujeito legitimado e o financiador.

Preocupada com a possibilidade de conflito de interesses entre ente legitimado e financiador (apto a prejudicar os interesses coletivos dos

[321] Maria José de Oliveira Capelo, *Interesse Processual*, 164. A processualista cita, na Nota de Rodapé 304, Diederichsen, para quem "nestes casos a legitimidade teria, como pressuposto processual, sentido".

[322] Fredie Didier Jr., "Será o fim da categoria 'condição da ação'?", 323-328.

[323] Sobre a utilidade da categoria "legitimidade processual", no âmbito dos pressupostos processuais, quando se tratar de substituição processual, Maria José de Oliveira Capelo, *Interesse Processual*, 193.

[324] Nesta pesquisa entendemos que a legitimidade para ação coletiva se põe no plano da legitimidade extraordinária pelas razões expostas no no cap. 1.

consumidores abrangidos) ou com a utilização da ação coletiva pelo financiador para fins de prejudicar a concorrência, o art. 10º determina que se rejeite a "*legitimidade da entidade qualificada numa determinada ação coletiva*"[325]. A mesma solução merece ser avançada se não for cumprida a exigência de a entidade qualificada divulgar "*as fontes de financiamento utilizadas para apoiar a ação coletiva*".

Na jurisprudência do Superior Tribunal de Justiça, no Brasil, merece menção, novamente, o julgamento do RESP 1.213.614, já referido anteriormente, no qual foi reconhecida a ilegitimidade ativa da associação por se considerarem não satisfeitos os requisitos da representatividade adequada. Destacam-se as circunstâncias fáticas do caso, referidas no acórdão do Tribunal de Justiça do Estado do Rio de Janeiro e transcritas no acórdão do STJ:

> "A associação autora, como qualquer outra, para litigar em ação civil pública, deve preencher os requisitos do art. 5º da Lei n. 7.347/85.
> Quanto ao tempo de constituição, a entidade estava constituída há mais de um ano, conforme ata de fls. 20 e Estatuto de fls. 23 e seguintes, e assim preenche o requisito temporal. De outro lado, as normas de legitimação são processuais, e pouco importa que não estivessem em vigor na época dos fatos narrados na inicial (expurgos em contas de poupança), pois estavam quando proposta a ação.
> Mas é a partir daí que nascem os problemas: a entidade tem objetivos muito genéricos, e pretende a legitimação para esta ação com a assertiva de que tem entre as suas finalidades gerais a proteção ao consumidor (art. 2º do Estatuto da Associação-autora -fls. 23 e 24).
> [...]
> O Estatuto anexado aos autos tem referência genérica a tudo: meio ambiente, consumidor, patrimônio histórico, e é uma repetição do teor do art. 5º, inciso II, da Lei 7.347/85.

[325] Transcreve-se, novamente, o art. 10º, n. 4, da Diretiva 2020/1828:
"4. Os Estados-Membros asseguram que, para efeitos dos nºs 1 e 2, os tribunais ou as autoridades administrativas tenham poderes para adotar as medidas adequadas, como exigir à entidade qualificada que recuse ou faça alterações ao financiamento em causa e, se for caso disso, rejeitar a legitimidade da entidade qualificada numa determinada ação coletiva. Se a legitimidade da entidade qualificada for rejeitada numa determinada ação coletiva, essa rejeição não afeta os direitos dos consumidores abrangidos por essa ação coletiva."

> Mas a lei exige a finalidade específica. Seu objetivo foi estimular o nascimento de entes da sociedade civil, que se estabilizem e se façam conhecidos em tais e quais campos e, assim, possam usar das benesses processuais, quando for o caso, das ações coletivas. O que não se quer é a montagem de associações de gaveta, que não tenham (*sic*) floresçam da sociedade civil, apenas para poder litigar em todos os campos com o benefício do artigo 18 da Lei de Ação Civil Pública.
> Em suma, a autorização para tudo, constante do Estatuto anexado, não preenche o fim previsto em lei. O contrário é autorizar um monstro com tentáculos perigosos, e, como afirmou famoso jurista, em breve tais associações vão estar separando e divorciando casais, sem que os interessados o saibam.
> Por isto são pertinentes os argumentos da sentença. Mais ainda, e aqui o ponto nodal: essas associações, várias vezes, surgem como máscaras para a criação de fontes arrecadadoras, que, sem perigo da sucumbência, buscam indenizações com somatório milionário, mas sem autorização do interessado, que depois é cobrado de honorários.
> No caso, há dado revelador: supostamente, essa associação autora é composta por muitas pessoas famosas (fls. 21), mas todas com domicílio em um único local. Apenas isso já mostra indícios de algo que deve ser apurado. Ou tudo é falso, ou se conseguiu autorização verbal dos interessados, que entretanto nem sabem para que lado os interesses de tais entidades voam.
> Por outro lado, os alegados expurgos já ocorreram há vinte anos. Todos os interessados puderam litigar em torno do assunto, e mais de cem mil casos vieram ao Judiciário, sobre o tema. Até ações coletivas. Uma das maiores enxurradas de feitos com um mesmo assunto na história dos litígios judiciais, e a inicial nada diz sobre isso"[326].

Por conta dessas circunstâncias, o Superior Tribunal de Justiça considerou correto o entendimento do Tribunal que havia negado legitimidade à associação. Ou seja, apesar de a associação cumprir os requisitos formais que lhe conferiam legitimidade para ajuizar a ação coletiva, entendeu-se que os termos extremamente genéricos com que foi descrita a finalidade

[326] STJ-br, REsp 1213614/RJ, Rel. Ministro Luis Felipe Salomão, 4ª Turma, julgado em 1/10/2015, DJe 26/10/2015.

institucional da entidade, bem como a existência de evidências de que nela não havia vida associativa levaram à conclusão de não constituir um representante adequado da coletividade em juízo.

Ainda examinando a jurisprudência brasileira, Débora Chaves Martines Fernandes traz a notícia de uma interessante decisão do Tribunal de Justiça do Estado de São Paulo, que reputou uma associação como parte ilegítima para a defesa dos interesses dos consumidores, porque – a despeito da previsão estatutária genérica e ampla – não havia verdadeira pertinência temática entre a finalidade da associação – voltada à defesa de uma determinada categoria – com a defesa geral dos consumidores[327].

No caso, tratava-se de uma associação denominada ABREDI – Associação de Bares e Restaurantes Diferenciados, que ajuizou uma ação coletiva contra a Companhia de Água e Esgoto de São Paulo, postulando redução dos encargos moratórios dos consumidores daquele Estado da Federação. O Tribunal de Justiça entendeu que não havia verdadeira pertinência temática da ação com o efetivo propósito da associação, como se pode ver da seguinte transcrição do acórdão:

> "Ora, ao conferir legitimidade ativa para as ações coletivas em geral a entes públicos, sobretudo ao Ministério Público, o ordenamento jurídico parte do pressuposto de que tais entidades, presumivelmente, representam o chamado interesse público, da mesma forma que pressupõe que as associações agem no presumível interesse dos respectivos filiados.
>
> Obviamente, tal presunção de representação não haverá se a entidade associativa se dedicar, prioritariamente, a fins institucionais outros que não a proteção daqueles interesses que pretende ver atendidos em juízo.
>
> É bem essa a hipótese dos autos: a associação apelante, é fácil perceber, foi constituída e se destina prioritariamente à salvaguarda dos interesses de empresas dedicadas às atividades de bar e restaurante.
>
> Bem é de ver terceiros, que não empresas destinadas a tais atividades econômicas, não podem nem mesmo se filiar à associação apelante (v. estatutos, arts. 1º e 2º, fl. 28). Logo, com o máximo respeito, soa absurdo afirmar que tal associação dispõe de legitimidade para vir a juízo na defesa de interesses que não os dos respectivos filiados.

[327] Débora Chaves Martines Fernandes, *Controle judicial da representatividade*, 218-221.

> Para que tão ampla legitimidade existisse, e assim devem ser interpretados os dispositivos acima transcritos, seria de mister que a proteção dos interesses difusos e coletivos a que aludem as normas representasse a finalidade institucional prioritária da entidade associativa (ainda que não fosse a única) e que, de conseguinte, os respectivos estatutos facultassem a filiação de todo aquele indivíduo que tivesse ou pudesse ter interesse na preservação daquele bem jurídico.
> Só assim, com efeito, será possível dizer que a entidade representa legitimamente a massa daqueles com interesse na preservação daquele dado bem jurídico.
> Do contrário, abertas estariam portas largas para a instalação de verdadeira babel, pois que indivíduos sem nenhuma representatividade estariam autorizados a vir a juízo pleiteando tutela com força de coisa julgada e eficácia 'erga omnes' sobre temas de interesse de terceiros, completamente alheios à iniciativa e cujos interesses poderiam, em tese, ser visceralmente contrariados com a providência almejada pelo sedizente substituto processual."[328]

O controle da representatividade adequada pelo prisma da ilegitimidade fez-se nesses casos a partir da análise da pertinência temática, categoria que se mostrou útil para identificar o uso abusivo da ação coletiva. O tratamento do tema sob esse prisma se mostra profícuo quando se observam as ponderações da Ministra Nancy Andrighi, em julgamento proferido no Superior Tribunal de Justiça, nos autos do RESP 1.509.586:

> "A qualidade moral e técnica necessária para a configuração da pertinência temática e da representatividade adequada tem íntima relação com o respeito das garantias processuais das pessoas substituídas, a legitimidade do provimento jurisdicional com eficácia ampla e a própria instrumentalização da demanda coletiva, evitando o ajuizamento de ações temerárias, sem fundamento razoável, ou propostas por motivos simplesmente políticos ou emulatórios."[329]

[328] TJSP, Apelação Cível 9101496-12.2006.8.26.0000; Rel. Des. Ricardo Pessoa de Mello Belli, 25ª Câmara de Direito Privado, julgamento em 18/4/2011, registro em 27/4/2011.

[329] STJ-br, REsp 1509586/SC, Rel. Ministra Nancy Andrighi, 3ª Turma, julgado em 15/05/2018, DJe 18/05/2018.

Em Portugal, o Supremo Tribunal de Justiça examinou um caso interessante sobre a questão da existência de interesse de agir para ajuizar uma ação popular, que poderia ter sido examinada à luz do abuso do direito. Tratava-se de uma ação coletiva ajuizada por um indivíduo contra um município e contra duas pessoas, que estariam ocupando uma área pública. A pretensão veiculada na ação coletiva era a de obrigar a Administração Pública a fiscalizar e os cidadãos a absterem-se de fazer uso privado da área pública. O Supremo Tribunal de Justiça entendeu que o indivíduo detinha legitimidade e interesse em agir para ajuizar a ação coletiva, mas teceu considerações sobre quando um indivíduo pode ter essa legitimidade extraordinária. Confira-se o sumário:

> "I – Os tribunais da ordem judicial são os competentes para conhecer a pretensão formulada em acção popular fundada na violação por particulares de direitos inerentes ao domínio público, sem que, atendendo ao modo como os autores a estruturam, se configure qualquer comportamento, activo ou omissivo, adotado por uma entidade pública que tenha concorrido, essencial e decisivamente, para essa violação.
> II – Ao atribuir o direito de acção popular a 'todos', a lei permite que qualquer pessoa defenda interesses ou bens protegidos que não são apenas seus, mas de todos os neles interessados, pelo que o específico interesse processual do autor popular não é condicionado à existência de uma conexão substantiva entre o mesmo, individualmente considerado, e o bem tutelado, antes é originário, porque baseado na lei e radicado no direito fundamental dos cidadãos a participação na condução dos assuntos públicos. Contudo, só a integração na comunidade de 'interesses' visados pela acção permite assegurar a legitimidade popular e o interesse em agir, ainda que, em determinadas situações, tal interesse radique em qualquer cidadão, como sucede, p. ex., com a defesa do domínio publico.[330]

À luz dessa fundamentação, cabe cogitar da possibilidade de se examinar a legitimidade do autor da ação (atuando em nome da coletividade)

[330] Acórdão de 29/11/2016 no Processo 135/14.2T8MDL.G1.S1, Rel. Alexandre Reis. Inteiro teor disponível em: http://www.dgsi.pt/jstj.nsf/954f0ce6ad9dd8b980256b5f003fa814/a7c09c3bb6bef12f8025807a0058b5c5?OpenDocument. (acesso em 23-11-2020).

em caso em que a sua motivação seja a de utilizar a ação coletiva como instrumento exclusivo de vingança ou de defesa de interesse individual[331].

Em todos esses casos, a litigância abusiva apta a comprometer a representatividade adequada da entidade em tese legitimada se manifesta mediante a ausência de justa causa para litigar, na medida em que a pretensão veiculada na ação coletiva não guarda relação com a finalidade estatutária ou legal que daria à entidade guarida à condição legitimante.

4.2.4 *O interesse de agir*

Maria José Capelo propõe o interesse processual como pressuposto processual capaz de ajudar na compreensão entre direito processual e direito material, o qual deve funcionar como "*um crivo selecionador das situações objectivas individualizadas a título subjectivo que merecem percorrer o caminho longo e difícil de um processo judicial*"[332]. Para a processualista, "*O interesse processual deverá ser encarado como um requisito capaz de glorificar a máquina processual, fazendo-a funcionar somente nas situações objectivamente carecidas de tutela judicial*"[333]. Por isso, "[*n*]ão basta invocar um direito, é necessário que a pretensão do autor esteja alicerçada numa situação fática merecedora, pelo meio adequado, de tutela jurisdicional"[334].

Paula Costa e Silva identifica no interesse processual uma via para reprimir o comportamento abusivo[335]. Examinando a questão da res-

[331] Miguel Teixeira de SOUSA (*A legitimidade popular na tutela dos interesses difusos*, 228), que defende ser a legitimidade popular uma "legitimidade representativa", sustenta que "*a mobilização do autor popular para a defesa do interesse difuso pode ser facilitada pela necessidade de tutelar um interesse individual, mas este nunca pode ser o interesse prevalecente na acção popular*".

[332] Maria José de Oliveira CAPELO, *Interesse Processual*, 32.

[333] Maria José de Oliveira CAPELO, *Interesse Processual*, 33.

[334] Maria José de Oliveira CAPELO, *Interesse Processual*, 42.

[335] Paula Costa e SILVA, *A litigância de má fé*, 634-645. O argumento de Paula Costa e Silva se dirige ao exame da questão relativa ao fundamento unitário para a obrigação de suportar custos processuais, criticando – a partir das lições de Cordopatri em relação ao direito italiano – a visão que o vincula à sucumbência, por considerar– ainda com base em Cordopatri – que a imputação dos custos processuais tem último lastro na violação dos deveres processuais: "a sucumbência, ao invés de poder ser considerada um estado puramente objetivo, tem implícito um juízo de censurabilidade/temeridade no recurso a tribunal" (p. 638). No que se refere ao processo civil português (no contexto do anterior Código de Processo Civil), entende Paula Costa e Silva que, "em regra, vale no sistema jurídico português o princípio *victus victori*", mas há situações "em que não é a parte sucumbente a parte onerada com o pagamento dos custos do processo", situações nas quais se terá presente que a parte

ponsabilidade pelos custos do processo, considera a jurista que constitui uma ressalva à regra geral *victus victori* (segundo a qual o sucumbente deve arcar com as despesas processuais) a situação de quando a parte vencedora não tem interesse processual, que se faz presente:

> "[...] quer porque a parte vencida não ofereceu qualquer resistência extra-processual à sua pretensão, quer porque a parte vencida não estava em condições de poder oferecer qualquer resistência eficaz a essa pretensão, quer ainda quando a parte vencedora não retira qualquer efeito útil acrescido da decisão."[336]

No que guarda pertinência com o objeto de atenção desta pesquisa, prossegue Paula Costa e Silva:

> "A parte vencedora venceu, tinha justa causa de litigar, mas não tinha necessidade de litigar. Abusa do processo e do seu direito de acção, em circunstâncias que merecem uma intervenção claramente punitiva: vence mas suporta os custos desse vencimento. A mera desconformidade objectiva é suficiente para o desencadear deste efeito. O interesse processual é um dos instrumentos de repressão da lide abusiva. Intervirá de modo não excludente de outros instrumentos repressivos caso na actuação da parte concorram os pressupostos que determinam a aplicação dos respectivos regimes."[337]

A observação de que a ausência de interesse de agir (na dimensão da inutilidade da demanda) pode representar conduta abusiva passível de censura, dentro de regimes próprios, para além da condenação ao pagamento das custas, revela que, sem se discutir a eventual imputação de

sucumbente "não provocou, ou seja, com o seu comportamento não deu causa ao processo" (p. 640-641). E, mais à frente, conclui:
"Se tentarmos extrair um princípio das diversas regras relativas à imputação dos custos do processo, diremos que o nosso sistema, apesar de aparentemente fundar a obrigação do respectivo pagamento na regra *victus victori*, assenta aquela obrigação na justificação do recurso a tribunal. Mesmo que a parte actue ao abrigo do seu direito de acção, se este for exercido em circunstâncias que revelam a inutilidade concreta desse exercício, a parte, quer obtenha ganho de causa, quer saia vencida, será onerada com os pagamento das custas processuais" (p. 644).

[336] Paula Costa e Silva, *A litigância de má fé*, 642.

[337] Paula Costa e Silva, *A litigância de má fé*, 643.

danos processuais, pode-se afirmar, com Paula Costa e Silva, que "*o interesse processual apresenta grandes virtualidades se confrontado com a cláusula do abuso do direito*"[338].

A respeito desse ponto, Luciana Ferreira Gomes Pinto expõe a grande controvérsia sobre a possibilidade de o abuso do direito de litigar afastar o interesse de agir, devido à ausência de uma regra legal expressa. Esta controvérsia é ainda mais ampla em Portugal, pois esse pressuposto processual não está previsto expressamente na legislação (sendo extraído pela dogmática processual do disposto no art. 578º, que trata das exceções dilatórias).

Sob esse prisma Luciana Ferreira Gomes Pinto, acolhendo o interesse de agir como exceção dilatória inominada, defende que essa categoria processual é relevante para reprimir o abuso do processo, concretizado nas hipóteses de ações desnecessárias[339].

Na Diretiva 2020/1828, há a previsão de que deve ser repelida a utilização da ação coletiva de consumo visando prejudicar injustificadamente a capacidade das empresas (artigo 1º). A Diretiva também orienta no sentido da necessidade de "*indeferir processos manifestamente infundados na fase o mais inicial possível do processo*" (artigo 7º, n. 7).

Ainda como possíveis exemplos de condutas abusivas – com aptidão de afastar o interesse de agir do ente legitimado – pode-se cogitar, por exemplo, da hipótese de a ação coletiva ser ajuizada por entidade que busca valer-se do regime da ação coletiva não para obter a tutela jurídica em benefício da coletividade que substitui na ação, mas com o propósito de proteger os interesses do réu (conluio entre autor e réu) ou de terceiro concorrente do réu (ação coletiva ajuizada em ofensa à concorrência, o que se pode apurar, por exemplo, a partir da ocorrência de um financiamento irregular da entidade autora por parte de uma empresa concorrente do réu).

[338] Paula Costa e Silva, *A litigância de má fé*, 645.

[339] Nas palavras de Luciana Ferreira Gomes Pinto, *O abuso do direito de demandar*, 95-96.: "Pensamos que o legislador não teve a intenção de acolher o mérito de demandas abusivas, sob pena de 'premiar' o comportamento desleal. Ademais, a condenação em simples custas processuais não seria suficiente para reprimir o abuso. Deste modo, os casos de responsabilidade do autor pelas custas processuais, revela, tão somente, a aplicação do princípio da causalidade adotado pelo ordenamento português, incumbindo seu ônus a quem efetivamente deu causa à ação." (*Vide* ainda p. 54-59, 85-870).

4.3 Conclusões parciais

Neste derradeiro capítulo, buscou-se tratar das consequências advindas do abuso do direito de demandar no plano da representação adequada das associações, a partir de exemplos não exaurientes. Essas situações exemplificativas foram suficientes para mostrar o potencial e a necessidade de fazer o controle da representação processual no âmbito dos pressupostos processuais.

A riqueza das situações da vida e da prática forense certamente permitirá adensar e estender o rol de hipóteses referido no capítulo, mas o esforço empreendido, espera-se, é suficiente para provocar a reflexão sobre o impacto que o controle judicial da representação adequada, a partir do parâmetro do abuso do direito de litigar, pode exercer no desenvolvimento do processo coletivo.

CONCLUSÕES

No início desta obra, apontávamos a atualidade do tema de estudo aqui proposto. À luz da pesquisa desenvolvida, não temos dúvidas em afirmar que o tema do controle da representação adequada ganhará ainda mais espaço na dogmática e na prática processual: em Portugal (e na Europa), tendo em vista o impulso que a ação coletiva ganhou com o advento da nova Diretiva 2020/1828, sobre ações coletivas de consumo (já tratada ao longo do trabalho); no Brasil, devido à força e à expressão que o processo coletivo tem alcançado no dia a dia dos tribunais, merecendo ser destacado o fato de que tramitam no Congresso Nacional projetos de lei que buscam atualizar o marco normativo do processo coletivo e que demonstram nítida preocupação com o controle judicial da representação adequada (PL 4.441, de 2020, e PL 4.778, de 2020, ambos em tramitação na Câmara dos Deputados, conforme apontado no Capítulo 1).

A estruturação do processo coletivo demanda, necessariamente, conceber quem fará e como se dará a atuação da coletividade em juízo, com a definição do ente legitimado para ajuizamento da ação e com a conformação de um procedimento que assegure a adequada tutela dos direitos e interesses de todas as partes envolvidas, observando-se as garantias inerentes ao devido processo legal constitucional.

Na dicção do Supremo Tribunal Federal, a garantia constitucional do devido processo legal deve ser entendida como garantia que não apenas incorpora o critério formal de observância de regras e procedimentos, mas que também configura uma exigência de *fair trial*, no sentido de assegurar a participação equilibrada, justa, leal e sempre envolvida pela boa-fé de todos os sujeitos do processo (partes processuais e juiz)[340].

Independentemente da necessária atualização legislativa do marco legal, é certo que o processo coletivo precisará sempre estar conectado com o devido processo legal constitucional, como se procurou evidenciar ao longo deste livro.

Essa advertência é importante para se contrapor à visão de que o formalismo deve ser relegado a segundo plano em prol da realização do direito material (como se a forma processual fosse um entrave à – e não um meio de – realização do direito). Tudo isso ganha envergadura maior no processo coletivo, seja porque a coletividade se faz presente em juízo de forma ficta, seja devido à natureza do interesse discutido, ou ao impacto desse tipo de processo na vida dos réus.

Com esse espírito, defendeu-se na presente pesquisa a necessidade de ir além da análise formal da representação adequada daquelas entidades que o ordenamento jurídico elege como legitimadas, em abstrato, para ajuizamento da ação coletiva (em especial, das associações). Sustentou-se tanto a importância como a necessidade de se realizar o controle judicial da representatividade adequada (em especial das associações) – com o objetivo de proceder-se ao rigoroso escrutínio da admissibilidade das ações coletivas –, utilizando-se como parâmetro o princípio que veda o abuso do direito.

Nessa linha, o estudo procurou identificar razões para justificar que o juízo sobre a representação adequada (de uma associação que propõe uma ação coletiva) deva ser examinado no âmbito dos pressupostos processuais. Parece-nos relevante enfatizar esse aspecto, considerando que

[340] No julgamento do RE 131.963 (Rel. Min. Gilmar Mendes, DJ 30/6/2006), a Corte assentou que "O princípio do devido processo legal, que lastreia todo o leque de garantias constitucionais voltadas para a efetividade dos processos jurisdicionais e administrativos, assegura que todo julgamento seja realizado com a observância das regras procedimentais previamente estabelecidas, e, além disso, representa uma exigência de *fair trial*, no sentido de garantir a participação equânime, justa, leal, enfim, sempre imbuída pela boa-fé e pela ética dos sujeitos processuais. A máxima do *fair trial* é uma das faces do princípio do devido processo legal positivado na Constituição de 1988, a qual assegura um modelo garantista de jurisdição, voltado para a proteção efetiva dos direitos individuais e coletivos, e que depende, para seu pleno funcionamento, da boa-fé e lealdade dos sujeitos que dele participam [...]". Na legislação processual, merece ainda destaque o disposto nos arts. 5º e 6º do Código de Processo Civil de 2015.

há uma tendência na jurisprudência e na dogmática processual de limitar o exame da representação adequada no âmbito da legitimidade (*legitimatio ad causam*). Se, de um lado, o conceito de representação adequada não é perfeitamente assimilável às categorias processuais utilizadas na teoria do processo brasileira e portuguesa, de outro lado, é importante compreender como esse instituto – que é central para o processo coletivo e diz respeito à admissibilidade da demanda – dialoga com as categorias processuais que estruturam o nosso devido processo legal.

Por isso, o esforço de demonstrar que a representatividade adequada não está restrita à legitimidade, uma vez que o seu controle examina a idoneidade da entidade, a viabilidade e a necessidade de a pretensão deduzida ser tratada de forma coletiva. Tratar o controle da representação adequada no âmbito dos pressupostos processuais permite, portanto, que o fenômeno da representação adequada seja avaliado à luz da legitimidade, do interesse e da personalidade judiciária, beneficiando-se da rica construção dogmática existente para tratar destes institutos[341].

Argumentou-se, ainda, que o instituto do abuso do direito encontra expressão no processo civil, sendo uma categoria que não se confunde com a litigância de má-fé. Além disso, o instituto do abuso do direito tem densidade jurídico-processual para funcionar como critério de avaliação da representação adequada, para endereçar os problemas da idoneidade da entidade que ajuíza ação coletiva, de possível conflito de interesses entre a entidade e a coletividade para quem deveria atuar em juízo, da existência de justa causa para litigar, entre outras situações.

[341] No contexto brasileiro, não obstante a preocupação dos PLs 4.441 e 4.778, ambos de 2020, de tratar de forma mais pormenorizada da representação adequada, cabe uma ressalva, que se pode apresentar nesse momento, à luz do quanto exposto ao longo da dissertação. Ambos os PLs tratam da representatividade adequada como um instituto relacionado preponderantemente com a legitimidade processual, preocupando-se mais em dispor sobre quem pode ajuizar a ação coletiva do que sobre o que pode ser objeto do processo. Nessa dimensão, ambos os projetos de lei consideram que o problema da "legitimidade adequada" (expressão, aliás, utilizada pelo PL4.441, de 2020) pode ser corrigida com a assunção da ação coletiva por outro legitimado. Não compartilhamos essa conclusão, quando se verifica a hipótese de litigância abusiva, pois há situações em que a conduta abusiva só será adequadamente repreendida no processo pela extinção do feito, sem resolução de mérito (sem prejuízo de outras consequências jurídicas). Além do mais, como defendido ao longo do trabalho, o instituto da representação adequada é mais amplo do que o da legitimidade, que examina a natureza da pretensão deduzida e a qualidade da entidade para representar o interesse da coletividade.

Tratou-se, assim, do abuso do direito de litigar, o qual se revelou parâmetro normativo relevante para a tarefa do controle da representatividade adequada, na medida em que conecta a forma com os valores normativos que impregnam o direito e o processo hodierno. Procurou-se demonstrar que, à luz do princípio que veda o abuso do direito, o sistema jurídico impõe outras consequências jurídicas decorrentes da litigância abusiva, para além das sanções pecuniárias legalmente previstas, sendo viável, com este fundamento, colocar fim à relação jurídica processual sem apreciação do seu mérito.

No controle da representação adequada, o poder de direção do processo atribuído ao juiz revela-se fundamental para reprimir a conduta abusiva, impedindo que produza seus efeitos e, consequentemente, inibindo a produção de efeitos ilegítimos decorrentes da ação ou do processo.

REFERÊNCIAS

ABDO, Helena Najjar, *O abuso do processo*, São Paulo: Revista dos Tribunais, 2007.

ABREU, Jorge Manuel Coutinho de, *Do abuso de direito*, Coimbra: Almedina, 1999.

ALMEIDA, Francisco Manuel Lucas Ferreira de. *Direito Processual Civil.* Vol. 1. 3ª ed. Coimbra: Almedina, 2019.

ALMEIDA, João Alberto de / LAMÊGO, Frederico Ribeiro, "O papel do juiz no combate ao abuso do direito processual", *Rev. Fac. Direito UFMG* 71 (jul./dez. 2017) 313-339.

ALVES, José Carlos Moreira, *A boa-fé no sistema contratual brasileiro*, mimeo.

ALVES, José Carlos Moreira, *Direito Romano,* Vol. 1. 10ª ed., Rio de Janeiro: Forense, 1996.

AMORIM, Paula Cristina Pereira, *A Lei da Acção Popular e o Regime das Contra-Ordenações Ambientais: Os Labirintos da "Law in Action".* Dissertação apresentada à Faculdade de Direito da Universidade de Coimbra, sob orientação do Professor Doutor Luís Miguel Mesquita. Coimbra: 2014, disponível em <https://estudogeral.sib.uc.pt/bitstream/10316/34950/1/A%20Lei%20da%20Accao%20Popular%20e%20o%20Regime%20das%20Contra-Ordenacoes%20Ambientais%20Os%20Labirintos%20da%20Law%20in%20Action.pdf>.

ATIENZA, Manuel / RUIZ MANERO, Juan, *Ilícitos atípicos: sobre o abuso de direito, fraude à lei e desvio de poder,* trad. Janaína Roland Matilda, São Paulo: Marcial Pons, 2014.

ATIENZA, Manuel / RUIZ MANERO, Juan, *Las piezas del Derecho: teoria de los enunciados jurídicos,* 4ª ed., Barcelona: Ariel, 2007.

Barbi, Celso Agrícola. *Comentários ao Código de Processo Civil*, Vol. I, 10ª ed., Rio de Janeiro: Forense, 1998.

Bedaque, José Roberto dos Santos, *Efetividade do processo e técnica processual*, São Paulo: Malheiros, 2006.

Bueno, Cassio, *Manual de Direito Processual Civil*, 3ª ed., São Paulo: Saraiva, 2017.

Cabral, Antonio do Passo, "Despolarização do processo e "zonas de interesse": sobre a migração entre polos da demanda", *Custos Legis: Revista Eletrônica do Ministério Público Federal* 1/1 (2009).

Canotilho, J. J. Gomes. *Direito Constitucional e Teoria da Constituição*, 6ª ed., Coimbra: Almedina, 2002.

Canotilho, J. J. Gomes / Silva, Suzana Tavares da, "Metódica Multinível: "Spill-over effects" e Interpretação conforme o direito da União Europeia", *Revista de Legislação e de Jurisprudência* 138/355 (março-abril 2009) 182-199, disponível em <https://www.fd.uc.pt/~stavares/wp-content/uploads/2019/08/21_Met%C3%B3dica-multin%C3%ADvel_Spill_over-effects-e-interpreta%C3%A7%C3%A3o-conforme-o-direito-da-UE.pdf>, acesso em 21/11/2020.

Canotilho, J.J. Gomes / Moreira, Vital. *Constituição da República Portuguesa anotada*, vol. 1, 4ª ed., São Paulo: Editora Revista dos Tribunais / Coimbra: Coimbra Editora, 2007.

Capelo, Maria José de Oliveira. *Interesse Processual e legitimidade singular nas acções de filiação*. Coimbra: Universidade de Coimbra, 1996, (Studia Iuridica 15).

Cappelletti, Mauro / Garth, Bryant, *Acesso à Justiça*, Porto Alegre: Sergio Antonio Fabris, 1988, reimpr. 2002.

Chaves, Antônio, *Tratado de Direito Civil. Parte Geral*, t. 2, 3ª ed., São Paulo: RT, 1982.

Chayes, Abram, "The role of the judge in Public Law Litigation", *Harvard Law Review* 89/7 (may 1976).

Chiovenda, Giuseppe, *Instituições de Direito Processual Civil*, vol. I, 2ª ed., trad. Paolo Capitanio / anot. Enrico Tullio Liebmann, São Paulo: Bookseller, 2000.

Conselho Nacional de Justiça, *Ações coletivas no Brasil: temas, atores e desafios da tutela coletiva (relatório analítico propositivo. Série Justiça pesquisa (direitos e garantias fundamentais)*, Brasília, 2018.

Cordeiro, Antonio Menezes, "Do abuso do direito: estado das questões e perspectivas", *Revista da Ordem dos Advogados* 65 (Setembro de 2005) 327-386.

Cordeiro, Antonio Menezes, *Litigância de má-fé, abuso do direito de ação e culpa 'in agendo'*, 3ª ed. Coimbra: Almedina, 2016.

Costa, Susana Henriques da, "O controle judicial da representatividade adequada: uma análise dos sistemas norte-americanos e brasileiro", in Carlos Alberto de salles coord., *As grandes transformações do processo civil brasileiro,* São Paulo: Quartier Latin, 2009, 953-978.

Cunha, Alcides A. Munhoz da, "Evolução das ações coletivas no Brasil", *Revista de Processo* 77 (jan.-mar. 1995) 224-235.

Cunha, Leonardo Carneiro da, "Será o fim da categoria condições da ação? Uma intromissão no debate travado entre Fredie Didier Jr. e Alexandre Freitas Câmara", *Revista de Processo* 198 (ago/2011) 227-236.

D'Ors, Álvaro. *Derecho Privado Romano.* 2ª ed., Pamplona: Ediciones Universidad de Navarra, 1973.

Dias, José de Aguiar. *Da Responsabilidade Civil,* vol. II, 5ª ed., Rio de Janeiro: Forense, 1973.

Dias, José Eduardo Figueiredo, "Os Efeitos da Sentença na Lei da Acção Popular", *Revista do CEDOUA* 1/2 (1999), disponível em <https://digitalis-dsp.uc.pt/bitstream/10316.2/5706/1/revcedoua3%20artigo%203%20-%20JEFD.pdf>.

Didier Jr., Fredie, *Curso de Direito Processual Civil,* vol. 1, 17ª ed., Salvador: Ed. Jus Podivm, 2011.

Didier Jr., Fredie / Zaneti Jr., Hermes. *Curso de Direito Processual Civil,* vol. 4: *Processo Coletivo,* 2ª ed., Salvador: Jus Podivm, 2007.

Didier Jr., Fredie, "Fonte normativa da legitimação extraordinária no novo Código de Processo Civil: a legitimação extraordinária de origem negocial", *Revista de Processo* 232 (jun.2014) 69-76.

Dinamarco, Cândido Rangel. *Instituições de Direito Processual Civil,* vol. I, 6ª ed., São Paulo: Malheiros, 2009.

Dinamarco, Cândido Rangel; Badaró, Gustavo Henrique R.I.; Lopes, Buno Vasconcelos Carilho. *Teoria geral do processo,* 33ª ed., São Paulo, Malheiros, 2021.

Dworkin, Ronald, *Levando os direitos a sério,* São Paulo: Martins Fontes, 2007.

FERNANDES, Débora Chaves Martines, *Controle judicial da representatividade adequada das associações civis*, São Paulo, 2013 Dissertação de Mestrado em Direito Processual apresentada à Faculdade de Direito da Universidade de São Paulo, <doi:10.11606/D.2.2016.tde-01092016-143459>, acesso em: 2021-04-29.

FIGUEIRA JUNIOR, Joel Dias, "A metodologia no exame do trinômio processual: pressupostos processuais, condições da ação e mérito da causa – o pensamento do prof. Alfredo Buzaid", *Revista de Processo* 72 (Out – Dez / 1993) 335-347.

FREITAS, José Lebre de, "A acção popular no direito português", *Sub Judice* 24 (2003) 15-26.

FREITAS, José Lebre de / ALEXANDRE, Isabel. *Código de Processo Civil anotado*, vol. 2, 4ª ed., Coimbra: Almedina, 2019.

FROTA, Ângela / FREITAS, Cristina Rodrigues de / MADEIRA, Teresa, *Das acções coletivas em Portugal.* Portugal: Direção-Geral do Consumidor, 2007.

GIDI, Antonio, *A class action como instrumento de tutela coletiva dos direitos: as ações coletivas em uma perspectiva comparada*, São Paulo: Editora Revista dos Tribunais, 2007.

GOZAÍNI, Osvaldo Alfredo, *Derecho Procesal Constitucional: el debido processo*, Buenos Aires: Rubinzal-Culzoni, 2004.

GRINOVER, Ada Pellegrini, *Código Brasileiro de Defesa do Consumidor comentado pelos autores do anteprojeto.* 5ª ed., São Paulo: Forense Universitária, 1997.

GRINOVER, Ada Pellegrini, "Rumo a um Código Brasileiros de Processos Coletivos", in Édis MILARÉ, coord., *A Ação Civil Pública após 20 anos: efetividade e desafios*, São Paulo: Editora Revista dos Tribunais, 2005, 13-17.

GUERRA, Alexandre Dartanhan de Mello, "Responsabilidade civil por abuso do direito: ensaio por uma compreensão contemporânea do exercício disfuncional do direito, in Nelson ROSENVALD / Marcelo MILAGRES, org., *Responsabilidade Civil: novas tendências*, São Paulo: Editora Foco, 2017.

JOSSERAND, Louis, *De L'esprit des Droits et de leur Relativité: Theorie dite de l'Abus des Droits*, 2ª ed., Paris: Dalloz, 1939.

LEAL, Márcio Mafra, *Ações Coletivas*, São Paulo: Editora Revista dos Tribunais, 2014.

LENZA, Pedro, *Teoria Geral da Ação Civil Pública*, 2ª ed., São Paulo: Editora Revista dos Tribunais, 2005.

Leonel, Ricardo de Barros, *Manual do Processo Coletivo*, 4ª ed. São Paulo: Malheiros, 2017.

Marinoni, Luiz Guilherme, "A função dos "pressupostos processuais" no Processo civil contemporâneo", *Revista do Instituto dos Advogados do Paraná* 35 (jul. 2007) 81-96.

Martins, Pedro Baptista, *O Abuso do Direito e o Ato Ilícito*, 3ª ed., Rio de Janeiro: Forense, 1997.

Martins-Costa, Judith, *A boa fé no direito privado: sistema e tópica no processo obrigacional*, São Paulo: RT, 1999.

Mazzilli, Hugo Nigro, *A defesa dos interesses difusos em juízo*, 18ª ed., São Paulo: Saraiva, 2005.

Melo, Lucas Fonseca e / Amaral Júnior, José Levi Mello do, "O efeito direto das diretivas e os direitos fundamentais", *Revista de Direito Internacional (Brazilian Journal of International Law)* 13/2 (2016) 536-563, <https://doi.org/10.5102/rdi.v13i2.4294>.

Mendes, Aluisio Gonçalves de Castro, *Ações coletivas e meios de resolução coletiva de conflitos no direito comparado e nacional*, 4ª ed., São Paulo: Revista dos Tribunais, 2014.

Mendes, Gilmar Ferreira / Coelho, Inocêncio Mártires / Branco, Paulo Gustavo Gonet, *Curso de Direito Constitucional*, São Paulo: Saraiva, 2007.

Miranda, Pontes de, *Tratado de Direito Privado*, t. 2., Campinas: Bookseller, 2000.

Montesinos García, A., "Últimas tendencias en la Unión Europea sobre las acciones colectivas de consumo. La posible introducción de fórmulas ADR", *REDUR* 12 (diciembre 2014) 87-112.

Moreira, Egon Bockmann *et al.*, *Comentários à Lei de Ação Civil Pública*, São Paulo: Revista dos Tribunais, 2016.

Moreira, José Carlos Barbosa, coord., *Abuso dos direitos processuais*, Rio de Janeiro: Forense, 2000.

Moreira, José Carlos Barbosa, "Efetividade do processo e técnica processual", *Revista de Processo* 20/77 (jan./mar., 1995) 168–176.

Moreira, José Carlos Barbosa, "A legitimação para a defesa dos interesses difusos no direito brasileiro", In *Temas de Direito Processual*, 3ª Série, São Paulo: Saraiva, 1984, 183-192.

Moreira, José Carlos Barbosa, "Tutela jurisdicional dos interesses coletivos ou difusos", in *Temas de direito processual: terceira série*, São Paulo: Saraiva, 1984, 193-221.

MORETTI, Deborah Aline Antonucci / COSTA, Yvete Flavio da, "O princípio da primazia da decisão de mérito no novo CPC como instrumento de efetividade da jurisdição", *Pensar* 21/2 (maio./ago. 2016) 411-441.

MUÑOZ ARANGUREN, Arturo, *La litigación abusiva: delimitación, análisis y remedios,* Madrid: Marcial Pons, 2018.

NAGY, Csongor Istvan, *Collective actions in Europe: a comparative, economic and transsystemic analysis* Switzerland: Springer, 2009, (Springer Briefs in Law).

NERY JR., Nelson / ABBOUD, Georges, *Direito Constitucional Brasileiro,* 2ª ed., São Paulo: Revista dos Tribunais, 2019.

NEVES, Daniel Assumpção, *Manual de Direito Processual Civil,* 7ª ed., São Paulo: Gen/Método, 2015.

NOGUEIRA, Adalício Coelho, *Introdução ao Direito Romano,* vol. 2, Rio-São Paulo: Forense, 1971.

OLIVEIRA, Carlos Alberto Alvaro de, *Do formalismo no processo civil,* 2ª ed., São Paulo: Saraiva, 2003.

OLIVEIRA, Rafael Alexandria de, *Aspectos Processuais da exceção de contrato não cumprido,* Salvador: Editora JusPodivm, 2012.

PEYRANO, J., "El abuso del derecho en el ambito del proceso civil", Themis Revista de Derecho 27-28 (1994) 19-2, recuperado a partir de <http://revistas.pucp.edu.pe/index.php/themis/article/view/11116>.

PINTO, Luciana Ferreira Gomes, *O abuso do direito de demandar,* Faculdade de Direito da Universidade de Coimbra – Dezembro de 2018, Dissertação em Ciências Jurídico-Civilísticas – menção em Direito Processual Civil.

PINTO, Paulo Mota, "Sobre a Proibição do Comportamento Contraditorio (Venire Contra Factum Proprium) no Direito Civil", *Boletim da Faculdade de Direito* 75 (2003) 269-322.

QUINTAS, Fábio Lima, "O que a Constituição tem a dizer sobre a polêmica da abrangência da sentença coletiva (art. 16 da Lei da Ação Civil Pública)", *Revista de Processo* 315 (maio 2021) 187-207.

RIPERT, Georges, *A regra moral nas obrigações civis,* trad. Osório de Oliveira, Campinas: Bookseller, 2000.

SÁ, Fernando Augusto Cunha de, *Abuso do Direito.* Portugal, Coimbra: Almedina, 1997.

SANTIAGO DANTAS, F. C. de, *O conflito de vizinhança e sua composição,* 2ª ed., Rio de Janeiro: Forense, 1972.

SANGER, Camilla, ed., *The Class Actions Law Review,* 3rd ed., London: Law Business Research, 2019.

Silva, Carolina de Freitas e, *Ações judiciais coletivas promovidas por associações sindicais*, Lisboa, 2018, Tese de doutoramento apresentada à Faculdade de Direito da Universidade Nova de Lisboa, disponível em <http://hdl.handle.net/10362/32882>.

Silva, José Afonso, *Comentário contextual à Constituição*, 6ª ed., São Paulo: Malheiros, 2009.

Silva, Paula Costa e, *A litigância de má fé*, Coimbra: Coimbra Editora, 2008.

Silva, Paula Costa e, "O manto diáfano da personalidade judiciária", *O Direito* 140/3 (2008) 575-602.

Siqueira, Cleanto Guimarães, *A defesa no processo civil: as exceções substanciais no processo de conhecimento*. 3ª. ed. São Paulo, Saraiva, 2008.

Sousa, Miguel Teixeira de, *A legitimidade popular na tutela dos interesses difusos*, Lisboa: Lex, 2003.

Sousa, Miguel Teixeira de, "Sobre o sentido e a função dos pressupostos processuais (Algumas reflexões sobre o dogma da apreciação prévia dos pressupostos processuais na acção declarativa)", *ROA* 49 (1989) 85-125.

Sousa, Miguel Teixeira de, *A tutela jurisdicional dos interesses difusos no direito português* (v. 20.3.2014), disponível em <https://lisboa.academia.edu/MiguelTeixeiradeSousa>, acesso em 26/2/2020.

Taruffo, Michele, "Abuso del proceso", *Revista de la Maestría en Derecho Procesal* 6/2 (agosto-diciembre 2016) 6-29.

Theodoro Júnior, Humberto, "Abuso de direito processual no ordenamento jurídico brasileiro", in José Carlos Barbosa Moreira, coord., *Abuso dos direitos processuais*, Rio de Janeiro: Forense, 2000.

Theodoro Júnior, Humberto, "Pressupostos processuais, condições da ação e mérito da causa", *Revistas de Processo* 17 (jan./mar. 1980) 41-49.

Tidmarsh, Jay, "Rethinking Adequacy of Representation", *Tex. L. Rev.* 87/1137 (2008-2009), available at: <https://scholarship.law.nd.edu/law_faculty_scholarship/531>.

Tucci, José Rogério Cruz e, "Garantias Constitucionais do processo em relação aos terceiros", *Revista do Advogado* 99 (setembro de 2008) 62-79, disponível em <https://aplicacao.aasp.org.br/aasp/servicos/revista_advogado/paginaveis/99/index.html?_ga=2.201911377.1925805463.1611266145-397365865.1557459455>.

Varela, João de Matos Antunes, *Das obrigações em geral*, vol. I, 10ª ed., Lisboa /Coimbra: Almedina, 2000.

Wambier, Luiz Rodrigues / Talamini, Eduardo, *Curso Avançado de Processo Civil*, vol. 1, 16ª ed., São Paulo: Revista dos Tribunais, 2016.

WAMBIER, Luiz Rodrigues / WAMBIER, Teresa Arruda Alvim, *Doutrinas Essenciais de Processo Civil*, vol. 2, São Paulo: Revista dos Tribunais, 2011.

WARAT, Luis Alberto, *Abuso del derecho y lagunas de la ley*, Argentina: Ediciones Olejnik, 2019.

ZAVASCKI, Teori Albino, *Processo Coletivo: tutela de direitos coletivos e tutela coletiva de direitos*, São Paulo: RT, 2006.

JURISPRUDÊNCIA

BRASIL, Supremo Tribunal Federal. RE n. 131.963. Rel. Min. Gilmar Mendes. DJ 30/6/2006.

BRASIL. Supremo Tribunal Federal. RE 631111 RG, Rel. Min. Teori Zavascki, Tribunal Pleno, julgado em 7/8/2014, DJe 30/10/2014.

BRASIL. Superior Tribunal de Justiça. REsp 1509586/SC, Rel. Ministra Nancy Andrighi, 3ª Turma, julgado em 15/5/2018, DJe 18/5/2018.

BRASIL. Superior Tribunal de Justiça. REsp 1213614/RJ, Rel. Ministro Luis Felipe Salomão, 4ª Turma, julgado em 1/10/2015, DJe 26/10/2015.

BRASIL. Tribunal de Justiça do Estado de São Paulo. Apelação Cível 9101496-12.2006.8.26.0000; Rel. Des. Ricardo Pessoa de Mello Belli, 25ª Câmara de Direito Privado, julgamento em 18/4/2011, registro em 27/4/2011.

BRASIL. Tribunal de Justiça do Estado de Santa Catarina. Apelação Cível n. 2005.017940-3, Rel. Des. Nicanor da Silveira, Primeira Câmara de Direito Público, j. 13/10/2005.

BRASIL. Superior Tribunal de Justiça. EREsp 1554821/RS, Rel. Ministro Herman Benjamin, Corte Especial, julgado em 6/11/2019, DJe 18/12/2020.

BRASIL. Superior Tribunal de Justiça. EREsp 1306553/SC, Relatora Ministra Maria Isabel Gallotti, 2ª Seção, julgado em 10/12/2014, DJe 12/12/2014.

BRASIL. Superior Tribunal de Justiça. AgInt no AREsp 1565590/SP, Rel. Ministro Marco Aurélio Bellizze, 3ª Turma, julgado em 23/3/2020, DJe 30/3/2020.

BRASIL. Superior Tribunal de Justiça. Acórdão proferido nos EDcl nos EDcl no AgInt no RE nos EDcl no AgInt nos EAREsp 1248636/SP, Rel. Ministro Jorge Mussi, Corte Especial, julgado em 9/2/2021, DJe 17/02/2021.

BRASIL. Superior Tribunal de Justiça. Acórdão proferido no REsp 1817845/MS, Rel. Min. Paulo de Tarso Sanseverino, Rel. p/ acórdão Ministra Nancy Andrighi, 3ª Turma, julgado em 10/10/2019, DJe 17/10/2019.

BRASIL. Superior Tribunal de Justiça. Acórdão proferido no AgInt no MS 25.247/DF, Rel. Ministro Napoleão Nunes Maia Filho, Corte Especial, julgado em 08/10/2019, DJe 17/10/2019.

BRASIL. Superior Tribunal de Justiça. Acórdão proferido no EDcl no AgRg no AREsp 1584234/SP, Rel. Ministro Joel Ilan Paciornik, Quinta Turma, julgado em 05/05/2020, DJe 14/05/2020.

BRASIL. Superior Tribunal de Justiça. Acórdão proferido no EDcl nos EDcl nos EDcl no AgInt nos EAREsp 1073431/SP, Rel. Ministra Laurita Vaz, Corte Especial, julgado em 26/11/2019, DJe 10/12/2019.

BRASIL. Superior Tribunal de Justiça. Acórdão proferido no AgRg nos EDcl no REsp 1494394/SP, Rel. Ministro Marco Aurélio Bellizze, Terceira Turma, julgado em 16/06/2016, DJe 23/06/2016.

BRASIL. Superior Tribunal de Justiça. Acórdão proferido no AgRg no REsp 1373654/RS, Rel. Ministro Ricardo Villas Bôas Cueva, Terceira Turma, julgado em 06/03/2018, DJe 12/03/2018.

BRASIL. Superior Tribunal de Justiça. Acórdão proferido no AgRg no REsp 1520422/DF, Rel. Ministro Marco Buzzi, Quarta Turma, julgado em 23/06/2015, DJe 01/07/2015.

BRASIL. Superior Tribunal de Justiça. Acórdão proferido no REsp 1362022/SP, Rel. Ministro Raul Araújo, Segunda Seção, julgado em 28/4/2021, DJe 24/5/2021.

BRASIL. Superior Tribunal de Justiça, REsp 1177453/RS, Rel. Ministro Mauro Campbell Marques, Segunda Turma, julgado em 24/08/2010, DJe 30/09/2010).

BRASIL. Supremo Tribunal Federal, RE 612043 RG, Rel. Min. Marco Aurélio, Tribunal Pleno, julgado em 10/5/2017, DJ 6/10/2017.

BRASIL. Supremo Tribunal Federal. RE 612043 ED, Rel. Min. Marco Aurélio, Tribunal Pleno, julgado em 6/6/2018, DJ 6/8/2018.

BRASIL. Supremo Tribunal Federal. RE 1.101.937 RG, Rel. Ministro Alexandre De Moraes, Tribunal Pleno, julgado em 8/4/2021, Dje 14/6/2021)

BRASIL. Superior Tribunal de Justiça, REsp 1302596/SP, Rel. p/ Acórdão Ministro Ricardo Villas Bôas Cueva, 2ª Seção, julgado em 9/12/2015, DJe 1/2/2016.

PORTUGAL. Supremo Tribunal de Justiça. Acórdão de 23/9/11997, proferido no processo 97B503, Relator Miranda Gusmão.

PORTUGAL. Supremo Tribunal de Justiça, Acórdão proferido no processo n. 02B827 (processo de recurso 827/02), de 16/10/2001, unânime, Rel. Conselheiro Ferreira de Almeida.

PORTUGAL. Assembleia da República. Diário da Assembleia da República, V Legislatura, 3ª Sessão Legislativa, I Série, nº 46, 21 de fevereiro de 1990, p. 1632 (debate parlamentar sobre os Projectos de lei de Acção Popular). Disponível em <https://debates.parlamento.pt/catalogo/r3/dar/01/05/03/046/1990-02-20?sft=true#p1632>.

PORTUGAL. Supremo Tribunal de Justiça. Acórdão de 14/1/2015, no processo 870/08.4TTLSB.L2.S1, disponível em <http://www.dgsi.pt/jstj.nsf/954f0ce6ad9dd8b980256b5f003fa814/630b7397c71f895b80257dce0039d189?OpenDocument>.

PORTUGAL. Supremo Tribunal de Justiça. Acórdão de 29/11/2016 no processo 135/14.2T8MDL.G1.S1, Rel.Alexandre Reis. Inteiro teor disponível em <http://www.dgsi.pt/jstj.nsf/954f0ce6ad9dd8b980256b5f003fa814/a7c09c3bb6bef12f8025807a0058b5c5?OpenDocument (acesso em 23/11/2020)>.

PORTUGAL. Supremo Tribunal de Justiça. Acórdão de 27/11/2018, no processo 46/13.9TBGLG.E1.S1 (Rel. Cabral Tavares).

PORTUGAL. Supremo Tribunal de Justiça. Acórdão de 24/1/2019, no processo 1250/12.2TBVCD-A.P1.S1.

PORTUGAL. Supremo Tribunal de Justiça. Acórdão de 24/1/2019, no processo 1250/12.2TBVCD-A.P1.S1.

PORTUGAL. Supremo Tribunal de Justiça. Acórdão proferido em 24/4/2003 no processo 1274/03 (processo 04B882), Relator Conselheiro Moitinho de Almeida.